曾仕强
国学智慧系列

家教

父母如何教养孩子

刘君政　曾仕强

—— 著

四川人民出版社

图书在版编目（CIP）数据

家教：父母如何教养孩子 / 曾仕强，刘君政著. —成都：四川人民出版社，2019.3（2021.4重印）

ISBN 978-7-220-11115-0

Ⅰ.①家… Ⅱ.①曾… ②刘… Ⅲ.①儿童教育－家庭教育 Ⅳ.①G782

中国版本图书馆CIP数据核字（2018）第 297626 号

JIAJIAO FUMU RUHE JIAOYANG HAIZI

家教：父母如何教养孩子

曾仕强　刘君政　著

责任编辑	石　云
特约编辑	李淼淼
封面设计	蔡小波
版式设计	新艺书文化
责任校对	冯　珺
责任印制	许　茜　张　辉
出版发行	四川人民出版社（成都槐树街2号）
网　　址	http://www.sepph.com
E-mail	scrmebs@sina.com
新浪微博	@四川人民出版社
微信公众号	四川人民出版社
发行部业务电话	（028）86259624　86259453
防盗版举报电话	（028）86259624
照　　排	徐　慧
印　　刷	北京晨旭印刷厂
成品尺寸	160mm×230mm
印　　张	16
字　　数	267千字
版　　次	2019年3月第1版
印　　次	2021年4月第4次
书　　号	ISBN 978-7-220-11115-0
定　　价	58.00元

目　录
Contents

子女为父母所生，却不为父母所有，父母对子女只拥有教养权，并没有所有权。教养子女是父母应尽的责任，但是父母不能强制子女去实现自己未实现的梦想。现在，亲子关系的重点逐渐被过分放纵或约束太严、教子无方却又望子成龙、"父权至上"或孙子第一所破坏，这已成为大家最大的隐忧。

过分放纵分明是溺爱的恶果：孩子无法无天，谁都管不住，小小年纪，满脑子"只要我喜欢，有什么不可以"的思想。这样的孩子长大以后，还有什么事情不敢做？爱后代是母鸡也会的事情，父母不能够为了爱子女，便在物质上尽量满足子女的生理欲望，在精神上尽量满足子女的心理需求，否则会宠坏子女，伤害整个家庭。

约束太严则是求好心切的表现：要求子女十全十美，稍有缺失便心急如焚。对"棍棒底下出孝子"不求甚解，误认为严格不会错，结果教出盲目顺从的不孝子，或者表面顺从而内心怨恨的假孝子，这又有何用？

望子成龙原是人之常情，但必须配合教子有方才有达成愿望的可能。现代人"食古不化"地望子成龙，加上"道听途说"的教子方法，既盼望子女成为出人头地的天才，又轻易相信"不要让子女输在起跑线上"的观念，结果使子女养成害怕失败、遇事患得患失、斤斤计较的心理，自然会不幸"死"在"跑道"上。

食古不化的现象，同样出现在"父权至上"的诠释中。儒家学说的根源是《易经》，通过《易经》，我们有了阴阳的观念，很早就明白互相对待的相对性，所以在看到"天下无不是的父母"时应该举一反三，悟出"天下的父母都是人，当然可能犯错误"的道理；想到"父权至上"，也应该想到"子女若是不能心服，父权又有何用"的相对互动，从而悟出"勿以父权为至上"的重要性。

古圣先贤的道理并没有错，我们却由于不求甚解和食古不化地不当学习，不知不觉做错了事，反而还自以为是，把错误的责任完全推给先人。

现代人对西方学说也是不求甚解，把爱的教育、儿童本位、自由发展误用得令人担忧害怕。祖父母心中以孙子为第一，每天早上两老护送小孙子上学，在校门口依依难舍，甚至祖母和孙子泪洒路上，祖父也红着眼眶，好像生离死别，令人不知今世何世，怎么还会有如此悲伤的场面。在星级大饭店中，常见"四加二加一"的情景：四位老人（包括祖父母和外祖父母）随着两位青年（当然是未经考验的父母）赔着笑脸，紧盯着一位雄赳赳、气昂昂的小霸王或小龙女，任其在餐厅捣乱，不敢阻拦，任意笑闹，也不加以劝阻。想当年秦始皇统一天下所获得的殊荣，也不过如此。这种"六加一症候群"，如果蔓延开来，后果不堪设想。

亲子关系，攸关家庭的美满、社会的安宁、国家的兴盛以及人类的幸福，若是继续走食古不化或不求甚解的老路，势必每况愈下。特别是孝悌的道理，将遭受很大的挑战，一句"时代变了"，一句"创新是唯一的生存途径"，一句"求新求变"，就毫无抵抗余地、轻易地把亲子关系推向可怕的境地。

不如正本清源，抛弃食古不化和不求甚解的偏颇心态，好好地正视亲子关系，抱持永不嫌晚、永不放弃的坚定信念，以无比的信心和毅力，在实践中改善现有的亲子关系，发挥活到老、学到老的终生学习精神，由自己做起，对家庭、社会、国家乃至全世界，做出良好有益的贡献。

我们所提的建议和意见，仅供参考，如有不当之处，万望各界朋友不吝赐教为幸！

曾仕强　刘君政

序于台北市明道阁

第一章
家庭需要良好的亲子关系

教养子女是母亲最高的天职，
父亲要负起养家的全部责任。
两性应该拥有同等的工作权，
不能以金钱衡量母亲的工作。
要想培育优秀而珍贵的子女，
父亲和母亲负有相同的责任。

家庭成员在对外活动中所具备的代表性可以分为个人参与和家庭参与两方面。对外活动仅仅代表个人的，称为个人参与，个人参与仅表示自己的所言所行、所作所为，与家庭无关，纯属个人的事件，由个人决定，也由个人负责。若是家庭成员在对外活动中不仅代表个人，还代表整个家庭，那就是家庭参与，由家人决定如何参与，结果也由家人共同负责。

　　自古以来，中国社会的基本单位就是家庭，而不是个人。虽然在聚会中或团体行动中时常以个人出现，但是这些个人参与和西方社会常见的个人参与并不相同，通常并不是这一个人，而是其所属的那个家庭，我们称之为家庭参与。

　　站在家庭参与的立场，家庭中的任何成员在外面的言行举止，都会被当作这一家人的表现。如果牵涉财务或法律问题，也会要求这一家人共同负责。家庭是社会的参与单位，这使我们更加重视一家人的良好亲子关系，因为彼此互依互赖、血浓于水而且切割不断，所以更需要良好的关系来保障共同的安全与荣誉，祸福同担、荣辱与共，谁都逃脱不掉，也躲避不了。我们把"齐家"看作"治国"的基础，可见家庭的重要性，家庭在我们的心目中实在非同小可。

　　现代家庭的凝聚力，实际上已经大不如前，家庭参与逐渐演变为个人参与，一家人出现不同的立场，产生不一样的意愿，似乎谁也不足以代表整个家庭。因为家长的权威性已经遭受严重的挑战，想要代表家庭，有时十分困难。不能代表家庭，就谈不上家庭参与，只能够代表自己，只是个人参与。

　　对于是家庭参与还是个人参与，我们认为，家庭参与和个人参与应该兼顾并重，从而使两种方式都能够发挥优点。这也应该是现代家庭所需要的亲子关系。通过家人共同商议，建立家庭共识，只要是家人所认同的独特家风，就可以顺利地延续下去。家庭的代表者不一定限于家长，也可以因时、因地、因事制宜，推举出合适的代表人选。需要家庭参与的时候，便发挥全家人的力量，需要个人参与的时候，便充分发挥个人的专长。

要达到这种现代化的家庭理想，良好的亲子关系仍然是必要而且重要的因素，唯有家人关系良好，才能够真正做到分中有合（家庭参与）与合中有分（个人参与）在同一家庭中并行不悖，并且大家可以同心协力，在和而不同的和谐气氛下，营造这一个家庭的独特家风。

请问各位，贵府是整个家庭参与，还是独立个人参与，抑或是家庭参与和个人参与兼顾并重？各位可以先了解自己的家庭关系现状，再来合理调整。

成家立业原本是人生的两件大事。成家包括结婚和生育子女，立业指的是为人父母必须努力使家人的生活获得保障（如图1-1所示）。子女是成家立业的原动力，在家庭中意义十分重大。子女既是父母的骨肉，又是家庭的生力军，也是社会的未来主人。但是，先决条件是亲子关系良好，否则这些意义尽失，还可能产生负面作用。

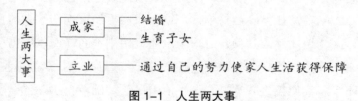

图1-1　人生两大事

亲子关系看起来是家务事，实际上却影响到邻里社区、国家社会，甚至整个世界。

良好的亲子关系，应该从慎选配偶、健全婚姻关系开始。婚前的基础具有情爱和文化两个层面，如果没有清楚的认识以及正确的抉择，势必影响后来的亲子关系。因此，亲子教育实际上也应该从婚前择偶着手。男女双方，都能够为未来的子女着想，替他们寻找好的父母。对优生的条件，双方都会用心地考虑；对门当户对的观念，也不致由于一知半解而盲目排斥。至少不会视婚姻为儿戏，以致无意中种下后来恶劣亲子关系的祸根。若是不幸已成定局，那就只好加倍用心，在现实情况中，花费更多的时间和精力，以更大的忍耐和毅力，来改善并促进良好的亲子关系。

● ● ● 第一节 人生的大事是成家立业

成家的意思，是男女成年之后，经过择偶的过程，正式结婚，组成一个家庭并生育子女。立业的用意，则是既然成家，应该为家庭的生计负起责任，建立稳固的经济基础，使家人获得生活的保障，不能再像婚前那样依靠家人。

现代人普遍对立业很有兴趣，对成家却能拖就拖，不但结婚的年龄往后拖延，而且不打算结婚的人也愈来愈多。还有人只谈恋爱不结婚，或者先说好不生小孩才结婚。天伦之乐，似乎已经不见踪影；亲子关系，也跟着愈来愈恶劣。重立业却轻成家，人生大事只算是完成了一半，这样的现代人实在谈不上幸福，人生也不够圆满。

一般人想到成家，总认为男女双方已经到了结婚年龄，征得双方父母的同意，在郑重的结婚典礼中向众亲友宣告结为夫妻，便等于成了家，顶多再加上独立的居所。至于其他事宜，却很少顾及。

实际上，结婚不过是成家的第一步，我们常把没有生育子女的年轻夫妻称为小两口。这表示结婚之后，还需要迈进第二步，即至少生一个孩子，这样才真正成为一个家。大部分父母都盼望自己的子女在送入洞房之后，不久就生育子女。可见成家的意思，是结了婚、生育了子女，只有这样，大家才能安下心来。

生育子女不但是父母的事情，更关系到这一家的祖先，具有十分重要的意义。中国人的家，已经由家庭扩大到家族。结婚典礼中，新郎新娘必须在一拜天地、二拜祖先、三拜高堂之后，才能够夫妻对拜。这表示谢天谢地，使男女长大成人，又有缘分结成夫妻，希望祖先之灵能够接受这一对新人；然后新郎带着新娘，见过公婆；之后才是夫妻相互承诺，要在天地、祖先和父母的爱护和指导下，成为社会、家族中受到欢迎和尊重的一对。

子女对于父母的三大意义

天地、祖先和父母有一个共同的愿望，那就是我们常说的"早生贵子"。这里的"子"，当然包含女儿在内。因为若是重视儿子，不重视女儿，岂非失去平衡？天地之间，必须有男有女，才能够生生不息。生男育女，应该是一样好才对。天地需要人来治理、改善，祖先需要后代子孙来光大家族的品德和事业，而父母也需要子女生育孙辈才能够享受晚年含饴弄孙的乐趣。总的来说，子女对父母有以下三个重大意义（如图1-2所示）：

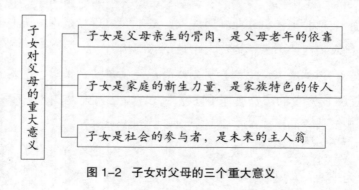

图1-2　子女对父母的三个重大意义

6

子女是父母亲生的骨肉，是父母老年的依靠

子女从哪里来？为什么而来？为什么在这个时候来？长大以后会变成什么样子？尽管我们十分关心这些问题，迄今却尚未有明确的答案。但是，我们都很清楚，子女是父母亲生的骨肉。

父精母血，提供子女塑造自己的材料，没有父母，子女不可能凭空诞生。血浓于水，表示一家人的关系密切、非同寻常。许多国家采取血统主义，主张以血统来决定国籍，不论在本国或外国出生，皆依父母的国籍为准，父母是中国人，子女便跟着成为中国人。

我们常常谢天谢地，并不需要赋予宗教的意义，因为我们不忘本，所以要谢天地。如果说苍天大地是我们的本，父母便是我们的根。对中国人来说，基于不忘根本的道理，虽然天地偶有不仁，我们还是要常常谢天谢地，那么孝顺父母也成为子女天经地义的事情了。

中国社会重视孝道，却很少讨论为人父母的慈道。我们只能说往昔的孝道有很多不切合时宜的要求，现代的孝道，其内涵可以兼顾家庭参与与个人参与的不同需求来做出合理的调整。相信没有人会大胆到公然否定孝道的价值。

请问，子女应不应该成为父母老年的依靠？如果不能，会不会愈来愈多的人不想生小孩？会不会愈来愈多的父母为了预留养老的费用，对子女的教育不愿意尽心尽力？这对亲子关系可能会产生什么样的影响？另一方面，父母能够存心期待子女来防老吗？万一子女能力有限，做不到怎么办？会不会使得亲子关系演变成为投资或放债行为？

父母不应该存有养儿防老的观念，以免亲子关系变成投资放债的经济行为。有一位相当成功的企业家，居然在电视上公开称自己的母亲具有投资眼光，知道在他身上放债，所以收获甚丰。这种对亲子关系的侮辱，父母如有判断能力，必然觉得十分伤心。

> 父母不应该存有养儿防老的观念，以免亲子关系变成投资放债的经济行为。

重男轻女的观念,其实也便由此而产生。因为男子的经济能力较强,当然值得投资,放心在儿子身上放债;而女子的经济能力较弱,唯恐本利难以收回,所以采取偏而不公的态度。事实上,现代男女教育机会平等,就算父母仍然有借贷的观念,也应该抱有生男育女一样好的观念才对。

养儿防老,如果成为一种权利思想,那么亲子关系便永远离不开利害的考虑,难免会重男轻女。养儿防老,应该成为一种义务观念,不但要把"儿"的范围扩大到儿子和女儿,而且要求的主体也要由父母移转到子女身上,不必等待父母提出要求,子女就应把它当作义务,尽力而为。

为父母的施恩不望报,不能把子女当作投资、放债的对象;为子女的也必须不忘根本,恪尽养儿防老的义务,成为父母老年时精神和物质的主要依靠。

子女是家庭的新生力量,是家族特色的传人

生老病死是人生必经的过程,有生必有死是千古不变的定律。民族的延续,有赖于生命的继续,如果一个民族的出生率低于死亡率,这个民族很快就会消失。家庭是构成民族的单位,不生子女或子女夭折,家庭后继无人,民族也将难以延续。子女是家庭的生力军,当子女结婚的时候,大家都祝贺新人早生贵子,在食品或衣物中放上象征早生子女的物件,用意都是希望家族能够延续。

生命的继续固然十分重要,文化的持续发展更是民族延续的要件。若一个民族的文化不能精进,势必会被其他民族所同化,就算人口众多,也将空有民族的名义。因此,一个家族的生生不息,除了要人丁旺盛之外,文化的培养尤其不能忽视。中国历代家庭都以光宗耀祖来勉励子孙,希望一代比一代强,更能够为国家社会做出更多的贡献。

中国的家庭,如果被称呼为世家,便是莫大的荣誉。出身世家,在各方面都会获得礼遇,当然很光荣。世家其实就是势家,拥有强大的势力,在社会上备受尊重和推崇。现代的世家,主要表现在良好的家风上。把子女培养成优良家风的继承人,发挥家族的特色,提升家庭的名声,则是世家努力的目标。

子女是社会的参与者，是未来的主人翁

全球化的浪潮，促进了世界大同理想的实现。但是大同不是一同，不可能忽视小异的存在，所以国家与国家之间，仍然保留相当的差异性。国家的特色不应该完全被抹杀，否则世界各地完全一致，势必导致人类的退步，世界也将陷入毁灭的危机。

国家的特色主要依赖社会来塑造，因为一国之内，也需要保持大同小异的情况，才能够均衡发展而不偏倚。社区是社会的组成单位。第二次世界大战后，在联合国的积极倡导下，社区建设被视为改善民众生活、解决社会问题、有计划地引导社会变迁、促进民生基层建设的有效途径。社区是地方民众共同生活的地方，大家生活在一起，活动在一起，欢乐在一起，培养出共同的情感，也享有共同的文化。

社区的活动，需要民众的热情参与。最理想的情况莫过于全员参与，大家共同规划和执行。子女从小参与社区活动，长大以后，自然能成为国家的主人翁。使家风融入社区，更能增加社区的多样性。若是能够为邻里所接受，成为社区文化的主流，那就更为可贵了。

这些重大的意义，必须亲子关系良好才具有正面的价值，否则骨肉相残，比什么都可怕。父母日渐苍老，子女却一天天长大，子女残害父母不但难以提防，而且抵挡不住。子女的恶劣行为败坏家风，造成家门的不幸。倘若家族的名声因此而蒙羞，父母的罪过实在不小。亲子关系不好、家人失和导致家庭不安，还会影响到邻里社区，令大家都躲得远远的，避之唯恐不及。

可见亲子关系并不是单纯的家务事。我们常说远亲不如近邻，指的是善良和睦的邻居。一个家庭，唯有亲子关系良好，才有可能善尽守望相助的责任。如果其亲子关系不好，简直就是恶邻，怎么可能比远亲来得更好呢？

家族的香火固然需要延续，但是家族的文化更需要发扬光大。家族的团结以及荣誉，实际上都以良好的亲子关系为基础，再向外扩大，国家的强盛、民族的兴旺甚至世界的繁荣，都有赖于亲子关系的合理调整。

良好亲子关系的主要表现

良好的亲子关系具有以下三种主要表现（如图1-3所示）：

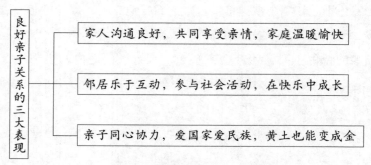

图1-3　良好亲子关系的三大表现

家人沟通良好，共同享受亲情，家庭温暖愉快

很多人知道"父母不好当"，却很少有人体谅"子女不好做"。专家学者喜欢说"代沟"，好像两代之间有一条横沟，彼此很不容易沟通。其实，有没有代沟，完全看父母怎么想。认为有，它就活生生地存在；认为没有，它便不能产生作用。代沟只是一种警示，未必就是事实。父母把代沟看成可能的障碍，设法加以排除，才是正确的态度。不应该用代沟做借口，来掩饰自己的失责。家人的乐趣，主要在于沟通良好。只有家人彼此倾诉，才是真正的亲情。一家人父母心中有子女，子女心中也有父母，才能够愉快相处，让彼此充满温暖的感觉。

譬如做母亲的，最好对女儿的行动了如指掌。然而在现实生活中，当女儿在母亲身边若无其事地喊叫"妈妈"的时候，有的母亲立即会露出凶得可怕的眼神，逼问女儿想说什么。请问女儿会不会害怕得把原本要说的话一下子咽回去，甚至以后真正有事也不敢禀告母亲？

父母平时应该多和子女谈心，而不应该"无事说大道理，做错事就教训"。经常保持密切的关系，充分了解子女的心灵动态，一家人自然会沟通良好，不受代沟的影响。

父母要想让子女把自己当作商量的对象，就应该也让子女知晓自己一天的生活。不能借口工作忙碌或者认为子女年幼不懂事，便不和子女谈心，以防日久产生代沟，被专家学者不幸言中，这样不但会失去家人的关心，也让亲情日益淡薄，而家庭的温暖愉快就更谈不上了。

邻居乐于互动，参与社会活动，在快乐中成长

亲子关系良好，邻居就会乐于往来互助，各种社区活动，无论是家庭参与还是个人参与，都会受到大家的欢迎。今日的社会，实际上比往昔我们所重视的家族还要重要，因为社会的形成，是民众自动自发地自然塑造而成的。

我们通常都会十分关心自己和自己的住家、自己和周遭的人以及周遭的环境有着什么样的关系，自己所居住的社区有哪些产业、资源、景观、文化和居民。我们必须衷心感谢祖先的努力，留下这样美好的自然环境，譬如清净的空气、清澈的河川、甘甜的水源以及郁郁葱葱的树林。不论是山村的茅屋、整齐的梯田、具有历史记忆的街道、充满喜悦的割稻情景，还是高楼大厦、宽广的车道、繁荣的街市，都需要子女趁着年幼，热心参与相关的活动，以坚定决心，长大以后好好把这一片壮丽景观继续守护下去。父母带着子女参与邻里的集会、社区的活动，不但有利于社区的发展，而且子女还能够在快乐中茁壮成长。

亲子同心协力，爱国家爱民族，黄土也能变成金

国家的演进，由神权而君权，逐渐演变为民权。民权国家以民族为骨干，彼此对立并存，由于种种利害关系，加上思想观念不同，经常引起国际的惨烈战争，使人类遭受不可计数的损失。现代科学先进，交通发达，知识进步，经济互通，促使国与国之间形成不可分离的密切关系，加之言语沟通和风俗习惯的相互渗透，地球村已经逐渐形成。世界各国的大同，相信不久即能实现。我们身为中华民族的子孙，更应该致力于发扬中华文化，使其成为世界文化的主流，对全人类做出更大的贡献。亲子关系，向来为中华文化的重要特色；家齐然后国治，也是中华文化的重要主张。我们深信，亲子关系的最佳表现在于，全家人不分男女老幼都能够同心协力，坚持用正大

> 亲子关系的最佳表现在于，全家人不分男女老幼都能够同心协力，坚持用正大光明的途径，在合乎法律与道德的道路上，互相勉励支持，不起邪念，不走歪路，在爱国家爱民族的前提下，共同奋斗，以富家促进富国。

光明的途径，在合乎法律与道德的道路上，互相勉励支持，不起邪念，不走歪路，在爱国家爱民族的前提下，共同奋斗，以富家促进富国。

我们说"父子同心，黄土也会变成金"，亲子关系良好，才谈得上家庭的发展、民族的兴盛、国家的富强。人生的大事是成家立业，成家的大事在于生育子女，而生男育女的大事，应该是亲子关系正常合理。

合理的标准，由于各民族的风土人情不尽相同，所以有差异。我们必须静下心来，先看看中西方家庭究竟有哪些主要的区别。因为现代信息发达、交通便利，很容易受到外来的影响，从而迷失了自己，唯有仔细分辨，才能够明白其中的差异。这对自己的选择，当然有很大的助益。

现在，请静下心来，看看自己家里的亲子关系。彼此之间的沟通，是不是良好？能不能共同享受亲情？一家人在一起，是不是觉得十分愉快？每次回到家里，是不是觉得格外温暖？左邻右舍和自己的家庭比较起来，有什么不一样的地方？邻居的互动，呈现什么样的情况？社区活动能不能吸引大家的参与？自己所重视的是个人参与还是家庭参与？遇到事情，亲子能不能同心协力？对于社会、民族、国家以及整个世界，有没有共同的认识，还是根本不关心？

这些反省，可以促进自己对亲子关系的了解。如果拿出来共同讨论，更有助于家人建立共识。

●●● 第二节　中西方家庭比较

家庭形成的三步骤

中西方家庭大同小异，尽管有一些不相同的地方，但很多地方是一样的。因为家庭的形成，通常需要以下三个共同的步骤（如图 1-4 所示）：

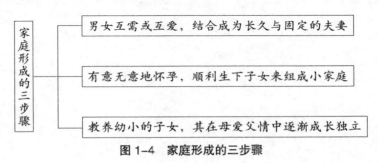

图 1-4　家庭形成的三步骤

男女互需或互爱，结合成为长久与固定的夫妻

通常男女到了身心成熟的年龄，就会寻求异性，选择和追求共同组合家庭的另一半，我们称之为择偶。现代社会，恋爱的风气逐渐兴盛，不论是互需或互爱，还是互需加上互爱，都是家庭形成的第一步。

有意无意地怀孕，顺利生下子女来组成小家庭

结婚以后，小两口有计划地生育，或者无意中怀孕，顺利把子女生下来，才算真正形成一个小家庭。现代医药发达，治疗不孕或以其他方法帮助生育，都有可行的办法。生男育女便是家庭形成的第二步。

教养幼小的子女，其在母爱父情中逐渐成长独立

父母会本能地爱护自己的幼小子女，但是父母也明白自己会老，不可能长期保护幼小。因此，必须用心教育幼小，使其能够满足自身的需

要，而不应该让子女自生自灭、没有保障生存的能力。教养子女便成为家庭形成的第三步。

求生存是人类共同的愿望，基本的需要也大抵相同。但是满足这些需求，所采取的方法或途径则因各地的生态环境不同而产生很多不一样的特性。中西方家庭的组合都是为了求生存，为了满足父母和子女的基本需要。然而由于居住的地域不同，所以形成了不一样的家庭结构和制度。我们不妨从以下两方面来做一些简单的比较（如表1-1所示）：

表1-1　中西方家庭的差异

西方家庭	中国家庭
个人重于家庭	家庭重于个人
个人参与为主	家庭参与为主
由一对开始以一对终了	由一对开始以大家庭终了
夫妻与未婚子女组成核心家庭	夫妻与已婚儿子组成复式家庭
子女长大成人即分家	祖父母亡故才分家
好比有限公司	有如无限公司

西方的家庭结构

在家庭结构方面，西方大多以单纯的核心家庭为主。核心家庭，便是通常所说的小家庭，由一对年轻的夫妻开始，而以一对年老的夫妇结束。其特色说明如下：

由一对开始，以一对终了，夫妻与未婚子女同住

新郎与新娘在郑重的结婚典礼中结成夫妻，回到小两口自己的家。这一对年轻的夫妻便离开原先各自的家庭，开始构筑属于自己的新家庭。不论所居住的房屋是买来的或者租用的，都是自己的新居，经过生男育女的过程，等到子女长大成人，再各自结婚离去，这个家庭又回复刚开始时的那一对夫妻的状态。只不过年华流逝，岁月不饶人，一对年轻的夫妻已经变成一对年迈的夫妇。这种由一对（年

轻夫妻）开始、以一对（年老夫妇）终了、夫妻只与未婚子女同住的家庭结构便是核心家庭的特色。

男女结成夫妻称为一对，与子女共组核心家庭

西方社会把尚未生男育女的年轻夫妻称为小两口，有了至少一个孩子之后才成为一个家。核心家庭指的是夫妻和自己的子女，并不包括自己的父母在内，因为已婚子女不再与父母同住。西方人所说的结婚成家，是指离开自己原先与父母同住的家庭，另组自己与另一半所构成的新家庭。结婚之后不再与父母同住，是核心家庭的另一特色。

子女成人陆续结婚离去，老夫老妻成年老一对

核心家庭的天伦之乐，只限于父母和子女这两代。一旦子女长大成人，各自择偶恋爱、结婚离去之后，这个核心家庭又回到原先的一对。年老的父母不能获得儿子和媳妇的奉养，也难以享受晚年含饴弄孙的乐趣。只能照顾下一代，很难奉养上一代，造成"快快乐乐地成家，孤单寂寞地收场"，这成为核心家庭的又一个特色。

中国的家庭结构

中国的家庭结构，以复式家庭为主干，通常由祖父母、父母和子女三代所组成，结婚早的，可能延伸到五代同堂。其特色说明如下：

由一对开始，以多对终了，组成三代到五代的大家庭

中国人喜欢在结婚仪式的终了高喊"送入洞房"，所谓洞房，指的是新郎的父母家中那个特别装扮过的新房。新婚夫妻并不离开丈夫的父母另外构筑新家庭，而是长期居住在丈夫的父母家里，并在那里生男育女。这种由一对（年轻夫妻）开始、以多对（年老和年轻夫妻）终了、构成三代到五代同堂的景象，成为复式家庭的一大特色。

女儿长大结婚离开家庭，儿子全家都住在家里

中国人的家庭，在距今三千多年前的周朝，便已经发展成为复式家庭。那时候是农业社会，人力的需求很大，男性的体力比较强大，所以成为家庭中的主要力量。中国人才会设法把儿子留在家里继续种田，同时把女儿嫁出去，帮助夫家把家事做好。女儿长大结婚，离开父母，儿子全家都留在父母家里，等到儿子的子女长大成人，同样把女儿嫁出去，把媳妇娶进来，这成为复式家庭的另一特色，便是通常所说的男系家庭。

一家人能自立但不分开，祖父母亡故才能分家

第一代的父母带着他们的子女构成一个小家庭。当他们的子女长大成人以后，女儿嫁出去，儿子则结婚生子，仍旧和父母住在一起。这时候原先那个小家就变成大家庭，其中包含着两个、三个甚至好几个小家庭。这种家庭中有家庭的复式家庭，通常要等到第一代父母已经成为祖父母或曾祖父母直至亡故以后，才会各自分家。大家庭中的小家庭实际上已经能够自立，但是如果第一代的父母仍然健在，除非有重大或特殊的原因，通常都会聚集在一起，这成为复式家庭的又一特色。

中西方家庭制度

在家庭制度方面，我们认为西方家庭好比有限公司，而中国人的家庭则比较近于无限公司。兹分别说明如下，以供参考。

西方家庭好比有限公司

核心家庭由父母和子女共同组成，但是子女成长到十八岁以后，就要离开家庭独立生活。西方社会的个人主义所强调的自由、独立和契约行为，对西方的家庭制度产生了很大的破坏作用。子女到了十八岁，便向往自由，要求独立，就算经济不能自主，也要依赖契约，向银行贷款，先用再说，以后赚钱再慢慢偿还。政府也会提供各种贷款机会，帮助年轻人独立自主。父母对子女只负起有限的责任，使得西方核心家庭好像

有限公司那样，不必担负无限的责任。父母对子女的教养和影响，实际上也是有限的，因此亲子关系显得非常淡薄。

中国家庭比较接近无限公司

中国家庭不论子女长到什么年龄，在父母眼中，都永远是不完全成熟的孩子。儿子长大结婚后，与妻子同居在父母家中，不必寻觅自己的寓所，就算儿子的儿子长大成人后仍然可以留在父母家中。复式家庭为子女提供一辈子的支持，使子女比较有勇气主张正义。因为父母时常鼓励子女不畏强权威胁，大不了回家吃自己，家中随时可以加一双筷子，使子女并无后顾之忧。当然，这也很可能养成子女"天塌下来也有父母去顶"的依赖心理，从而偷懒，怕吃苦。父母对子女以及子女的子女负起无限的责任，强调一家人血浓于水，能够长久地互相依赖，实在具有无限公司的架势。

中国复式家庭的好处

西方人如果看得懂中国人的复式家庭所具有的浓厚亲情以及彼此互相依赖的好处，大致都会对三代同堂产生良好的观感，甚至羡慕地说："做中国人真好！"因为这种复式家庭，至少具有以下三大优点（如图1-5所示）：

三代人互相照顾，大家都得到好处

中国人的传统婚礼，绝大多数是由新郎亲自到新娘家中迎娶新娘，这不但表示了对女方的尊重和恭敬，而且赋予了新娘十分重大的责任。这份责任就是帮助新郎把家务料理好，并且用心奉养二老。不像西方人举行婚礼，由新娘的父亲或长辈把新娘交给新郎。这对中国人来说，实在是对新娘不够尊重。把新娘交出去，由新郎接过来，等于两位新人彼此结合，不一定代表两个家庭的联姻。中国人的婚礼，新娘由新郎迎进家门，马上有两位或四位年高德厚、儿女双全的端庄妇人，细心打开轿帘，亲自把新娘扶出轿来，陪伴着缓慢走向礼堂。其中对新娘的照顾和体贴，代表了新郎全家人的诚意。新娘见过公婆，决定做个好媳妇，把公婆当作自己的父母看待，当然就会全心全意融入新郎的家庭。生男育女之后，祖父母更是欣喜，在家含饴弄孙，退休生活也显得更为温暖幸福。

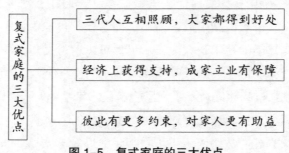

图1-5　复式家庭的三大优点

年轻力壮的第二代，可以在双亲的指导和协助下全心投入事业，不但没有后顾之忧，而且遇有疑难还可依靠父母，可以就近向其请教。由于天天见面，长期相处，对于事务的经过和发展比较清楚，当然可以放心地互相商量。一家人祸福与共，更能够同心协力。

幼小的第三代获益更多，随时回家都有长辈照顾，父母忙碌时，还有祖父母照料。有祖父母在家，父母吵架的次数减少，剧烈冲突的概率降低，这对第三代幼小的心灵大有助益。父母缺乏某些经验，可以在祖父母处获得补足，在教养方面，必然更有助益。

由此看来，中国复式家庭的好处是使一家老、中、幼都各有好处，使家庭成为理想的家园。

经济上获得支持，成家立业有保障

西方人结婚时，一定要考虑居住的地方，就算能够贷款，终究也是一种负担。由于家庭不过是有限公司般的组合，所以父母不愿意在子女身上多花费金钱，反而提早为自己的老年生活盘算，预先做好退休以后的计划。

中国的复式家庭，具有无限公司般的特质，父母认为子女的事便是自己的事，一家人应该关系密切，谁也不应该只为自己着想。所以儿子结婚，就应该及早准备好洞房，成家后仍然和父母住在一起，经济上也不必独立，大家团结起来，更加有力量。往昔的规矩很清楚，父亲在，儿子不应该有私财。换句话说，父亲在世的时候，儿子必须把所有的收入全部献给父亲，全家人的生活费用委托父亲统筹分配。事实上，这种状况不可能完全做到，兄弟们长大后，各自结婚生男育女，也大多采取同居分炊的方式。但是，一家人在经济上互相支持、彼此分享的做法，仍然是值得重视的。而立业的年轻人，由于背后有家人支持，更容易发展。

> 中国的复式家庭，具有无限公司般的特质，父母认为子女的事便是自己的事，一家人应该关系密切，谁也不应该只为自己着想。

在复式家庭中，年轻人成家立业会得到更多的保障，立足点更加稳定，自然减轻了很多压力。

彼此有更多约束，对家人更有助益

在三代同堂的家庭中，每个成员彼此的观点难免有不相同的地方，为了整体的和谐与安宁，每一个成员都必须自我约束，以免引起大家的反感。此时，家庭伦理就成为十分重要的规范。"伦"的意思，是做好定位，确定家庭中每一位成员的位置；"理"表示各人应该遵循的原则，并且理应如此，不得擅自变动。一家人相处，各有定位，各有原则，彼此合理相待，在互相协助、互相依赖中，各人恪尽应负的责任。中国的家庭伦理，以父子有亲、夫妇有别、长幼有序为三大主轴。父子有亲的意思是父母和子女充满了可贵的亲情，父母慈爱而子女孝顺，大家一起努力，以光宗耀祖，使一家人都有面子；夫妇有别的意思是夫妻双方必须将体力、性格、情绪各方面的差异做合理的调适，务求互相配合，共同合作，以实现彼此的愿望；长幼有序的意思则是确立礼让的基础，以长幼定次序，减少争执，避免互相争夺，增进和谐的气氛。

家人重视伦理，彼此加强约束，人人自律，三代同堂的乐趣必然为大家所向往。

不错，长久以来，我们也发现复式家庭有很多弊端，大多由于人多嘴杂，大家的意见很难达成一致，加上个人自由、独立自主的观念趁机而入，使很多年轻人结婚前便私自发誓，婚后不和父母住在一起，就算勉强维持复式家庭的形式，也是貌合神离。首先是婆媳不和，儿子夹在中间，不知如何是好，以致父子之间也产生矛盾；生育子女之后，更由于两代之间的教养观念不同，很不容易取得一致，因而会出现闹意见、斗意气的状况，以致家庭伦理遭到严重破坏，从而使复式家庭面临更大的挑战。

亲子关系取决于家人的观念。如何教养子女？在子女的幼小心灵中应注入什么样的观念？事实上这些因素足以影响子女的一生。我们认为，复式家庭的优点和弊端都是由人的观念来决定的，大家都往好处想，也向好处做，优点就出现了；而若大家都往坏处想，又向坏处做，弊端自然会不断产生。所以，从小接受良好的教养，端正结婚、成家、立业、教养子女的观念，形成正常而良好的复式家庭，当然是人类理想的生活方式。

> 我们认为，复式家庭的优点和弊端都是由人的观念来决定的，大家都往好处想，也向好处做，优点就出现了；而若大家都往坏处想，又向坏处做，弊端自然会不断产生。

现在，我们暂且停下来，看看我们自己的家庭是不是给人一种不中不西的感觉？因为近百年来，我们脑海里充满了"融合中西，取长补短"的念头，总觉得自己的缺失要借重西方的长处来加以改善。结果却由于"知中不知西"、"知西不知中"甚至"中西都不很了解"，以致两种观念混杂而难以融合，矛盾无法调和，搞成今天这个样子，还自认为现代化。我们最好能正本清源，先把自己的观念弄清楚，再把西方观念的来龙去脉也好好研究一下，以便找出真正适合我们的合理亲子关系。

●●●● 第三节 合理的亲子关系取决于良好的婚姻关系

亲子关系应该是婚姻关系的延伸，可惜恋爱中的情人往往迷失于没有条件的爱情理想，严重地忽略了原来有一定条件的婚姻实际。婚前不考虑结婚的条件，很容易为情所迷，甚至为色所诱，埋下很多祸端；婚后才猛然觉醒，原来婚姻有很多必需的条件竟然被自己忽略；最后，罗曼史很快褪色，留下来一大堆苦恼和难题。

婚后的苦恼和难题首先来自与家人的关系，究竟是大家庭中增添了生力军，还是小家庭从大家庭中割舍了出来？前者可能因为娶了贤妻，后者则很可能因为娶了妻子忘了爹娘。这一切的责任，好像很难避免地推到了新娘头上。因为儿子为了结婚，就想搬出去住，父母认为，八成是媳妇搞的鬼，如果新居恰好又邻新娘的娘家，那就更加可疑，大概是女方早有计划，要把自己的儿子抢走。如此下来，亲家变成冤家，以后问题多多，对于双方的亲子关系，必然有很大影响。

婚姻基础影响亲子关系

在子女诞生之前，夫妻便为要不要生育、该不该现在生育甚至要不要想办法拿掉胎儿而争吵不休。在这种状况下，请问胎教如何进行？母子的健康怎么可能良好？子女诞生之后，由于缺乏经验，怎么教养得宜？就算此时父母及时伸出援手，也会因为与父母在心理上已经产生距离，有些话不方便明说，有些事不方便主张，以致老人家愈来愈觉得自己变成了儿孙的帮手或佣人，不但没有乐趣，而且会萌生早日脱手的念头。

年轻人在婚前谈情说爱，以为人生就是情爱和性事，双方在这些方面有共识，彼此欣赏、爱慕，一声"来电了"，便认为情投意合，于是步上红毯。而对于怎样和家人相处、怎样生男育女、怎样分工合作，根本不加思考。这就难怪婚后会经常手忙脚乱，不知如何是好，若身边再缺乏父母的提醒，自己难免会摸索得十分痛苦。

我们建议，两人若是有意结为夫妻，至少要在婚前对亲子关系达成若干共识，奠定良好的基础，以利于未来的兴家教子。换句话说，最好做出一定的准备再结婚。

夫妻双方都应该认定，良好的婚姻关系才能够产生合理的亲子关系，婚后或共同生活在大家庭中或另组小家庭，都要在婚前有所考虑。事实上，由于实际情况的限制，复式家庭愈来愈不容易维持原有的面貌。因此，我们建议，维持复式家庭的精神，采取小家庭的形式，尽量住在父母家的附近，平日加强联系。这样看起来像核心家庭，却具有复式家庭的密切互动关系。一家人必须和谐互助，家庭才能和乐，如果小家庭只顾自己，必然得不到大家庭的关心和协助。这些都是恋爱中的情侣必须及早建立的共识。只有具有合的观念，才能增进彼此的关系，而处处要分，自己一定吃大亏。

> 两人若是有意结为夫妻，至少要在婚前对亲子关系达成若干共识，奠定良好的基础，以利于未来的兴家教子。换句话说，最好做出一定的准备再结婚。

夫妻婚前最好能冷静地认识到，两人生长在不同的家庭中，各有不一样的观念和背景，今后要共同生活，必须将双方的观念拿出来比对一下，譬如商量协调家庭、亲子、教养方面的意见，以求在求同存异中建立一些共识，这对于亲子关系，必然有良好的作用。

生男育女之后，小两口升格，当了父亲母亲。但在欣喜之余，不要忘记自己的责任。生育的过程固然十分痛苦，而且会有相当的危险性，但比起教养，生育还算是容易的，此时子女教育的责任才刚刚开始，必须用一辈子的时间，投入大量的心力来教养自己的宝贝，才对得起上天，对得起父母，也对得起自己。与教来比，养也比较容易，教育子女，实在是最为艰巨的任务。

亲子关系中父母的角色分配

只有父母双方在子女面前表现出一致性，子女幼小的心灵才能够知所遵循，并在学习中逐渐养成习惯。父母之间的差异性，往往会造成孩子投机取巧的习性，比如，某些事情向父亲要求，某些东西则瞒着父亲向母亲索取。利用父母之间的矛盾来满足自己需求的孩子，当然会养成投机取巧的不良心态。如果长大以后变本加厉，父母所承受的恶果恐怕是意料中的事情。当然，父母不可能保持高度的一致性，在若干问题上，难免有不同的看法，这时候最好关起门来商量，避免在子女面前发生争执。父母单独交换意见，获得妥协，再打开门来，在子女面前表现一致性，这应该是比较妥当的教养子女的方式。

最可怕的莫过于父母中的一方以牺牲对方来讨好子女。换句话说，就是用出卖对方的方式来争取子女的欢心。我们常常听见做妈妈的恐吓子女："再不听话，等爸爸回来，就知道皮痛了！"不管有意或无意，这都是在暗示子女和母亲相处比较安逸，和父亲相处就不那么安全了。此时母亲最好改用这样的说法："爸爸在外面，工作又累又辛苦，你（们）希望他回家来看到你（们）就生气吗？"子女一定回答"不希望"。母亲接着说："这样很好，我会告诉爸爸，你（们）今天很乖，也不希望爸爸生气，以免伤了身体。所以我们现在要做一些改变，把这种情况调整过来，好不好？"

夫妻是合作的伙伴，无论伤害哪一方，或者出卖哪一方，实际上对双方都很不利，应该尽力加以避免。

分工合作，最方便有效的原则是父严母慈。为什么呢？我们提出三个好处，供大家参考（如图1-6所示）。

父母两人所表现出来的态度有所不同，以求互补

若父母都很刚硬，子女谁都不敢碰，只好压抑自己，有话不敢说，就容易造成家庭中沟通不良。这是父母的责任。若父母都很柔和，子女谁都不必顾忌，就会容易造成子女说了算，谁都阻挡不了的可怕情况。

这同样是父母的责任。不如父严母慈，双方软硬兼施，一刚一柔，就可以收到刚柔并济、互相配合的功效。子女方便沟通，父母才能够掌握实际状况，做出合理的教导和辅助。有人喜欢说这是黑白脸的扮演，我们则建议把它看作预留弹性，完全是为子女着想，而不是站在父母这一面，存心戏弄子女。

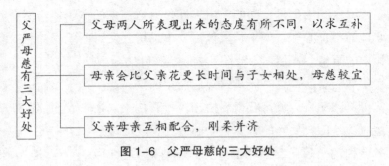

图1-6　父严母慈的三大好处

母亲会比父亲花更长时间与子女相处，母慈较宜

如果母亲较严而父亲较慈，就会造成子女和母亲在一起的时候勉强忍受，等到父亲下班回家，子女便会把一肚子委屈向父亲倾诉，将所有要求向父亲提出，结果累坏了父亲，也气坏了母亲。不如父严母慈，让子女长时间享受母爱，等父亲回家时，做出一些重点提示，以资警惕和改进，这样更有助于家庭的和睦进步。我们认为，男女同权而不同质，父母双方同样拥有对子女的教养权，却由于男女有别，各有各的特质，所以表现出不同的角色扮演。

父亲母亲互相配合，刚柔并济

换句话说，父亲应有男人的威严，而母亲应有女人的仁慈，这对子女对自身性别的认识有很大的帮助。不像现在很多家庭，把儿子教养得像女性，女儿教养得却像男性，这简直是非人表现。父母变得中性化，子女也跟着向中性化发展。这样的教养到底好不好，各位可以自行辨别。父亲平日十分刚强，但是一旦柔和起来，很可能胜过母亲；母亲平时十分柔和，但有时候会比父亲更加刚硬。这种刚中带柔和柔中有刚的特色，也不是中性家庭能够看到的。

当然，如果父母双方愿意改变为父慈母严，我们也不会反对。因为角色扮演，最好配合个人的人格特质，配合度愈高，扮演起来的效果愈好。

无论如何，在教养子女方面，母亲所付出的时间和精力远比父亲多。同样，在子女心目中，母亲的伟大也远远超越了父亲。因此可以说，教养子女是母亲最高的天赋（如图1-7所示）。虽然父亲也应该负起责任，但再怎么说也比不上母亲。身为母亲，可以说整天由早忙到晚，时时刻刻都在操心子女的事情。母亲这份工作，比起父亲每天上下班、领固定薪水，不但所花的时间更长，而

> 父亲应有男人的威严，而母亲应有女人的仁慈，这对子女对自身性别的认识有很大的帮助。

且所费的心思也更多。如果母亲比照父亲那样支领月薪，恐怕父亲把所领的全部交给母亲，也不能满足母亲的期望。所以我们才明白，为什么母亲不必上班，父亲却把辛苦工作获得的报酬心甘情愿地全部奉上。原来不能够用金钱衡量的工作，实在比以金钱作为报酬的事务要高贵得多。做母亲的，能够善尽教养子女的天职，完成这种无法用金钱来衡量的神圣任务，应该引以为豪。

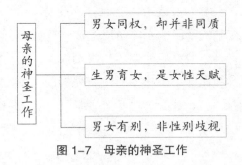

图1-7　母亲的神圣工作

现代职业妇女逐渐增多，她们所持的理由，不外乎丈夫的收入不够，家庭生活有赖于自己的收入，或者对某种工作有兴趣，而且这种兴趣超越了处理家务、教养子女的兴趣。更糟糕的是，受到男女平等思想的影响，很多女性认为，男女不应该在职业上受到不平等的待遇，在她们看

来，女性拥有职业，好像比管家育儿来得高尚而有面子。这种思想完全忽略了男女有别的事实，也不重视女性的天职。

男女同权不同质，男女最大的不同，便是只有女性才会生育儿女。这种不同的质，对于女性的职业必然产生重大的影响。我们不能够有性别歧视，却无法改变性别差异的实际状况。男女有别并不是性别歧视，男女平等也不表示男女同质。

母亲的工作，不能以金钱来衡量，也无法用金钱做报酬。教养出好子女，不但子女幸福快乐，母亲自己也必然幸福快乐。我们并不反对女性享有同等的工作权，女性也应具有同等的职业自由。但是，我们认为，从怀孕开始，最好能够暂时从职场上退下来，专心把生育的工作做好，等到子女长大，再逐渐恢复自己的职业。这对家庭、对子女、对自己都有很大的好处。

有些女性，为了职业而不生子女。这种天真的想法，不但使自己失去很多人生的乐趣，而且当有朝一日产生不一样的念头时，自己却已经过了生育年龄。这对女性来说，更是后悔莫及。那时候另一半还具有生育能力，这岂不是会徒增很多烦恼，出现很大的危机？

还没有结婚的男女朋友，最好记住"爱情没有条件，而结婚应该有条件"这句话。好好考虑双方的实际状况，预先虚拟一下，结婚之后可能产生哪些问题、有哪些可能后悔的地方，事先加以避免，以增加婚姻的稳定性，这对未来的亲子关系，也能添加一些好的营养。

已经成家的夫妻，最好应明白"男女同权不同质"的道理。尽管双方都拥有同等的权利，却由于男女有一些先天的不同，所以男女会扮演不一样的角色，不必完全求同，这对于改善亲子关系，更具有良好的作用。

第二章

亲子关系决定于教养观念

首先必须确立人禽之辨，
把子女教养成真正的人。
教养成为真正的中国人，
母语是文化传承的基础。
牢记祖先家传增强信心，
教养子女立志效法祖先。

人是观念动物，具有什么样的教养观念，就会造就什么样的亲子关系。因为亲子关系由亲子双方所表现出来的态度、行为所决定，而双方的态度、行为又为各自的观念所左右。观念产生态度，行为决定关系，希望改善亲子关系，最有效的途径莫过于检讨自己的教养观念。

　　一般人不知不觉接受了很多不正确的观念，譬如不要让子女输在起跑线上，弄得幼小的子女疲于奔命，接受根本不必急着学习的东西，结果累坏了尚未成熟的身体。不错，音感和言语感觉在幼儿时期应该及早训练，但是练习小提琴、钢琴以及学习外国语言文字并不需要这么早就开始。不要输在起跑线上，真正的意思是一开始就要正确，以正确的方法，学习必要的东西，而不是一般人所说的时间要提早。父母自己不明白道理，就会把幼儿教师当作专家，

> 不要输在起跑线上，真正的意思是一开始就要正确，以正确的方法，学习必要的东西，而不是一般人所说的时间要提早。

几乎完全听从这些"专家"的话来指挥子女。并且因为子女受到"专家"的严格训练，也成了小"专家"，在家中便被父母娇生惯养。遇有宾客来访，父母为了展现子女的专长，显耀自己的心血，便会命令子女表演一番。大家礼貌的夸奖，会使子女以为自己真的与众不同，于是对父母其他的教导，既不重视也不接受，最终当然是害苦了子女。人生的根本条件是生活，而教育子女怎样生活，只有父母才能安排得最安全周到，而且可靠。自己的子女自己教，父母在子女的生活教育方面，必须负起重大的责任。

　　身为父母，最好采取反求诸己的心态，把自己所造成的亲子关系，

冷静地检讨一番，想想为什么会这样。不要把责任全部推给子女，因为年轻的子女即使负有一半的责任，也很难有能力加以改变。父母自己就算只有一半的责任，总归有改变的能力。既然如此，求子女不如求自己，真正扛起责任，这对于改善亲子关系，应该更为有效。若是尚未生男育女，甚至还没有结婚，那就更好，趁早把自己的观念做一番梳理，将来采取合理的态度、行为，当然就会建立良好的亲子关系。

由于现代社会信息发达，传播迅速，加上平台广阔，几乎不受限制，所以有些信息难免鱼龙混杂，各种信息正误掺杂，真伪难辨，以致毫无系统。我们家里的抽屉、箱子、橱柜，每隔一段时间就会整理一下，把各种乱七八糟的东西清除掉。只有我们的脑袋，好像从小到大一直没有整理过，里面所装的观念，有对的，也有错的；有现代的，也有过时的；有幼稚的，当然也有成熟的。让它们混杂在一起，难怪脑筋很乱，该想的想不出来，不该想的反而想一大堆。这时候最好的办法，便是用虚拟的方式，把自己的脑袋翻转过来，将里面所有的观念都倒出来，然后逐一检查，认为对的、合用的，再重新装进去，对于自己无法辨识、难以判断的观念，还应该逐一列举出来，以便向高明者请教。

譬如对子女的观念，常见的至少有下列几种：

◆ 子女是自己制造出来的，身为制造者的父母，当然有权力安排子女的一切，子女不能反抗。

◆ 子女太麻烦，现代环境也不能用来防老、养老，不如干脆不生，减少很多麻烦，也少掉很多负担。

◆ 如果生男育女，就应该负责教养成为有用的人。如果让我们自己衡量，根本没有这种能力，所以不如不生。

◆ 反正是自己的子女，依照自己的喜好来养育就是，别人管不着，也用不着担心别人怎么看待。

◆ 子女是上天托付给父母的，不能任凭自己的喜好，必须按照天道人理，好好教养，才不辜负上天。

◆ 人和一般动物一样，大家都自生自灭，反正优胜劣汰，适者生存。生育子女是父母的责任，怎么活下去、成为什么样的人，还不是儿孙自有儿孙福。

◆ 生育子女，就应该好好教养。在子女入学以前，必须重视对子女的教养，为子女奠定一生的优良基础。

◆ 爱的教育，是父母应尽的责任。子女有自由发展的基本人权，不能由父母加以限制。

◆ 有爱就必须要有限，有约束才是真爱，否则就是溺爱。所以父母必须对子女加以责备、处罚、教育。

◆ 教养子女必须具有权威，父母不严，子女便不成才。自古棍棒底下出孝子，爱子女应该表现为勤教严管。

请问，您的看法比较接近哪一种，还是都不相同？是不是可以花一些时间，把自己的想法写下来，做一番整理？当然，我们更希望夫妻双方各拿一张白纸，不要彼此商量，先冷静地想几分钟，然后把自己的想法写下来，互相交换，看看是不是相近，不同的地方又在哪里。实际上，上述观念都有一定的道理，可惜都是片面的道理，并不是完全正确的道理。

●●●● 第一节　父母要确立人禽之辨

没有人敢问这样的问题："您的子女是人还是禽兽？"因为听者的反应很可能会使提问的人受不了。我们是活生生的人，子女也是活泼可爱的人，一家都是人，任何人只要被怀疑"是人吗"或被咒骂"像人吗"，都会认为是奇耻大辱，难以承受。

子女诞生人间，分明是要来做人的。身为父母，当然也盼望子女早日成人，绝对没有人一心一意要把子女养成禽兽。不幸的是，社会上竟然真会出现禽兽不如的东西（"畜生"）。我们也发现，有些父母真的把子女当成禽兽一样：养而不教，忍心让子女自生自灭，活得不像人样。所以，亲子关系实际上应该从人禽之辨着手（如图 2-1 所示）。

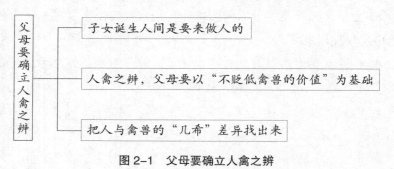

图 2-1　父母要确立人禽之辨

承认并接受人原有的兽性

说起人禽之辨，马上有人替禽兽辩护，说什么禽兽有什么不好？难道人就真的比禽兽高贵？因此我们必须特别申明，人禽之辨，最好以"不贬低禽兽的价值，不否认人性中含有兽性"为基础，以免一开始就掉入二分法的陷阱：以人性为善，而视兽性为恶。

由于禽兽没有理性和自由，只能够接受本能和冲动的支配，可以说无所谓善恶，不过是自然而然的非道德（不是不道德，当然也不是道德，纯粹与道德无关）的活动。林语堂说过："人类继承动物和原始野人的遗传本能，也就是进化自然过程的产物。这一种知识已使旧时关于人性原善原恶的辩论变得没有意义了。战斗的本能、饥饿的本能、性欲的本能、结群的本能以及一般本能超过理智的优越力，这一切都已容易被人了解。你不能因为人有性的本能而责备他，就似你不能因为海狸有性的本能而责备它一样。"

孟子说："人之异于禽兽者几希。"意思是人和禽兽不同的地方，只在于极微小的地方。长久以来，我们一直把孟子所说的极微小的部分无限地扩大，造成鄙视兽性的观念，甚至以兽性为罪恶的源头，实是十分对不起孟子。读书必须举一反三，孟子说人和禽兽不同的地方很少，就在告诉我们人和禽兽相同的地方其实很多。人类所拥有的衣、食、住、行、育、乐，禽兽几乎全有，所不同的不过是人类比较体面而已。同样是吃饭，所吃的东西不一样，吃的方式也不一样；同样是居住，住的场所不相同，居住的方式也不相同；同样有乐趣，但是花样各不相同，仅此而已。

往昔我们过分强调人和禽兽不同，并且把人抬到十分崇高的地位，却将禽兽贬低到令人鄙视的地步。父母看见幼小的子女玩弄自己的性器官，马上大惊小怪，严厉加以制止。徒然使幼小的心灵遭受伤害，从此误认为性器官是肮脏的。子女一岁多时，父母开始向其介绍身体各部分的名称，眼睛、嘴巴、鼻子、眉毛、手、脚、头都一一介绍，只剩下一样性器官，从来不介绍，也使得子女不敢去说那一部分。子女五六岁时，看见公鸡和母鸡、公狗和母狗在进行交配，很好奇，问父母它们在做什么。父母立即驱赶开鸡、狗，告诫子女不要看那种肮脏事。不错，我们的用意应该是以人性发展出来的理性来疏导兽性，转变兽性，促使本能与冲动能够由兽性的发作渐渐经由理性的运作来获得合理而有益的表现。

关于这一点，罗素在《权威与个人》一书中分析得十分透彻："驱策我们那些野蛮祖先从事战争与狩猎活动的本能，需要寻找一个发泄口。如果无路可走，势必将迫使这些本能转变为恨与顽强难御的恶意。我们为这些本能找出很多无害的出口。譬如比赛和户外运动可以代替战斗本能，冒险、发现、创造可以代替狩猎。我们绝不能忽视这些本能，也用不着因而觉得遗憾。"

罗素认为有很多坏事由本能带来，而人类伟大成就中有很多最好的收获实际上也由本能而产生。他主张对于人的本能与冲动，不能够一味加以制止，也不能引向破坏性的出路，而应该多多找出能为人类生活带来快乐、光荣与灿烂光辉的出路。中山先生在《国民要以人格救国》的演讲中，也倡导"人本来是兽，所以多少带有兽性，人性很少。我们要人类进步，是在造就高尚人格。要人类有高尚人格，就在减少兽性，增多人性"。

教导子女人性与兽性相结合

我们现在提出一个问题：某小姐和男友热恋，她非常爱男友，也相信男友非常爱她。当男友提出要求，要和她发生性关系时，她应不应该答应？各位的第一反应，恐怕是这种问题不会发生在亲子关系上面，因为子女不可能拿这种问题向父母请教。年轻人遇到这样的困惑，通常会问老师、问同学、问朋友，有的甚至任何人都不问，自己想想便做出决定；有的想都不想，高兴都来不及，就满口答应；更新潮的，则是反过来要男友和她发生性关系。

就算子女拿这个问题向父母请教，相信很多父母也答不出来。放眼今日社会，非夫妻的男女关系逐渐司空见惯：大学女生兼差当应召女郎，中学女生上网要求援交。性行为的放任，使很多人认为婚前性行为简直不算什么。这种观念和行为刚开始还是欧美人士的专利，没过多久便流行全世界。在性事方面，甚至有些人的恶劣行径实在比禽兽还不如。性教育好像永远在背黑锅，成为大家交相指责的对象，也成为光怪离奇的性泛滥的借口。

我们应该了解，像这一类的教育，必须采取"矫枉过正"的方式，尽量拉得紧一些。孔子说的"取法乎上，才能得其中"应该是这个意思。否则稍微放松，就会造成今日这种不可收拾的局面。因此这一点非常值得性教育工作者警惕，我们大家更应该小心。

笔者在大学教学多年，当然也遇到过女生询问类似的问题。笔者一向主张三分法，通过第三者的意见来避开双方当事人的尴尬。记得当时所引用的答案，是旅美哲学家吴森教授的一番话，他这样说过："假如我反对婚前性行为，一定会招来不必要的辩论，也许以后没有人来选我的课。要是我赞成婚前性行为，那只不过是随波逐流，人云亦云，卑无高论。"他采用中国式沟通方法，先"道可道，非常道"一番，接着才说："事情没有这么简单，要看你们两人爱的性质来决定。大体而言，爱可以分为两大类。一种爱是以'关心'或'顾念'（英文可用 concern 来表达）为主的；另一种爱是'探究'和'好奇'（英文可用 wonder 来表达）的成分居多。假如你们两人互相关注、互相珍重，已经有做夫妻的准备了，这样的爱才可能是持久的。但假若你们的爱有一方是以 wonder 为主的，恐怕你们的爱是不能维持太久的。"当时教室里鸦雀无声，同学们好像都相当满意。

三分法的意思是，遇到问题不必只依靠你和我双方来对谈，以免由于彼此看法不一致而造成面子上的不好看。若是其中一方恼羞成怒，更不容易沟通。遇到问题时，把合适的第三者搬出来，作为中介，避免双方直接碰撞，就可以减少面子的作用，达到顺畅沟通的效果。亲子之间的交谈，如果采用三分法，找一个双方都能够接受的第三者作为媒介，可以使交谈更加顺利而有效。孔子担当第三者的机会特别多，因为他是公认的万世师表。

人性和兽性大同小异

笔者再接再厉，继续引用吴森教授的话："wonder 和 concern 正是西方和中国文化之差异的根源。西方人对自然 wonder，产生了用科学来征服自然。中国人重 concern，成为世界上最讲究社会道德的民族。"

西方人对待自然物以 wonder 为主，所以特别看重人定胜天，要征服自然。中国人自古便感谢天地的覆载大恩，对天地怀抱无限感激和崇敬。我们把自然看作有生命的机体，对自然物采取欣赏的态度，因而形成艺术的意识。总体来说，我们对自然物的感情，远远超过西方人对自然物的感情。

人和禽兽的差异，说起来不过是大同小异。西方人以 wonder 为主，采用科学的方法来探讨人禽之辨，求真的结果偏重在大同的部分：认为人是动物的一种，和其他动物的差别不大。我们重视 concern，通过艺术的心态来看待人禽之辨，求善、求美的结果使我们早在周武王时代就已经体会到"人为万物之灵"。虽然人禽的差异，只有"几希"（少之又少），但是就凭这"几希"，足为万物之灵。《周易》为什么说"立人之道，曰仁与义"？这样把仁和义看成做人的根本大道，便是把这"几希"明确化了。

吴森教授特别指出：孔子学说中的"仁"和柏拉图哲学中的"爱"，可以说是 concern 和 wonder 的一个显著而强烈的对比。"仁"是出自人类的本性的关怀心，由于关怀的对象不同而产生差等（不相等）的爱，但是这种差等，不是故意从理论上造成的，而是人性自然流露的现象。而"爱"是以 wonder 的精神来加以探索。柏拉图的爱，是不爱任何个人的。站在儒家的立场来说，这简直比墨子的兼爱更要不得。

相信和美国男性有过交往经验的女性朋友都会承认，一些美国男人对于女性的追求，大多出于 wonder 的心态。因此要求快速发生性关系，而在发生性关系之后，完成 wonder 的任务，很快就移情别恋，各自东西了。

吴森教授旅居美国，从事比较哲学与文化的教学和研究，特别指出美国人的基本心态是 wonder 和 action（意为"行为"）的结合体。他认为 wonder 可以溯源于古希腊，它支配着整个西方民族的性格，action 则是开拓新大陆的精神。这种心态的特征，是爱自由独立，喜探究新奇，富冒险进取。从文化哲学的立场来看，实在是发展科学的原动力。科学家如果不具有这种探究精神，很不容易有所发现或发明。然而，这种精神表现在男女两性的关系上，便为我们东方道德所不容了。他们的探究新奇，在我们看来，简直不可思议。不幸的是，这种精神竟然随着科学技术的传播，经由好莱坞的扩散，快速地全球化。

教养子女要把性和感情连接在一起

做父母的，必须在 concern 方面，把性和感情连接在一起。当子女问起有关性的问题时，应表现出坦然的表情，使用的名词也应力求妥当，以免粗野而难以入耳。

时至今日，要想恢复从前绝口不谈性事，不向子女说明性方面的事情，不但不可能，而且没有必要。我们最好明白，对子女的性教育，并不是顺着子女的 wonder，仅就婴孩的出生或生殖方面而施教。实际上单纯就生理现象和历程对孩子实施性教育，有害而无利。做父母的，必须在 concern 方面，把性和感情连接在一起。当子女问起有关性的问题时，应表现出坦然的表情，使用的名词也应力求妥当，以免粗野而难以入耳。当父母将"阴茎""阴道"说得像"心脏""胃肠"一样自然的时候，就不会难以启齿或吞吞吐吐，以致引起子女的恐惧或怀疑。如果孩子从外面的同伴那里学会粗野难听的用语，父母也不必紧张不安，只要冷静地告以正当的名词，让子女适当地加以运用，也就纠正过来了。

父母当然不用急于向幼小的子女介绍性器官，但是当子女问起的时候，不必惊慌，也不能责骂，更不能够用"去问爸爸"或"去问妈妈"来把责任推给对方。这种互相推诿的态度，只会使子女产生一种"只有父（母）亲才能告诉我"的偏差观念。当然，我们也认为，子女长到青少年时期，有关性方面的讨论，最好采取父子（父对子）、母女（母对女）的同性讨论。

几乎所有孩童，都喜欢做几种有关性的游戏，这是本能的表现，也是人和禽兽相同的部分。小孩的 wonder，如摸弄自己的性器、故意露出性器等，都是正常的行为。父母只需要以身作则，并且逐渐引导子女学习正常的行为模式，使子女明白为什么吃饭要在餐桌上、会客要到客厅而不是卧房、大小便要进入厕所、外出要穿好衣鞋等。同样，使子女学会不能够赤裸身体乱跑以及脱下裤子游玩，让他们明白这些并不是因为罪恶或可耻，而是礼貌和纪律。

把子女的 wonder 视为当然，不必加以鄙视，同时有意无意地表现出人类特有的 concern，使子女把本能的性和文明的感情连接起来，从而在不否认人性中含有兽性的基础上，逐渐弘扬人性，确立子女的人禽之辨。父母并非以人性为善，而视兽性为恶，却能够为原来具有的兽性，寻找一条妥善的出路，最终走进人性的光辉。

我们最好明白，子女是上天托付给父母的，并不是父母想要制造就能够造出来的。因此父母没有权力凭借自己的能力爱怎样教养子女就怎样教养子女。我们应该按照天道人理，学习良好合用的教养方式，好好教养子女，才不辜负上天的美意。子女生而为人，更要长大成人，我们把子女教养成人，和禽兽不同，这才合乎天道人理。

父母自己先确立人禽之辨，务求像人而不能产生禽兽的行为，然后把子女教养成人，而不是像对待禽兽一般饲养子女。父母心目中的优秀子女，不一定学业成绩优异、运动技能卓越，却应该是规规矩矩做人、实实在在做事的人，有人的模样，也有人的内涵，是一个堂堂正正的人。

●●● 第二节　把子女教成不一样的人

父母对子女的期待

　　我们已经下定决心，要把子女教养成人。不但有人的模样，而且具有人的内涵，和大家互动起来，也让大家认为他是真正的人。

　　但是，每一个孩子实际上都是独一无二的。这样才不会认错，想来也是上天的一番好意，要不然人人相同，岂非天下大乱！同样一对父母，所生的子女并不相同，兄弟姐妹个个不一样，这种差异性也增加了家庭中的乐趣，这真应该谢天谢地。

　　书本中所描述的孩子成长的情形，属于一般情况。事实上每一个孩子成长的情形，和书本中所说的难免有一些不相同的地方。我们不是希望子女出人头地吗？何必害怕子女与众不同呢？因此，这时候父母不但不应该大惊小怪，认为自己的子女是不是有什么差错、有什么不对，或者有什么问题，反而应该满心欢喜，这说明自己的子女毕竟有些特殊，果然与众不同。

　　每个孩子都是特殊的，有自己的饮食、睡眠、行动特性，这是十分正常的。父母必须顺其自然，让子女自由自在地成长。千万不要强迫子女，要求他们长得跟书本上所说的一模一样，那是不可能的，更是不必要的。

　　但是，顺其自然并不是听其自然。有很多父母在这个地方弄不清楚，以为父母应该采取放任的态度，让子女爱怎么样就怎么样，喜欢做什么就做什么。这样的溺爱，迟早会把子女宠坏。而子女长大以后，也不会原谅父母，却会抱怨父母不知管教，害得他们养成很多坏习惯，想改也改不掉，痛苦不堪又后悔莫及。这种听其自然的放任主义，实际上等于忍心放手让子女自生自灭，以致子女成为社会的祸害。

　　子女的成长，父母固然不应该加以过分干预，因为子女是父母所生，却不一定要按照父母的理想去成长。想生女儿，却来了个儿子；盼望儿子，偏偏生了个女儿。这种情况即在警示我们：人们没有能力支配孩子的性别，也没有办法规范子女务必依照父母的需求，把自己塑造成让父母喜欢的那种模样。

　　顺其自然，可以解释为不加以干预，也可以解释为"自然的部分不加以过分干预，不自然的部分应该加以禁止"。父母有责任帮助子女顺应自然，但不能够完全不禁止，致使子女因听其自然而产生很多不合理的行为态度。

> 顺其自然，可以解释为不加以干预，也可以解释为"自然的部分不加以过分干预，不自然的部分应该加以禁止"。

　　旅美心理学家邱连煌教授看到英美社会在教养子女上的偏失现象，喟然长叹："这种只要给予孩子们充分的爱，便无须对他们实施管教的育儿哲学，实为21世纪社会上的最大祸患！"他提出"爱与限"的主张，认为儿童固然需要父母的温情、同情、亲情，但是，光有爱尚嫌不足，除了爱，还要有"限"。教养儿女，要与他们"约法三章"，凡事先定规则，在明确的限度内辅导、教诲，加以督导、勉励，然后才能培养子女堂堂正正的行为态度。如果不加以限制，子女会像脱缰的野马，东奔西窜、横冲直撞，为个人惹来无穷困扰，也为父母平添无限烦忧。

　　他曾经举过这样一个例子：

　　有一位母亲跑到心理辅导处求救，说她有一个十三岁的儿子，完全不受约束、不听劝告、不服从命令、不接受要求。他夜夜在外闯荡，常常深夜两点还不回家，令人又生气又忧虑，真是拿他一点办法也没有。

心理辅导者静静听她倒完苦水后，要她把事情的发展始末说来听听。她想了一下说："我清楚地记得，问题是这样开始的。当他两三岁的时候，有一天我抱他上床午睡，他大声抗议，我没有理睬，想不到他'噗'的一声，将一口口水吐在我脸上。我当时并没有生气，因为我听某些专家说，碰到母子正面冲突之际，应该平心静气地加以解释，让孩子的情绪有宣泄的机会。所以我告诉他：'用口水唾人是不礼貌的行为，下次不可……'话还没有讲完，又是一口口水喷过来。我一面擦干脸上的口水，一面想重新解释一番。不料还没有开口，'水枪'第三次直射脸上。这时，我进退维谷，不知所措，狼狈地逃出他的房间，背后险些又中了他的第四次'扫射'。"

也就是从那个时候开始，这对母子每逢冲突，她就从未占过上风。事态愈演愈烈，问题愈来愈严重，以致到了今日不可收拾的地步。这位母亲，不过是成千上万受到这种只爱不限的育儿哲学影响的受害者之一。

邱连煌教授指出：当初弗洛伊德的精神分析学说公之于世的时候，强调有些精神症状是因为过分压抑情感冲动所致。不幸的是，有许多人，包括有些专家在内，对它产生误解，或者响应过分强烈，深以为个人幼时的感情冲动若是受到压抑，长大以后会带来太多的焦虑、忧虑和疑虑。所以孩子若有愤怒时，要马上让他发泄；有怨怼时，要即刻让他申诉；有欲望时，也要立时让他获得满足。依据这样的推理，他们主张以"不禁止"的方法来教养子女。对子女的不良行为，一味容忍放纵，要么就是睁一只眼闭一只眼装着没看见。这种长期和全面"不禁止"的结果就是不良少年满街跑，问题儿童到处都是。实际上，子女应该在父母的关怀、爱护下，逐渐把他人所发生的警戒转变为对自己的警戒，把外在的限制转变成对自己的限制，把客观的约束转变为对自己主观的约束。最后才能够成为有为有守、有道德、有原则、能屈能伸、能自主、能自律的正常人。

孩子的独特性，从生下来就已经注定了。父母从子女刚出生开始就应该尊重子女的独特性，接受他的饮食、睡眠、运动习性，还有脾气和情绪，顺着他，让他自然成长。孩子爱长成什么样子，就让他长成什么样子。父母应该把子女看作上天的恩赐，欢欢喜喜地接受。只要孩子顺其自然地成长，父母就会喜欢。老实说，不喜欢又能怎么样？把男的换成女的，将黑皮肤换成白皮肤，做得到吗？人生原本就是不得不，对子女也不例外。

> 父母从子女刚出生开始就应该尊重子女的独特性，接受他的饮食、睡眠、运动性，还有脾气和情绪，顺着他，让他自然成长。

　　我们最好明白，有什么样的父母，自然生出什么样的子女。龙生龙，凤生凤，老鼠生儿会打洞。父母的遗传基因会使每个孩子对后天所处环境的刺激产生不一样的反应，所以每一个孩子都有一些个体差异。我们不应该要求每一个子女都要达到相同的标准，更不应该把自己的子女和别人的子女相比较，要求自己的子女和别人的子女一样。我们必须知道，自己的每一个子女实际上都是世间唯一、独特、不能比较而且无法取代的。所以，我们应该尊重每一个子女，无论其身高、体重、外貌如何，顺其自然就好。

　　在学业方面，我们也不应该要求子女比人家更好。读书当然十分重要，但是读书的目的在于明白道理，并不在于学业成绩。可惜很多父母常常不明白道理，只知道盲目要求子女用功读书，考出好成绩。有孩子明确表示不愿上学，便是由于受不了来自父母的这种压力。在技能方面，父母实在也使不上力，因为子女的天分各不相同，同样的师资、同样的教材，使用同样的机械设备，学习同样的技术能力，有的人学得很好，有的人就是学不好，根本勉强不来，只求尽力就是了。

有爱就应该有限

　　父母对于子女的爱，表现在完全接受子女的成长情况。但是父母对于子女的限，则设定在子女的品德行为方面。父母必须提高警觉，在品德方面，应该要求子女不要逾越规矩，不要破坏秩序，更不可以横行霸道、惹是生非。

但也是基于这种认识，有些父母坚决奉行"棍棒底下出孝子"的古训，严厉要求，并且毫不手软，孩子痛得哇哇大叫，父母还连声吼叫"都是为你好"。这种方式，出发点可能很好，但不懂得儿童心理，所用的方法也不妥当，可以说效果并不明显。

做人最要紧的是生活，但现在人们却更重视知识，甚至因为追求知识而影响生活。父母不知道教导子女如何生活，却急于要求子女早日学到很多知识和技能，实在是本末颠倒、不知轻重。甚至我们现在已经把家庭变成学校的一部分，只是为了课前准备和课后复习，几乎丧失了家庭教育的功能！

有一篇《美国儿童在压力中》的文章，提起今日的美国孩童所承受的压力比以前要大得多。似乎只要母亲一怀孕，就等于小孩子已经注册进入托儿所。所造成的后果是目前十岁到十二岁的儿童罹患哮喘、晕眩、胸腔疼痛、胃病等心因性疾病比十年前增加不少，九岁或十岁时就开始喝酒或吸食大麻的也很多，十五岁到十九岁的女孩当中将近有四分之一在十六岁以前就有过性交的经验，少女未婚生育、少年自杀的事件，都在快速增加。

我们当年把 the United States of America 翻译成美国，实在不如日本人聪明，日本人把它称为"米国"。因为大多数人喜欢望文生义，看到美国，便认为是一个美丽的国家，似乎什么都美，都值得学习，以致有一位老太婆，到美国去旅游，一个月之后回到中国，便不断地向大家赞美，说美国小孩比中国小孩聪明。她说："你看，人家美国小孩才几岁大，英语就讲得溜得不得了。不像我们的小孩，学那么多，英语还是说不好！"这些年来，我们热心学美国，好像好的学不来，坏的全学会了，何苦来哉！

父母将自己的子女和人家的子女相比，而且要求子女一定要赢过别人；学校明知道孩子具有个体差异，也认定孩子拥有不同的能力，却盲目要求人人都及格。实际上，如果孩子有某方面的特殊能力，就应该给予其不一样的教育刺激。不幸的是，很多儿童在课程上被逼得太紧，要求得太高。孩子们被迫去顺从环境，而课程却不一定能够顺应儿童的需要。

按理，学前教育所重视的，应该是游戏而不是学业。但是外行的父母，却急于打听幼儿园教不教写字，当一听到都在游戏时，父母就不把子女送来。

父母当然可以在家里教子女认字和写字，也可以带子女上街，引导子女注意广告屏幕、商店招牌。但是，不应该强迫子女非学不可，或者一定要学得正确。父母的责任，只在培养子女的兴趣和指导其方法，以使其养成良好的习惯。至于子女长成什么样的人，做成什么样的人，父母一定要充分加以尊重。

> 父母的责任，只在培养子女的兴趣和指导其方法，以使其养成良好的习惯。至于子女长成什么样的人，做成什么样的人，父母一定要充分加以尊重。

法国哲学家卢梭曾经提出自然主义的教育概念，认为儿童比教师、学校、教材更为重要。这种"儿童中心主义"主张，学校应把注意力集中在儿童现有的经验、活动与兴趣上，使之成为决定学校活动的唯一原则。后来，意大利教育学家蒙台梭利（Maria Montessori）创立"儿童之家"，进行儿童教育的实验，她特别强调游戏法，认为游戏可以包含一切学习活动，用来培育儿童快乐、自发和创造的精神。

把儿童当作儿童，而不是成人。因为宇宙是一个变动的环境，知识和经验的价值，不能够求证于过去的历史，反而应求证于当时生活的需要，看看能不能获得满意的结果。杜威在《学校与社会》一书中说得十分明白："我们的教育，正在起变化，把重心改变了。这个改变与哥白尼把宇宙的重心从地球移到太阳，是同样的一个革命成果，在教育上，儿童变成太阳，一切的教育设施，都应该环绕着太阳运行，所以儿童是中心，教育应为儿童而存在。"

父母最好看清楚孩子发展的速度彼此不一致，有些孩子发展得较快，有些则较慢。而且孩子各方面的发展也不一样，有些孩子会认不少字，会写不少字，有些还不会。孔子早就提醒我们，必须因材施教。父母对子女的要求，当然应该依照子女的实际状况，而不应苛求。何况社会需要各种各样的人，彼此分工合作。我们依此推知，上天需要各种各样的人，而不是大家都一样。上天把子女托付给父母，最好依照子女的天分，让子女在快乐的生活中自然地成长。

父母可以启发、辅助、教导子女，却不应该要求子女接受各种指示。从前那种严格要求子女接受各种指示，严格要求子女服从长辈的教育理念都应该做出合理的调整。儿童天真无邪的特性、热忱的好奇心、丰富的想象力、爱好实验的探索，都是十分宝贵的潜力。父母只需要以正确的态度、良好的方式、有效的方法给予适当的启发，至于子女将来怎样发展、可能有哪些成就，那是子孙自己的福分，根本用不着我们操心。

●●●● 第三节　发挥所长要有共同守则

厘清教育中变与不变的道理

1920 年，杜威博士来到上海，随之杜威的理论几乎全盘支配了当时的中国教育。中国各地含有实践性质的学校有如雨后春笋，都本着杜威的理想而设置。这种盲目移植的现象，是在任何国家都未曾见到的，而所引发问题的严重性也更为明显。

我们冷静检讨，这种方式充其量只是抄袭，还谈不上模仿，因为模仿需要深度用心，抄袭则不用动脑筋，人云亦云。而且这只能说是杂糅，根本算不上融合，因为融合必具有自己的逻辑，而杂糅则是莫名其妙的产品。

杜威的教育理论实际上过分偏重"可变性"。留美多年的曾约农教授明确指出："今日一般观念，已不免拿一个'新'字来做'进化'二字的脚注。断定一切旧的都不如新的。换句话说，只知宇宙在'变'，时代在'流'，而不知'变'中有'常'，'流'中有'住'。"

变是事实，我们承认宇宙是一个变局。但是，宇宙自然真的没有一成不变的事物吗？笔者上课时，多次要求同学放学回家看看妈妈有没有变。结果发现就算一切都在变，幸好妈妈的爱始终没有变。如此，这个家才温暖，回家也才觉得安全。

我们赞成教育必须是变动的、应变的、向前的、进步的、推陈出新的，一切墨守成规、故步自封的教育都应该加以反对。但是，我们更相信孔子所说的：生活法则不可变而生活的方式可以变。大家用心分清可变与不可变的界限，才是知变又知常的良好方式。

16 世纪以前，世界上的各种文化大多相信"过去比现在好"，这和我们常说的"一代不如一代"的观念非常相似。大家都相信，人心和人的作为都是一天一天败坏，今不如古。16 世纪时，西方许多哲学家已经相信人类生活是进步的，并且大力提倡古不如今的观念。这种"明日比今日好，今日比昨日好"的假定，固然暗合人性本善，实际上却也偏向于"人类无限的完美性"。正如法国圣西门（Saint-Simon）所说："黄金时代不是隐藏在我们背后（指过去），而是展现在我们的前面（即未来）。它代表着完美的社会秩序。我们的祖先尚未见到它，有朝一日，我们的子孙将会到达斯境，这有赖于我们为其开辟坦途。"

这一番话，其实在愈变愈好的"变"中透露出必然完美、务必达成的"常"则，也就是有其"不变"性。没有不变，哪里有变？这种变中不变的道理，由于《易经》的启示，我们中国人早就深刻体会、铭记在心了。不幸的是，由于近四百年来科技的落后，我们便觉得样样不如人，以致把祖先的宝贵遗产全都忘记了。

如果只看到变的一面，否认不变的事实，就会产生"道德不但可变，而且必定要改"的错误观念。民众曾经寄望"教育愈普及，社会愈有秩序，大家愈富有，社会愈能安宁"。现在几乎人人有受教育的机会，大学生满街都是，结果社会愈乱；人人都有钱，才发现家家都闹穷。有钱就花，没钱也要先花，弄得大家不安宁。可见基本的道德修养绝对不能变。我们在人格修养方面，一直认为今不如古，果然一代不如一代！

我们可以这么说：从物质方面来看，由于科技发达，带给人类很多好处，当然古不如今，愈来愈进步。但是从精神方面来看，由于重利用而轻正德，以致科学愈发达，物质上愈进步，精神上反而愈来愈倒退。

父母在物质方面要顺应时代的潮流，不必故步自封，不一定要子女和自己采取相同标准，吃尽同等的苦头。但是在精神方面，应该坚持各项不变的生活法则，先进德以修己，然后才能利用万物，发挥各人的长处。

教养子女要有一定的品德标准

子女的长处各有不同，要顺其自然，激发其各自发展的气力。子女的品德却必须维持一定的标准，就算才能再好，成就再高，也应该做一个堂堂正正的人。针对子女的品德，父母必须订立共同守则作为家规。我们列举几个重点，说明如下，以供大家共同勉励。

把子女教养成真正的人

父母以身作则，不能有禽兽的行为，应成为子女做人的好榜样。率先孝顺父母，让子女耳濡目染，使子女发自内心地孝顺父母，而非徒有形式；对自己的兄弟姐妹，要发挥"悌"的精神，不但友爱，而且互相帮助。这样的家庭才具有孝顺的氛围。由于孝悌为仁之本，子女能孝能悌，非但在家庭中不会出问题，将来长大，在社会上也是个安分的人。我们发现，凡是鄙视孝悌的人，通常貌忠而内奸，对长官只知道顺从，遇着好一点的位置，便不惜一切，务必争取到手；一旦利害关系用尽，即刻翻脸不认人。正常的家庭，必然重视孝悌，到这种家庭寻找对象，婚姻大多美满。

所谓门当户对，其实就是正常家庭对正常家庭，双方都讲求孝悌传家，将来教养出来的子女，也必然重视孝悌。孝顺并非人的天性，否则为什么古圣先贤费那么大的心思，不断地鼓吹倡导，仍然还有那么多不孝的行为？西方的基督教认为上帝创造世人，每一个人在上帝面前都是平等的个体。西方的父母按照这种宗旨，把子女教养成为独立自主的个人。但是，中国人最可爱的地方，便是就算信仰基督教，也会感念"身体发肤，受之父母"，不敢忘怀父母"生我、育我、抚我、鞠我"的大恩，秉持儒家的教诲，孝顺父母，未敢稍有懈怠。

21世纪的中国，尤其在台湾，受到西潮的冲击，有一些人提出"非孝"的主张，强调"父母对子女并无恩"。孝道的观念，因此起了很大的变化。然而，普遍来看，中国人在孝顺父母方面，仍然远远胜过其他任何民族。

父母最好明白，孝顺是一种习惯，必须从小加以培育，及早培养子女孝顺的习惯。往昔的孝顺，由于行之久远，已经偏离原来的正道，产生很多偏差的观念，难免引起许多批评。我们现在不但无法也不必恢复往昔的做法，更不能把孝顺僵化成一套完整的制度，徒然使很多人敢怒而不敢言，变成表面亲爱而内心怨恨。我们将于后文第五章《子女应该养成正确的心态》第一节《遵行现代化孝道》中，详加说明。

西方文化认为人人都是上帝的子女，人类的所有行为，都只对上帝负责，因此很少谈及孝的问题。中华文化采取人本位思想，以德行和亲情来维系亲子关系，认为子女既然为父母所生，基于父母的教养大恩，应该知恩回报，孝顺父母，否则便是不肖子女，和畜生并无两样。

把子女教养成真正的中国人

如果问一位美国人："你为什么是美国人？"答案肯定是："因为我在美国出生。"如果问一位中国人："你为什么是中国人？"答案迥然不同："因为我的爸爸是中国人。"中国人只管爸爸是哪里人自己便是哪里人，不论在什么地方出生，都不致产生影响。因为我们的文化主张不忘本，没有父母就没有子女，子女为了不忘本，就随着父姓，也跟着父亲是哪里人就是哪里人，即使有生之年，从来没有到过那个地方，也会念念不忘，因为那是父母出生的地方。中国人最看不起数典忘祖的人，就算他功成名就，有很大的贡献，只要数典忘祖，我们就会认为他天理不容，终究会自作自受。

请问：生为中国人死为中国鬼的观念，应不应该因为美国主张以出生地来认定是哪里人而有所改变？一个人如果从来没有到过父亲出生的地方，便认为那个地方与自己无关，至少没有感情，是不是已经证明这个人的心中没有父亲的存在，至少对父亲不敬，也就是不孝顺？我们尊重每个人的选择，但是，事关重要的价值观，仍然值得大家深思。

尤其是全球化、国际化、现代化盛行的今日，哲学家竭尽心智，已经发觉"要解决人类的纷争、冲突，唯有借助于中国人的哲学"。换句话说，21世纪即将成为"西方科技结合中国哲学"的崭新时期，也就是以中华文化为主流，来包容世界各国的文化。因为只有中华文化广大的包容性，才有方法求同存异，使各种文化互相尊重，彼此共荣。中国人的"中"字，有"合理"的意思。只有凡事求合理的国家，才能称为"中国"；只有凡事都能够恰到好处的人，才够资格称为"中国人"。这是何其尊贵、庄严的名称，我们必须共勉。全世界都追求合理化，只有这样的全球化、国际化，才会更加和平圆满。

20世纪的中国人，很辛苦。但是，21世纪可以说已经完全不同，中国人愈来愈争气，在世界上广受重视。"东亚病夫"不见了，很多不好的习惯也都改掉了。21世纪的中国人，千万不要用20世纪的眼光、20世纪的标准、20世纪的思维来衡量自己的地位。做一个堂堂正正的中国人，正当时矣！

教养子女立志效法祖先

要教养出好的子女，单凭父母两个人的力量是不够的。毕竟我们都是人，而且是平凡的人，怎么可能轻松地教养出好的子女？就算三代同堂，也很可能是上两代的四个人反过来被第三代的"小霸王"或"小龙女"牵着鼻子走，弄得别人都在看笑话，而自己居然还很得意。这实在很可怕。古圣先贤设计一套祖先崇拜的方式，实际用意是结合祖先的整体力量来教养子女。孔子反对怪力乱神，不赞成迷信，却明确表示祭祀的时候要亲自参与，并且把神当作真实的存在，表现出虔诚的态度。

杨懋春教授认为，子女如以至诚恳切的情感纪念一位死去的亲人，定会设法将死者在生时的音容笑貌、举止动作、爱憎迎拒等情况尽情追思，在心中或梦中加以追忆。想念到极深时，人会抛弃理智，幻想所爱的人死后并未化为乌有，也不会转变为不成人形的可怕鬼怪，而是会像活人一样生活，也有像活人一样的各种需求与爱恶，只是行动上可以飘忽幻化，不受形体的拘束。于是逐渐建立一种信念，相信人死之后，血肉形体腐化，却换上了一个与生时相同的精灵相貌，并且保留着生时形体的各种属性，也就是保留各种生活方式与需要。这就使我们不忘在祖先死后，按时祭祀，供奉所需要的物品，并且乐于和祖先接近，倍觉温暖可亲。我们延续祖先生命，供给祖先所需祭品，发扬祖先精神，还要借重祖先的力量来教养子女（如图2-2所示）。

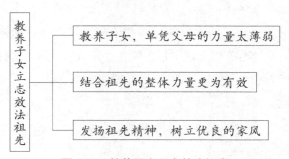

教养子女立志效法祖先

- 教养子女，单凭父母的力量太薄弱
- 结合祖先的整体力量更为有效
- 发扬祖先精神，树立优良的家风

图2-2　教养子女立志效法祖先

有些人经常在子女面前辱骂祖先，说什么丑恶的中国人，直说到有一天子女不想做中国人。如此，我们就找不到中国子孙，变成没有中国人的中国，这对世界也是严重的损失。父母教养子女认同祖先，才能够孕育出家族思想。仅仅以父母为认同对象，不免倾向于个人主义。立祠堂、修家谱、表彰祖先，才能够激发子女重视家风。

教养子女确立"德本才末"的信念

现代人重视才能，认为子女迟早要投入竞争激烈的职场，如果不趁早培养各种才能，就要落于人后。于是四岁学钢琴，五岁学游泳，还要分出时间学外语和跳芭蕾舞，这样的孩子哪里有时间和心情来陶冶品德？教养的意思，是引领子女上进、避免堕落。因为人具有与生俱来的兽性，如果不教，兽性就会不断发展而阻碍了人性，子女就会堕落得犹如禽兽。所以，教养子女确立"德本才末"的信念尤为重要（如图 2-3 所示）。

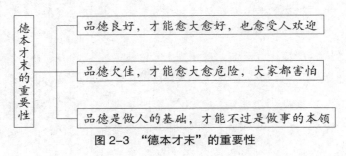

品德良好，才能愈大愈好，也愈受人欢迎

品德欠佳，才能愈大愈危险，大家都害怕

品德是做人的基础，才能不过是做事的本领

图 2-3 "德本才末"的重要性

人的品德并非生来圆满，必须妥善养育，才能改善原来的缺陷。有才能不一定受到欢迎，其中的关键即在于品德的好坏。品德不佳的，才能愈高强，大家愈不敢接近。所以，德本才末并不是不重视才能的发展，而是把品德修养当作基础。品德的培养必须趁早为之，子女愈大就愈不容易培养，因为做人的基础已经不稳固。既然年龄愈大，愈不容易培育，那么父母就要衡量轻重本末，最好以培养品德为优先，使子女明白德本才末，而知所轻重。

教养子女先把母语学好

中国人不但要说中国话，而且要深入认识中国字并且会写中国字，只会说不会写，不算懂得中国语言。语言学家告诉我们，一个人如果一辈子平平凡凡，那就无所谓。如果有一天真的出人头地，就必须将一种语言文字运用得十分精通，才能够把自己的想法明确地表达出来。那时候若是发现自己的语文能力不足以表达自己的创见，就会造成很大的遗憾。语言学家主张小学四年级开始学外语应该最为合适，因为十岁以前，必须一心一意把自己的母语学好，奠定坚实的基础，才不致因太早学习外国语言，弄得没有精通一种语言而抱憾终生。

一个人如果从十岁起就多种语言混杂使用，可能样样会说却没有一样精通，将来在应用语言方面，必然不能如意。网上已经出现把"列祖列宗"写成"劣祖劣宗"。这种现象不知道能不能唤醒那些急于早日让子女学习外语的朋友！我们也希望，父母能问一问子女：做梦的时候，说的是哪一种语言？如果子女连做梦都在说外语，大概就难以挽回，没有什么希望改变了。

子女要做什么样的人、要学习哪些技能，我们身为父母，最好尽量加以尊重。但是做人的品德修养，应该列为必修课，没有人可以例外。父母应该抓住这些共同守则，在子女身上打好基础，使子女站稳脚跟，其余的发展，可以依据子女的个体差异，将其教养成为独一无二的人。

放眼望去，现代中国人刚好相反，父母不重视子女的品德修养，反而十分注重子女的学业、技能。

对子女来说，父母之爱非常重要。孩子从小就在这种爱中长大，必然是十分充实而健全的人。然而，真正的父母之爱必须重视子女的品德。父母时时刻刻都要提醒子女：规规矩矩做人，并且要实实在在做人。把品行的基础打好，先做一个好人，再来学习其他技能。这样所学到的东西才不会乱用，才不会用来为害社会，才不会使祖先蒙羞。这些道理，父母如果十分明白，便不致盲目逼孩子小小年龄就承受那么大的压力，成天不是学这个，就是学那个，而且这些技能将来还未必用得上，即使用了也没有把握用得合理，用得有益于社会。

第三章

现代人更重视家庭教育

言教不如身教，最好从胎教开始。

父母离开卧室，就应该像个父母。

孝顺要有敬意，不能像平辈朋友。

既然都是人类，最好做"人父母"。

观察子女状况，一定要照单全收。

每遇阶段调整，都应该预先商量。

我国自古以来就十分重视家庭教育。旅美人类学家许烺光先生研究指出：中国的社会结构以家庭为基础，家庭中的成员关系以父与子的关系为主轴，其他的人际关系都以此主轴为出发点。父子的关系，不但发生作用于家庭之中，而且会扩及宗族乃至国家。中国古代的君臣关系，实际就是父子关系的投射。

　　人类的幼稚期太长，如果没有家庭组织给予幼小子女爱护与营养，人类必定不能生存。家庭对人类特别重要，因为家庭是孩子长大继而塑造人性的温室。如果缺乏家庭的照料，就算子女得以幸运生存下来，也会和一般动物那样，徒有兽性而没有人性。子女在婴儿时期，如果得不到家庭的温暖，长大以后必多冷酷无情，甚至孤僻乖张。人类从家庭中感受由推爱（指爱屋及乌）而推食（指关怀他人）的"仁心"，比较容易消解人间因隔阂而形成的对立，而且易于扩展人间因互助所形成的通道，这便是我们所重视的"仁道"。人类为什么不能离开"仁道"？就是因为唯有人类才有这么长久的幼稚期。一只小鸡出了蛋壳，便能行走、觅食，以自谋生活。一个婴儿要想能够行走，非一两年时间不可；到能够独立谋生，更非约二十年做不到。在这段长久的依赖期内，如果得不到他人的同情与扶助，根本没有办法生存。因此，家庭成为社会的肇端。社会学家指出家庭是初级的社会单位，无论什么时代，无论什么社会，都有家庭的存在。

　　钱穆教授认为中国人理想中的修身、齐家、治国、平天下，应该一以贯之，虽然不一定会平到中国以外那个属于全人类的天下，至少我们中国人心目中的天下，能够达到一个比较特殊的理想，也就是获得其平了。我们中国人的家和外国人的家有很多不一样的地方，值得我们珍惜、爱护和看重，不能够任意加以毁坏。用一个连自己也搞不清楚的"现代化"理论便把珍贵的文化遗产丢掉，实在是非常不理性也不明智的。

现代化是全人类共同追求的目标，全球的各个国家，都在不同的阶段中，企图摆脱传统的束缚而朝向这一目标奋力迈进。现代化最重要的一环，应该是人民生活的现代化。换句话说，现代生活是现代化最重要的部分。但是，什么是现代生活呢？就家庭来说，经济意义已经逐渐减弱，而教养与情感的培植却愈显重要。21世纪人类最难解决的全球化与本土化之间的平衡问题，恐怕只有依赖家庭教育，才能够合理地化解（如图3-1所示）。

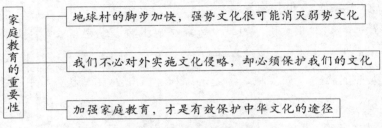

图3-1 家庭教育的重要性

全球化是现代化的重要指标，但其所引起的本土化减弱却成为十分麻烦的问题。各民族为求保护自己的本土文化，势必在全球化的浪潮中更加强调原有的文化，以免遭受强势文化的侵略而丧失了自己的文化，于是家庭教育便成为保护并发扬本土文化最为坚固有效的堡垒。如何与其他民族相处？如何融合其他民族的文化，却能够不失去本土的色彩？实在是现代家庭必须负担的任务。

当我们接触西方文化，发现西方社会提倡权利平等、强调个人主义而产生代沟甚至影响社会安定的时候，是不是应该想想我们尊敬长辈、敬老尊贤、家庭稳定、重视伦理、安定社会的一些好处？特别是西方青少年的种种乱象和犯罪行为，是不是让我们想起家庭恪尽教养的功能？然后以稳定的家庭、正常的亲子关系，帮助青少年免于紧张、焦虑和迷惑以获得正常的发展？或者盲目跟进，弄得和西方一样，才来后悔呢？能不能坚定信心，认清家庭必须善尽教养子女的责任？而亲子关系其实就是正常的教养关系。

生物界的亲子关系，说起来十分可怕，而且可悲。有些雄性动物授精以后立即死亡，雌性动物产子以后也告死灭。既然有生的事实，也就免不了死的现象。人有死亡，基本原因即在人有诞生。因此教养子女的责任，就更加不能忽视。否则父母死亡，子女又不能承接，这个家庭怎么能够生生不息呢？

●●● 第一节 以身作则，做子女的好榜样

笔者有一位朋友，在大学教书，育有一男一女，都教育得十分成功。笔者向他请教教养方法，他回答说："没有什么好方法，完全是因为我的收入不多、生活穷困的关系。"他接着说明：由于薪资不高，课余除了看书之外，根本没有余钱可以从事其他活动。想不到子女从小耳濡目染，竟然也养成有时间就看书的好习惯。他略为辅导，指引看一些好书，子女的学业成绩一直不用操心，课后又喜欢在家阅读，没有不良的朋友，生活单纯，不容易沾染不良习气，所以品德也不错。

以身作则必须从胎教开始

父母是子女出生以后首先接触的人，对子女的成长和学习具有十分重要的关系。可以说，母亲的子宫是子女的第一个家庭环境，父母二人是子女的第二个家庭环境，家人、亲友和家中的装潢和摆设则是子女的第三个家庭环境。家庭对于子女的一生，影响非常重大，

近朱者赤、近墨者黑，父母的责任，由此可见。父母以身作则，必须从胎教开始（如图3-2所示）。

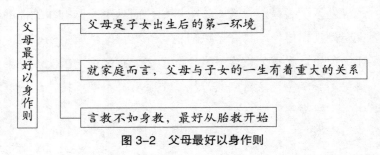

图 3-2　父母最好以身作则

　　古人非常重视胎教：妇女怀孕时，不能倒着身子睡觉，坐着或站着都要端正而不歪斜，不能吃怪味的食物，不能听下流放荡的音乐，不能看乱七八糟的颜色，不能接触有害身心的字画。因为古人认为这样生下来的子女才会容貌端正、才智过人。现代中外儿童教育专家也都认为子女出生以前应该进行早期教育。不但要考虑胎儿的健康，而且要顾及胎儿的品德和智力。妇女怀孕时，应多看好书，多想美好的事情，多听悦耳的音乐，多欣赏大自然的美景和美好的艺术作品，保持心情愉快，多做好事情。中国人的禁忌好像要多一点：不能拿剪刀，不能搬重物，不能受惊吓，不能钉钉子，不能移动睡床，不能闻太刺激的味道，不能吹风，不能吃太冷的东西，不能出远门，不能乱动房内的物品，不能观看丑陋的景象。这都证明，在子女出生之前，我们已经对其给予了很热烈的欢迎、很多的关怀，希望子女将来长大，也懂得关怀别人、受到欢迎。

　　现代人深受西方的影响，已经不很了解什么叫作关怀。父母对子女的关怀，大多依据西方的标准，扭曲成父母对子女的干预。实际上，以前中国社会之所以充满了人情的温暖，便是彼此关怀所表现的特色。人和人的关系，不但互为感应，而且多彩多姿，富有变化。就算夫妻吵架，也可以找朋友诉诉苦，或者妻子回娘家暂住几天，等到情绪平静下来，再由丈夫把她接回家里，夫妻和好如初。因此减少了离婚的可能性。这种人与人的关怀，在西方社会很不容易产

58

生，所以他们的离婚率很高。不幸的是，我们很快就学得人家的疏离，愈来愈不懂得关怀，离婚率也节节升高，成为一种令人伤感的"时尚"。

子女的学习生涯从模仿开始

　　子女刚出生时，犹如一张白纸，父母着以什么颜色，就可能染上什么颜色。子女的学习生涯从模仿开始，而模仿的对象，最早出现的便是父母，所以父母的一举一动、一言一行都必须谨慎。最要紧的一句话是：在子女面前，父母最好忘记彼此是夫妻，却应该牢记自己是子女的父母。唯有如此，才能够时时扮演好父母的角色。记住，生儿育女之后，只有夫妻二人单独相处的特别时刻，才可以放松而以夫妻的情分相见，有子女在场，最好以父母的角色为重。为人父母者必须牢记如下首要准则（如图 3-3 所示）：

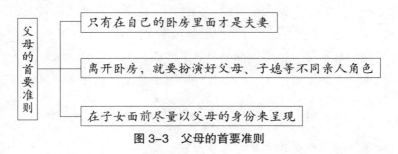

图 3-3　父母的首要准则

　　为什么婚后两代之间，特别是婆媳大多处得不愉快？其实主要原因即在年轻夫妻不懂事，不知道只有公婆不在场的时候两人才是夫妻，公婆在场时，凡事以公婆为重，自己只能够扮演子媳的角色，暂时忘记彼此是夫妻。只要有这一条，就足够减少很多不愉快的事情，使人生的大道，走起来更为畅通和快乐。

　　夫妻的角色，当然和父母不一样。许多教养的问题，根源便是父母不以父母的角色出现，却在子女面前扮演夫妻的角色。好夫妻未必是好父母，为了教养子女，好父母应该比好夫妻更为优先。有人批评中国家庭太严肃，不如西方家庭那么轻松，因而怪罪礼教吃人，把中国人绑得太紧。实际上，我们今天身受无法管教子女的大害，便是放得太松的缘故。紧要放松容易，松要返紧很难啊！

我们的亲子关系便是在传承的过程中有一代放松了，以致很难恢复原有的样子。现代的父母，对子女几乎都很无奈，开口就是"子女长大了，我们管不了"，或者"时代不同了，子女的事情，他们自己会管，我们少操心"。当父母怪罪礼教吃人的时候，并没有寻找一条合理的途径，准备好一套取代的方案，就把礼教废掉。子女在这种情况下长大，又怎么去教养他们的下一代呢？所以必须好好地想一想子女的一生究竟以什么作为发展的基础，然后好好地帮助子女把必要的基础打好。

子女一生的幸福从好习惯的养成开始

子女一生是否幸福，取决于是否养成良好的习惯。养成良好的习惯，自然幸福；养成一大堆不良习惯，当然不可能幸福。子女的好习惯，必须自幼养成，不能到了长大时才想要加以矫正。有些父母在子女幼小时，就发现他们有不良习惯，但都一笑置之，认为子女"还小嘛，长大以后就不会这样"而不予纠正。其实良好的习惯必须自幼养成，不好的毛病也应该在小时候趁早加以改正。

在潜移默化中培养子女的良好习惯

父母的言行成为子女耳濡目染的对象。我们说过，有什么样的父母，就会教养出什么样的子女。子女对父母来说，是一面明亮的镜子，清楚地反映出父母的模样。父母打算让子女养成怎样的习惯，最好自己率先做到，以身作则。有一些实在做不到的，最好的方式是由父母向子女说明，比如，母亲可以对子女说："你爸爸一生最难过的，就是小时候不小心，养成这种不好的习惯，一直想改，才发觉习惯一旦养成，要改实在很困难。我们不要讲他，更不要笑他，免得他更难过。我们最好一起鼓励他，使他更有信心，早一点改变。"母亲的不良习惯，同样可由父亲委婉地向子女解释。为什么不能由当事人自己说明呢？因为那样一来，子女很可能认为是父母在寻找理由为自己辩解，这无形中又让子女增添了一种坏习惯。家庭是子女最重要的教室，一切基础都在这里奠定，所以人生最要紧的是家庭生活。

> 子女对父母来说，是一面明亮的镜子，清楚地反映出父母的模样。父母打算让子女养成怎样的习惯，最好自己率先做到，以身作则。

现代家庭已经全然被电视节目、网络游戏入侵。电视节目制作单位原本想运用这种现代化科技，把教育送进家庭，达到家家有电视、户户受教育的美好目标，想不到一句"市场导向"，就把原先的目标完全毁灭。为了取得高收视率，制作人不得不做出连自己都不想看、也不敢看的节目，但这就等于向品德教育宣战。为了生存必须想办法赚钱，赚到钱又失去了良心，毒害了全民的家庭，实在令人心寒。

当然，这种现象并不是电视这种行业的专利。当前社会，种菜的人自己不敢吃，制药的人自己不敢服用，都是为了市场而丧失良心的后果。根本原因，即在长久以来疏于教养子女，一代比一代放松家庭教育。如果不能及时注意、加强教养，恐怕不久的将来，就会成为十分严重的社会问题。

电视或电影、游戏的许多情节，原本出于市场的需要，是拍摄、制作给成年人观看、娱乐的，可是现在却逐渐放宽尺度，成为孩子们最好奇也最爱看的影视作品。我们说孩子愈来愈早熟，实在是推卸责任的借口。我们不明白电视教育的重要性，不能为子女选择好节目，或者出于溺爱的心理，让孩子过早接触打斗砍杀、作奸犯科、暴露色情的影视作品，无形中将各种毒素灌入孩子的头脑，以致产生了可怕的后果。

父母的生活调适

子女尚未来临时，父母是这个小家庭的主人，两个人享有很大的自由。只要门关起来，爱怎么样就怎么样，既不干扰他人，也不必承受他人的干扰。

子女出生以后，正式成为这个小家庭的一分子，将来父母年迈，说不定还要把他当成主人翁。在这种情况下，尊重子女的存在与自由，势必削弱、减少父母的自由，自由度忽然间由 50% 减少到 33.3%。做父母的如果不是为了繁衍后代这一重大责任，相信谁也不愿意放弃自己的自由。

我们也许认为，大人们的交往有实际的需要，也是成人世界的事情，和孩子无关。我们可以放心做大人们爱做的事，不必担心孩子的反应，因为孩子既看不懂，也不会有意见。不料孩子在这种情况下，竟然不知不觉养成了很多不良的习惯。而这种间接的影响往往比直接的教导更具有决定性的作用。

儒家一再倡导，家庭是家人的安全住所，主张大门可以不闭，内室的门一定要关牢，便是基于夫妻的室内形象不要向家人公开。而现在很多父母随时随地表现出夫妻的形象，当着子女的面过分裸露，甚至做出性爱的动作，又不知道如何恰当地向子女说明。这也成为现代青少年早熟却不知如何应对的乱源。

有些父母对待保姆作威作福，看不顺眼便大声斥责。子女看到父母的样子，就会依样画葫芦，采取同样的态度对待保姆，结果可想而知。还有一些有钱人家把教养子女的重大责任，轻易地交托给保姆，这样当然难逃"富不过三代"的厄运。

如果保姆难请，父母对待保姆的态度便会 180 度调转过来，以致巴结保姆、讨好保姆，和保姆过分亲近，这样同样会产生不良后果。子女会误认为保姆和父母一样可靠，因而完全接受保姆的教导，完全相信保姆的话，以致带来更大的危险。对待保姆尚且如此困难，对待亲人和宾客，那就更不容易了。子女看在眼里，记在心里，父母的一举一动，都逃不过子女雪亮的眼睛。

对父母而言，偶尔找一些刺激原本是人之常情。因为人生在世，难免嫌弃平淡、不甘寂寞。于是呼朋唤友，在家吃饭喝酒、猜拳斗酒，还会去唱卡拉 OK 或者打麻将、玩桥牌、跳迪斯科、玩电动玩具。这时我们有没有想过幼小的子女有什么样的感受？

父母想要和朋友聚会，或者基于实际需要，不得不参与各种应酬活动，我们当然不会反对。我们只是建议，不要在自己家里当着子女的面从事这些活动，想要玩乐吵闹，到外面去，这对教育子女有很大的助益。

家中的装潢和摆设，也需要父母以身作则、妥当安排

住家但求够用，不必求广大豪华。子女从小享受惯了，将来长大离开家庭，若是一时能力不及，不能获得同等的享受，岂不倍觉辛苦？倒不如先让子女居住比较小的房屋，多少受一些束缚，对子女更有帮助。

所用的家具以合用为宜，不必要求奢侈。因为人的生活水平，由节俭进入奢侈很容易适应，由奢侈重返节俭就十分困难。家具的选用，最好安全舒适，求其整齐清洁。如果可能，婴儿要有自己的睡床。长大成为儿童以后，尽可能让他有单独的房间。因为孩子在出生后第一年的体验会决定他们的成长和自我意识。在欧美社会，婴儿一出生就单独睡在自己的房间。中国人大多并不如此，婴儿出生后，大多跟父母一起睡，如果无法做到，至少也要睡在同一个房间。

我们认为，不必急于培养子女的独立精神，而应该一步一步逐渐放手，这样比较合乎人性。我们的教养目标设定在"独立中有依赖，才能够与他人合作；依赖中有独立，才不致迷失了自我"。人毕竟是合群的动物，过分求其独立，与他人格格不入，并没有好处。不使孩子过分依赖，固然十分重要；不使孩子过分独立，应该也是教育子女的重大指标。

父母最好彼此相约，时时注意自律

凡是不期望子女学的、做的，父母都不要做，以免孩子看惯了父母的做法，很快就模仿。有一位喜欢抽烟、喝酒的朋友，一直认为自己并没有什么不良的嗜好，喝喝酒、抽抽烟应该无可厚非。有一天，忽然发现女儿也拿着一根烟。他一下子呆住了，觉得骂也不是，不骂也不是，心里十分难过。不久又发现儿子拿着酒杯，有模有样地喝着。他这才惊觉原来自己的爱好起了不良作用，于是当着全家人发誓戒酒戒烟，儿子和女儿很快也放弃了这两种尝试。

妈妈带着女儿上街，看到喜欢的衣物马上购买，回家以后还到处炫耀，展示一番。女儿下一次到玩具商店，喜欢的就要买，妈妈不答应，女儿就索性往地上一坐，大声啼哭，弄得妈妈不得不投降。这又使子女养成了坏习惯。

身教重于言教，如果只和子女空谈理论，讨论原则，父母的实际行动不能够配合，恐怕很难收到效果。譬如父母告诉子女不要睡懒觉，自己却蒙头大睡，日上三竿还不起床，那么父母即使费尽口舌，大概也不能使子女信服。

> 身教重于言教，如果只和子女空谈理论，讨论原则，父母的实际行动不能够配合，恐怕很难收到效果。

我们说了这么多，看似要求父母成为圣人，其实"天下无不是的父母"只不过是祈使句，代表对父母的高度期待。就算我们把它当作陈述句来解释，也应该站在子女的立场，而不是基于父母的观点。

孝顺父母要有敬意

子女对父母的孝顺，如果缺乏一个"敬"字，把父母当作平辈的朋友看待，就不能算是真正的孝顺。尽管父母有些地方做得并不令子女满意，但是起码已经尽力。为人子女的，应该对父母存有敬意，不应该批评或指责父母。

视父母为"无不是"是一种尊敬，而不是盲目地顺从。亲子关系中包含着非常重要的亲情，情是中华文化的重要部分，我们不像西方那样，从柏拉图、亚里士多德开始便以理性为主，情的地位在西方并未受到重视。情就是情感，儒家重孝，便是通过亲子的情感来提升人的道德水平。无情的人道德修养不可能良好，所以我们一方面寄望父母以身作则，做子女的好榜样；一方面也期待子女能够抱持"天下无不是的父母"的心情，来尊敬父母。孔子不认为坦白到出面指证父亲偷羊的儿子是正直的人，便是由于这种表现简直不近人情，哪里是正直？凡事发乎情止乎礼，家人相处一定要有亲情。只要发乎情而又止乎礼，就相当合理，因此我们对父母或者对子女，都不要苛求才好。

●●● 第二节　维持家庭的和谐与安宁

家和万事成

　　家庭的和谐,对于教养子女至关重要(如图 3-4 所示)。在子女面前,父母绝不要轻易互相责骂,或者怒目相向,甚至出手伤人。有什么问题,最好避开子女再来商量解决。在子女面前,尽量维持和谐的气氛,这样子女的身心才能健康发展。吵架的父母经常低估了吵架在子女心中造成的深刻影响。心理学家研究证实,父母在生气时的所作所为,两人也许一转眼就忘记了,但是子女仍会记在心里久久不能忘怀,而且会给他们造成不安或不幸的感觉。许多西方儿童呐喊着“上帝啊!不要让爸妈吵得那么厉害”,就是因为心中害怕,怕有一天父母不再爱他,或者有一个会离开他,从而使其幼小的心灵失去安全感。

　　如果尝试着让子女表达对父母的期望,相信很多子女会提出“父母吵架时,其中一位应该先停止”的建议。可见,子女对父母的吵架,印象有多深,体会有多明确。

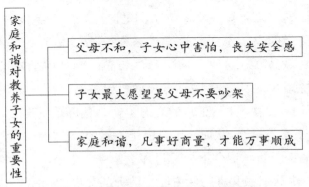

图 3-4　家庭和谐对教养子女的重要性

子女平日接触最多的便是父母，受其影响当然最大，因此父母之间必须和睦。我们发现许多不良青少年，他们的父母不是离婚，就是感情不睦。我们固然不能也不必歧视单亲家庭，但是离婚的父母，最好设身处地替子女想一想，他们是何等的无辜。事实上，离过婚以后，有很多当事人后悔的案例。何况再次结婚，也有很多人承认再婚的对象竟然和第一次婚姻的配偶十分相像。既然所爱的就是这一种类型，为什么不在结婚之后，索性睁一只眼闭一只眼求得相安无事呢？只有婚前睁大眼睛，相信婚姻是有条件的，能够把婚姻当成大事，力求谨慎，婚后才可以互相包容、彼此尊重，凡事好商量，和谐共处。

不做"神父母""鬼父母"，要做"人父母"

我们无意也无法将父母分类，但是经过长期观察，笔者却发现父母经常有不同的表现，大略分成下述三种类型：

把自己当成神的"神父母"

由于神具有无边的法力，所以这类父母可以任意责罚、鞭打、驱使、命令子女，没有什么慈爱，不论什么公正，甚至不需要合法。凡是顺我、信我的，便给一些好处；逆我、疑我的，当即给予处罚。这种"神父母"，在子女幼小时，的确具有相当威力。可是，子女到了两三岁以后，就会开始要求独立自主，从抗拒大小便的训练开始，渐进为对父母的指示不愿意接受，这种摆脱父母管教的欲望，到青春期会达到最高峰。这时"神父母"势必受到严峻的挑战，若是父母仍然坚持采用这种方式，一心一意要保持至高无上的权威，很可能就会使子女产生一种不正常的心态：认为父母是完美的，父母不满意，永远是子女的错误，从而认定自己是不好的，至少不如父母那么好，认为自己是软弱的，至少不如父母那么坚强。于是，子女就会像某些信徒那样，永远依赖父母的保佑，一切听从父母的指示。这样的子女永远长不大，这样的家庭，表面上看起来十分和谐，实际上却是和稀泥，严重地扭曲了和谐的本意。父母的权威，达到神的程度，子女只能够顶礼膜拜，一切听命，永远不能独立，这哪里是真正的和谐？

　　和谐并不是讨好，无论父母讨好子女或子女讨好父母，都不可能和谐。和谐也不应该是和稀泥，因为教养的目的，在培养正确的是非观，从教养的过程当中，养成子女慎断是非的态度和能力。就以学校上课为例，如果要问一位学生：为什么匆匆忙忙赶去上课？大部分答案是：迟到会挨老师的骂。再问为什么不可以干脆不去上课？答案也是：不上课会被记旷课。大多数学生根本不明白上课的真正用意，以致满脑子"为父母读书""为老师上课"的错误观念，足见不能明辨是非。和谐的目的在求圆满中分是非，而不是没有是非。

> 和谐并不是讨好，无论父母讨好子女或子女讨好父母，都不可能和谐。和谐也不应该是和稀泥，因为教养的目的，在培养正确的是非观，从教养的过程当中，养成子女慎断是非的态度和能力。

　　高压式的教养不但不易收效，而且会加重子女反抗父母权威的心理。"神父母"的心态，如果不能加以调整，很可能愈演愈烈，终至一发不可收拾。

把自己当作鬼的"鬼父母"

　　当父母的权威失去效力或者父母遭受严峻的挑战而感到吃力时，"神父母"当不成，很可能就转变为"鬼父母"，以加强子女的恐惧感和无助感来巩固自己的地位。他们动不动就威胁、恐吓，使子女在恐惧中完全服从命令。在子女的心中，时时有雷电的预感，而且知道来自父母的"雷电"随时会打下来。他们不敢期望晴空万里，也不敢期待风和日丽，却一心一意期望"雷电"早一点出现，然后再莫名其妙地等待下一次"雷电"的来临。这种家庭，离和谐太远；这样的"鬼父母"，不是把子女整死，就是逼使子女稍长大后便离家出走。

　　讲到无助感，子女就更加可怜。美国心理学家塞利格曼（Martin Seligman）曾经做过这样的实验：把狗关在实验箱内，用鞍绳绑牢，然后施以电击。刚开始时，狗会挣扎、扭动、哀叫、拉屎、撒尿。但是无论它做何反应，都于事无补，都不能逃避电击的痛苦。隔了一天，工作人员又把这条狗放进另外一个实验箱中，一端是电击装置，另一端则是没有电击的装置，中间只隔一道矮墙，很容易跨过去，狗如果想要逃避电击，只需轻松跨越矮墙，并不困难。但是，电击开始时，狗痛苦地哀鸣几声，便安静下来，不再挣扎，一副逆来顺受的样子，乖乖地承受电击的痛苦。虽然对这条狗的束缚已经解除，但它仍然毫无逃避的企图和反应。狗急居然也不会跳墙，因为它已经产生了无助感，变得十分消极。

"鬼父母"的最大"成就"，应该是促使无辜的子女学习到这种无助感，子女只知道无可奈何地忍受痛苦和折磨，却毫无冲破逆境的企图，更谈不上有发愤图强的行为表现。这种无助感并不是与生俱来的，完全是"鬼父母"的高压和恐吓所产生的恶果。

"神父母"有爱心，却要求子女百依百顺；"鬼父母"缺乏爱心，却也要求子女绝对服从。这两种父母，都不可能营造真正和谐的亲子关系，也不能使子女安心地生活。

把自己当作人的"人父母"

我们最好明白，任何人只要活着，就不可能是神。再神也不过是人，何必把自己看成神呢？但是，世界上似乎只有人喜欢装神弄鬼。有些人明知自己不可能是神，却一装再装，务求装得像神。结果装神不像反倒像鬼，那才是得不偿失。不如反过来想：我们既然生而为人，就应该把自己当作人看。只要把人做好，也就不枉来此度一生，问心无愧了。

父母把子女当作人看待，首先就会明白，人有个体差异，每个人各不相同，因此看待子女，也要有所区别，而且加以尊重，并不刻意求同。加上人各有不同的优缺点，不可能十全十美，所以不致苛求子女样样第一，不能稍有落后。

既然是人，终会衰老，需要子女的照顾。在金钱方面，也应该加以扶持。父母向子女表明，将来不用子女的钱，先父母如果地下有灵，会不会认为自己的子女在怨责先父母竟然要自己的钱，或者自我标榜在是否用子女的钱这一方面表现卓绝？自己以身作则，奉养先父母，却向子女表示，自己不用子女的钱，是不是同时向子女暗示，自己比先父母更高明一些，或者更有本事，更有办法呢？子女赚钱奉养父母，主要的意义原本不在"养儿防老"，而是子女应该尽这份孝心。但不知道从什么时候开始，这一道理却被一些不明事理的人曲解为养儿防老，并且被大加批评，蒙受了不白之冤，以迄于今。

孩子求学期间，父母最好告诉子女，读完书赚了钱，必须奉养父母，以此来加强子女的责任感，这也是父母应尽的一份责任。父母可以不要子女奉养，却不能以此自我标榜，也不应该因此而倡导子女不必奉养父母。有些人为了不接受子女的奉养，避免养儿防老的讥讽，更下定决心，不生男育女，这是不是十分可笑的做法？

当然，父母不能存心养儿防老，不应该硬性规定子女要给多少钱，更不可以看子女给多少钱而表现出相应的态度。父母也不能够因为自己的钱够用，便认定子女不需要负有奉养父母的责任。孝心有精神的一面，同时也有物质的一面，子女的处境不同，不能一概而论。

是人就应该有仁心，对子女管教应该严格，但是必须出于爱心，严中有爱，子女即使一时不能接受，终究会体会父母的爱心，而逐渐了解父母的良苦用心。

子女逐渐长大，开始喜欢凡事发表意见，甚至和父母争辩。这时"人父母"就会想到自己是人，子女也是人，认为这种情况原本是人之常情，不致一时气愤便以子女无理取闹为由而加以斥责。出现这种情况，父母最好忍耐一下，等待争论过后，再向子女说明，相信效果会更好。

人都善于模仿，"人父母"当然明白子女会以父母为模仿对象。记得一位教育界人士曾经说过这么一句话："父母不能以身作则，起码也应该以身作例。"不能够时时作则，至少也可以偶尔作例。譬如平日工作十分忙碌，经常不在家中，不能

> 父母不能存心养儿防老，不应该硬性规定子女要给多少钱，更不可以看子女给多少钱而表现出相应的态度。父母也不能够因为自己的钱够用，便认定子女不需要负有奉养父母的责任。

够每天按时分担某些家务，至少也应该利用短暂的时间做一些家务。再由另一半向子女说明，若不是工作太忙，一定会帮忙做家务，为此再表示歉意，实在是不得已。

很少发脾气的人偶尔发发脾气，大家才会重视，因而才能够产生一些效果。若是动辄发脾气，大家习以为常，根本没有什么反应，那就是白发脾气，徒然伤害自己。"人父母"明白这个道理，在家很少发脾气、使性子、说重话，所以偶尔发一次脾气，就会给子女留下深刻的印象。同时为了避免父母再发脾气，也会特别小心。

严父，并不是整天板着面孔，不苟言笑。态度严肃的父亲，子女大多敬而远之，反而什么事情都想法隐瞒，从而产生很深的隔阂。严的意思，应该是绝不放松。但是所采取的方法和态度，仍然要因时、因地、因事制宜，才算合理。有些人一听到严，一想到严，就立刻认为那是至高无上的旧传统，便是不了解严父仍然有慈祥的一面。让子女轻松愉快，却仍然坚持自己的原则，丝毫都不放松，这才是受子女欢迎的严父。

人的成长，大多有一定的过程。譬如学习语言，一岁的新生儿女，由早期吸吮反射，发展到口腔动作的灵活、舌头肌肉的协调，能够经由哭、笑以及各种声音的模仿，在牙牙学语中奠定说话的基础。一岁半左右，可以使用单一的词汇来表达不同的语意，算是说话的开始。单一的词汇重复使用，是这个阶段的特点。两三岁时，能用简单的口语模仿大人的语气、语调，将所学的语汇组合成简单的句子。三岁以后，才能够逐渐用复杂的语句。大约七岁左右，语言表达才逐渐熟练。

> 严父，并不是整天板着面孔，不苟言笑。严的意思，应该是绝不放松。但是所采取的方法和态度，仍然要因时、因地、因事制宜，才算合理。

"人父母"知道语言的学习过程，所以不致过于焦虑、一直担心子女的语言是不是出了什么问题。有些父母发现子女说话结结巴巴，便认为是口吃，因而刻意要求子女重说，以致增加很多不必要的压力，非但无济于事，反而加重了症状。实际这是不流利，不一定是口吃。但是也不必放任子女的口吃问题不管而坚信自己的子女不会口吃，这样只会延误治疗的时机。子女语言障碍的治疗，需要父母的参与和配合，父母需提供广阔的语言刺激环境，表现正确的语言模式，对子女施以爱心和关怀，这将有助于子女的语言发展。

子女在成长过程中，心理的变化很大，"人父母"会顺着这种变化而妥为调理。"人父母"也知道自己不一定了解子女，所以随时在日常生活中细心观察，多花一些时间和子女接近，从子女的情绪、读书心得以及兴趣转变，甚至吃饭、睡眠是不是正常等方面来加以注意。发现子女有错误，不会随意责骂，也不会轻易放过，必定以诚恳的态度婉言教导，以免引起子女的抗拒。

"人父母"不是圣贤，难免也会犯错，但是教养出来的"人子女"却会以"天下无不是的父母"来回应。这多么富有人情味。"人子女"有时也会心甘情愿地视父母为"神父母"，尽力顺从父母的指导。只要出于自愿，那就是正神，不可能变成邪神。"人父母"做得好，最起码不会成为子女心目中的"鬼父母"，"人父母"会维持人的身份地位，不愧为人，无愧于心，这样也就不枉此生了。

出于对"天下无不是的父母"的认识，子女不必对自己的父母做出什么评论。但是，自我反省对任何人都很有必要。父母应扪心自问：自己对待子女的方式是属于"神父母""鬼父母"还是"人父母"？或者站在子女的立场想一想，我们平日的表现，在子女心目中，会有什么样的反应？把父母当神，固然不好；把父母当鬼，那就更加不妙；若是把父母当作人看，就比较放心。但是同样是人，也有不一样的角色扮演，必须是人当中的父母，而不是人当中的朋友，更不是人当中的保姆。

人生有着阶段性的变化，子女的成长阶段，父母最好顺其自然，在教养的方式上做出合理的调整。相信只要调整得合理，必然有良好效果，而且必然会受到子女的欢迎。

●●● 第三节　教养子女要做好阶段性调整

制订长期的教养子女计划

　　父母对于子女的教养，最好制订长期计划。依据子女的年龄、实际状况，采取不同的教育方式。换句话说，教养子女要适时做好阶段性的调整，以求合理（如图 3-5 所示）。

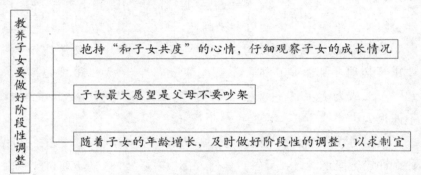

图 3-5　教养子女要做好阶段性调整

子女入学以前，以培养良好习惯为主

　　尽量通过各种游戏或活动，提供各种玩具和用具，以促进孩童手指的灵活性和全身动作的协调性，在团体游戏中学习相互配合、协调谅解、分担任务的态度与方法。进行各种寓教于乐的活动，引导孩子从中学习所需要的生活经验，使其逐渐养成一些基本习惯。唯有亲子互动、共同欢乐，父母才知道子女真正的成长情形。这时候，父母还要常以笑容来鼓励子女表现真实的言行，因为明了子女，才有办法观察到子女的身心情况。

　　譬如婴儿笑的时候，父母也跟着笑，彼此产生交流，真正和孩子在一起。但是心理学家特别指出，不管花多少时间与子女在一起，都只能算陪伴子女，必须为子女做一些事情，才算是共同度过。如果父母仅仅是坐在一旁，各看各的书，或者一起看电视，根本没有注意到子女，这样的陪伴对子女并没有意义。因为只有量而缺乏质，不能真正地交流。对子女来说，父母也是独特的、唯一的、不可替代的。子女希望和父母在一起，更希望彼此有真正的交流，从而营造出温馨的气氛。在父母面前，子女是天真无邪的，所有言行都没有伪装，所以父母可以亲自去了解，对别人的评量和建议，最好只作为参考，未可尽信。父母观察子女的言行，不能够只凭一两次的发现便妄加判断，以免错怪了子女，让子女觉得冤枉而难以接受。

父母当然不可能在家专门教养子女，所以母亲就算原本在职场上工作，怀孕生育之后，也最好能够暂时辞去工作，在家担任全职妈妈。父亲工作之余，也应该抽时间和子女共度，使子女获得更周全的教养。

观察子女的行为，主要在了解子女的动机是什么，但是动机看不见，任意加以猜测也未必猜得准确。最好的方法就是多用耳朵听听子女在说些什么，为什么这样说，为什么在这个时候说这样的话。许多父母喜欢在子女面前滔滔不绝，却很少聆听子女所说的话。这种方式只能制造亲子之间的紧张和冲突，使两代之间更难互相了解。

父母用心聆听子女的话，才能够通过子女所说的话听出背后的动机，以便进一步了解子女真正的用意。要想让子女把心中的困惑或问题说出来，有赖于父母的沟通技巧。通常父母耐心听完子女所说的话后，只要适当地重复子女的那句话或者其中的几个字，便能够引导子女说出更多的话来。譬如子女说"我不去"时，父母不妨重复"不去"这两个字，子女往往就会顺势说出不去的原因。为了引导子女说出更多的话，父母必须设身处地站在子女的立场，配合子女的年龄、性别和所处的场合，以将心比心的方式，来细心加以体会。

对子女真实的身心情况，父母最好能秘而不宣。因为父母了解子女的目的，并不是为了寻找子女的缺失，更不是为了炫耀父母的精明，完全是出于有效辅导和合理教养的需要。如果把发现的缺失公开说出来，反而产生不良的后果，增加辅导的难度。我们都知道隐恶扬善是一种美德，可惜一般父母在对待子女时，经常忘了这一点，不但没有发扬这种美德，反而时常背道而驰，不惜揭子女的疮疤，伤害子女的自尊心，甚至逢人就说，生怕张扬得不够快速。

父母抱持"和子女同步成长"的心情，双方都不断学习

和子女同步成长，一方面可以了解子女，一方面也可以自我学习。因为子女不断成长，同时内外环境也在持续变化，所以父母不能够以固定不变的观点来观察子女和了解状况，必须一方面教导子女，一方面也从子女的实际反应学习到一些新的东西。这种"借由父母自己的调适，来改变子女的习惯"更容易促成亲子的和谐，使子女变得更乐于接受父母的教养。因为"要改变别人，只有先改变自己，才是最有效的方式"，父母从子女身上发现自己应该改变的地方，岂非自我成长？活到老，学到老，父母也不能例外。

如果发现子女的身心发展有什么不合适的地方，父母最好私底下记住要点，千万不要惊慌失措或者张扬出来，以免影响子女的心理。譬如父母第一次听到女儿说出"我讨厌妈妈"这句话的时候，多半十分吃惊，甚至愤怒。有些父亲还趁机指责母亲管教不当，双方大吵一番。有时就算父母十分理性，态度缓和，好好和女儿沟通、讲道理也没有用。其实，这时候不要马上有反应，应该暗中把女儿的话记下来，然后先回想一下，在自己的生命历程中，是不是也有过类似的经验。子女反抗父母或者讨厌父母，一定有原因，只是说不出来而已。如果父母没有办法了解，不妨向自己信得过的长者请教，交换意见，获得有效的方法，回头再来妥善地应对。

父母可以暂时搁置下来，等待大家情绪比较稳定的时候，让女儿有发表自己感受的机会，说出为什么讨厌妈妈。然后告诉女儿，自己当年和女儿一样大的时候，也曾经在心情不好的情况下，讲过这种话，后来很快就明白父母的爱心，于是非常惭愧。这种心平气和化解子女责难的方法，应该是很好的方法。

俗语说，欲速则不达。解决任何问题都需要一些时间，着急、生气、怒吼、责骂，都没有用。往往越急越使问题僵化，反而增加处理的难度。在子女幼小的心灵里，父母情绪平稳、自尊自重，应该是最好的典范；若是急躁不安，丝毫没有耐性，恐怕迟早会成为子女的坏榜样。

我们最好分辨清楚：生活的法则是不变的，而生活方式则是可变的。子女入学以前和入学以后，所必须遵守的生活法则是一样的，并没有什么差别，不过生活方式有一些不同而已。在家要听父母的话，入学在校要听老师的话，这属于相同的生活法则。在家有什么不愉快，可以向父母说明，请求父母协助，在校同样可以请求老师处理。不过要附带一点，老师要照顾的学生，数量比父母要照料的子女多得多，所以需要特别嘱咐子女，如果老师忙不过来，或者没有处理好，可以回家后再告诉父母，不要在学校哭闹，惹人家笑话。有变有不变，最好向子女举例说明，使子女逐渐明白变与不变的道理，学习应变。

> 在子女幼小的心灵里，父母的情绪平稳、自尊自重，应该是最好的典范；若是急躁不安，丝毫没有耐性，恐怕迟早会成为子女的坏榜样。

入学以后，父母必须率先尊重教师，使子女养成敬师的习惯。当子女和老师发生不愉快时，不能够在子女面前数落老师的不是，以免误导子女使之看不起老师，因为看不起老师的学生，不可能从老师那里学到东西。若是带着子女向老师兴师问罪，使老师尊严受损，万一怀恨在心，连本带利向孩子讨回公道，岂不是反而害了子女？常见有些父母，听子女哭诉老师体罚，便怒气冲天地找到学校，同样哭诉说："我自己的孩子，我从来不曾打过，你凭什么打我的孩子？"幸亏老师没有这样回答："就是因为做父母的不负责任，从来没有打过，我才不得不代替你们，做这样令人痛苦的事情。你们身为父母，不但不知感谢，还反过来骂我！"天下事本来就是公说公有理，婆也说婆有理，父母和老师这样吵来吵去，叫子女听谁的呢？

父母耐心教导子女，对自己培养平心静气的习惯也很有帮助。什么叫作耐心？就是一方面使自己耐住性子，一方面也让子女逐渐改变。可见亲子之间都需要不断调整，也表示双方都持续地成长，可喜可贺！

阶段性调整之前要充分沟通

随着子女的成长，父母能够率先做好阶段性的调整，才是亲子关系持续保持良好的保障。常见许多父母原本和子女处得很好，一段时间之后，便由于发生种种不愉快而耿耿于怀，这便是没有适时做好合理调整、难以及时应变的缘故。

孩子进入幼儿园是一个新的阶段；子女正式入学，成为小学生，又是另一个阶段；中学、大学也是不一样的阶段；大学毕业以后，成家立业以后，都是不同的阶段。不可以用一句"孩子在父母眼中永远长不大"便不知道及时调整教养的方式和态度，以致觉得"孩子长大了，翅膀硬了，不听话了"而自怨自艾。

父母会老，子女会长大，每一阶段，都有不同的需要，当然不能够永远采取同样的态度。

在做出阶段性调整之前，必须充分沟通，好好商量，这才能做出改变。而且不应该即说即做，丝毫不留余地，有些事情固然可以说了就算数，有些事情却应该保留若干弹性，适当留一些时间，逐渐调整过来，效果可能更好。家庭不是法庭，父母也不是法官，加上子女也不是罪犯，当然不必令出必行、判决就要执行。

子女断奶之后，逐渐具备走路和语言这两大重要的能力，于是行动的空间日益扩大，接触外界事物日益繁多，开始主动地、积极地与环境互动，父母最好看清这种重大的发展，明白幼儿的行为方式很可能和社会所认可的方式有所冲突，显得幼稚而且充满了危险。

父母在这一阶段，就应该逐渐在爱与限的界限上，小心谨慎地将幼儿纳入社会的正常轨道，促使子女顺利地社会化，特别是基本生活习惯的养成。譬如婴儿时期，父母或别人会把奶或汤送到子女嘴边。而幼儿时期，就要让子女自己使用汤匙或筷子，使其在适当的时间、合适的场所，以适当的姿势和顺序来进食。在这种阶段性的调整过程中，父母必须以身作则、再三示范，并且耐心教导，让孩子模仿学习。一味催促和斥责，幼儿不但不能接受，而且在人格形成方面还可能引起副作用。若子女在这一阶段养成不良的行为方式，以后要改会更加困难。

儿童心理学家告诉我们，社会化只有在幼儿的认知发展配合下才能迅速达成。一些看起来十分简单的生活习惯，仔细分析起来，实际都相当复杂。譬如坐着进食，似乎很容易做到，但是，坐的姿势、拿餐具的动作以及眼睛、手和嘴的协调，会着着实实调整一辈子。有些人迈入青春期，进食的姿势仍然十分幼稚，便是由于对这方面的习惯没有做好阶段性的调整。

幼儿有好奇心理，总是什么都想尝试。这时候为了安全起见，父母大多提出一些限制。如果由于限制太多，影响到子女的自由发展，使其产生强烈的不安和焦躁，那么长大以后，子女的行为方式也会受到不良影响。

社会是多样、多元的，那么幼儿的社会化到底以什么为对象？这就牵涉到父母的价值观。我们常说子女在十八岁以前，命运大多掌握在父母手中；十八岁以后，才真正能够自立。子女年纪越小，越没有独立自主的权利，一切听任父母的安排，可见父母的责任十分重大。要把幼小的子女带往何方？要让幼小的子女接受什么样的社会化？对于子女未来的发展至关重要。

法国婴儿长大后成为法国人，美国婴儿长大后成为美国人。即使是同一个国家，各地区的风土人情也略有不同。同样是中国人，南方的婴儿长大是南方人，北方婴儿长大是北方人。偏偏现在有一些父母，一心一意要把自己的亲生子女教养成美国人，有一点不像就不满意，非要尽力改变不可。具有这种价值取向的父母，教养出来的子女，是否真能成美国人呢，很难说。

笔者有一次在荷兰的一处公园，远远看见一位年轻的黑发黄皮肤青年，待他走近时，笔者问他是不是中国人。他回说父母都是。再问他会不会讲中国话。他率直地回答不会。进一步追问为什么不会。他毫不避讳地回答："妈妈从小就禁止我说中国话。"然后用手在脑袋前做了一个动作，表示妈妈的脑筋有问题。这位母亲对孩子的教养也许十分成功，可惜价值观有问题。相信子女长大以后，也会对父母的教养方式合理评估。

随着东西文化的快速交流，美国式的生活方式、社会风尚、科学知识与价值标准冲击着中国社会。当我们的社会贤达、地方士绅西装革履，过的是带有空调、汽车的生活时，要想阻止我们的年轻子女进一步模仿牛仔、嬉皮，事实上十分困难。但是，美国社会的种种病态，也随着信息的快速传播而日益显露。希望我们的父母，不要以美国式标准为世界标准，更不必认为中国人要变得像美国人那样才算是现代化。唯有如此，我们的亲子关系才能够保留中华民族的特色。

阶段性调整怎样调整，固然由父母的价值观来决定，但是子女的感受也是父母必须注重的因素。谁也不是圣贤，不敢担保自己的价值观不会误导子女，所以最好的方式是随着子女的年纪增大，逐渐减少"绝对"的观念，放宽"相对"的角度，来开阔子女的视野。

譬如教导子女听老师的话，并不是绝对的。我们首先要坚定立场，不能够攻击老师，也不应该斥责孩子，要让委屈的子女在情绪上得以发泄，有机会把心中对老师的抱怨说出来。然后，想办法帮孩子解决当前的困难，等孩子冷静下来，再探询相关的细节，以便进一步了解真相。父母可以同意子女的看法，同情子女的诉苦，更应该帮助子女了解老师的用意。如果老师真的有一些偏差，也要鼓励子女勇敢地接受挑战，而不是要求学校更换老师，或者申请调班，变换孩子的班级。随着孩子逐渐成长，父母可以促使子女明白：老师也是人，同样可能犯错。进而告诉子女，将来学成后，在社会上工作，也可能遇到一些不讲理的人，不如趁早培养忍受困境和对付困难的良好习惯，这对自己有很大的助益。

父母最好明白，教育界免不了有误人

> 教导子女听老师的话，并不是绝对的。我们首先要坚定立场，不能够攻击老师，也不应该斥责孩子，要让委屈的子女在情绪上得以发泄，有机会把心中对老师的抱怨说出来。

子弟的事情，越有问题的教师往往越难对付。除非愿意以自己的子女作为牺牲品，否则就不能兴师问罪，或者横下心来一定要和教师拼到底。最好通过正常途径向学校反映，要求改善。同时抓住机会，培育子女的抗压性，化危机为转机，才是上策。有些人会批评这种方式太怕事，近于一厢情愿。我们则要提防这些人由于事不关己，没有临到自己头上，所以才说这种风凉话。果真我们的子女遭受教师严重的报复，双方处于敌对地位，那时候再听听他们怎么讲，便明白有些风凉话听不得，可惜已经迟了。

第四章

父母必须负起应负的责任

父母难为必须用心善尽责任，
多生不如少生务必讲求优生。
至少要从怀孕开始重视胎教，
自己以身作则更加孝顺父母。
最好提供子女所需要的生活，
培养正确的观念和行为态度。

我国有《孝经》，意在指导子女如何孝顺父母，却没有《慈经》说明父母应有的责任。陈大齐教授认为，大家之所以少谈为父之道，实在是有所顾忌。有父亲在堂的人，如果高谈如何做父亲，而所谈又是自己的父亲所未能做到的，则不免有指责自己父亲所短、讥刺自己父亲的嫌疑。父亲若已去世，自己则正在做父亲，负有管教子女的责任，这时候高谈如何做父亲，而所谈又有许多为自己所未能做到的，则不免暴露自己的所短，有作茧自缚的恐惧。大家为了免除嫌疑，不敢多谈；为了免除恐惧，也不愿多谈。

　　他认为这种情况，很值得同情、值得原谅，但是应该谈的总不能不谈，因此主张：我们只当问该不该谈。若是该谈的，就当放胆而谈。只要谈得合于理，就不必有所顾忌。陈教授以为，如何做父亲，是一个应该大谈而特谈的问题。因为父亲在家庭中，居于最主要的地位，是家庭美满幸福的主要因素。当陈教授八十几岁的时候，父亲早已经去世，不致产生讥刺父亲的嫌疑；儿子已经进入中年，早已独立生活，陈教授也没有作茧自缚的恐惧，这才放心书写《如何做父亲》一文，详论为父之道。

　　笔者年轻的时候，曾拜读陈教授大作，深为感动。先父母毕生心血，几乎都以教养子女为重点，工作之余，完全用在我们这些子女身上。笔者六十岁以前，凡有大事，无不事先向父母请示。如何教养子女，亦以父母为不二典范。六十岁以后，才偶尔提出意见，向双亲请教。如今年逾七十，双亲仙逝，子女也都成家立业，更能够体会陈教授的心情。但是，写到这一章的时候，仍然诚惶诚恐。

　　孔子曾经说过"父父、子子"的道理，在《论语》中，子子的道理颇多，却没有父父的论说。这应该是当时人士对"天下无不是的父母"解读错误，以致孔子没有机会在这方面细加说明。"天下无不是的父母"，不能完全按照字面的解释，认为凡父母所为都是正确的。因为大家都知道人非圣贤，不可能不犯错误，父母是人，当然也不例外。"天下无不是的父母"，原意应该是"天下的父母都是人，都可能犯错。只是身为子女，不应该也不必要加以议论或评判"（如图4-1所示）。既然有"父父"的要求，便是"父亲应该做好自己的角色扮演"，因而"扮演不得当的父亲，最好自行改进"。我们说"父"，应该包含"母"在内。

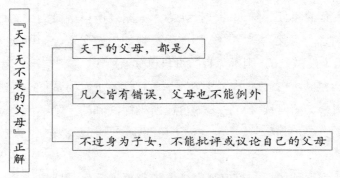

图4-1 "天下无不是的父母"正解

陈教授所说如何做父亲，可以扩大到父母双方，为此他提出六大项目（如图4-2所示）。

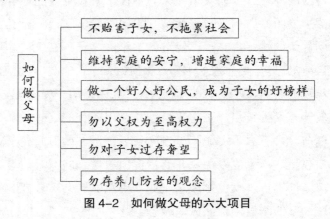

图4-2 如何做父母的六大项目

"无后为大"的"后"字，陈教授认为，应该解释为"身心健全的后代"，倡议"患有可能遗传并贻害子女以大患疾病的父母，必须自重，千万不可拘于'不孝有三，无后为大'的古训，便糊里糊涂有所生育"，以免直接贻害子女，间接拖累社会，成为既不慈又不义的人。

家庭的安宁，需要家人共同维持；家庭的幸福，也需要家人共同增进。温暖和睦的家庭，亲子关系才会良好。陈教授指出破坏家庭安宁最大的因素，莫过于丈夫对妻子的不忠以及父母对子女的偏爱。夫妇本来就应该互相拥有，不容第三者入侵。男女都应该坚守贞操，严守一夫一妻制，不能有外遇。对子女不能偏爱，以免造成争宠的恶果。

父母都重视人格修养，子女自然跟着学习。父母率先讲求忠信，做成好人，子女也就重视忠信，成为社会上有贡献的好公民。

父权至上根本就是不正当的表现。凡事互相对待，怎么可以片面无限增强一方的权威？古圣先贤在很多言论中已经表达不以父权为至高权力的意思，我们千万不要食古不化，又不求甚解，误认为严父便是父权至上，以致害得许多父亲不敢扮演严父的角色，反而对子女不利。

对子女存有过高的期望，是一般父母常见的弊病。人的资质各有不同，为什么优秀的子女一定要出生在自己的家中？何况人上有人，谦虚一些总归是好的。合理期待子女，对亲子关系十分有助益。

我们在这里，只想先说一声："父母难为！"因为就算明白自己的责任，也可能由于各种难以控制的因素而难以达成。然而任何具有强烈责任感的父母，都会尽心尽力把父母的工作做好。出于这种原因，我们说"天下无不是的父母"显然有其缘由。难为，还是不得不为。站在这种立场，来说明父母应尽的责任，比较合乎人情义理，也更为实在可行。

● ● ● ●　第一节　多生子女不如讲求优生

这是一个讲求少生子女的时代，孩子生得少，就显得更加宝贝。少生就应该优生，生得少，当然要生得好。

往昔由于农业生产的实际需求，大家都希望多生子女，以充实家中的人力。那时候孩子生得多，大家都认为子孙满堂才是有福气。孩子生多了，父母反而不必担心子女的成长，因为一堆孩子当中，总会有一两个长进的，怕什么？由于负担重，也实在照顾不过来，所以常常任由子女自生自灭，实在很可怜！但是，大家都这样，也就见怪不怪，以为本来就应该如此。

现代人看到人口不断膨胀，几乎让地球承受不了。特别是中国，很早便倡导少生，千万不要多生，以免父母受累，社会也受害。既然少生，首先就应该讲求优生，重质不重量才对。

优生从慎重择偶开始

真正的优生，要从结婚之前恋爱择偶的时候开始。保持冷静、公正、客观的态度，来观察对方，了解其身心健康、性情脾气、人格修养、教育水平、就业能力、处事态度以及潜在能力等特质，看看是不是合乎自己的期望，将来生男育女，符不符合优生的要求。但是，这样的人会谈恋爱吗？恋爱中的情人可能如此冷静吗？自由恋爱能够讲究这些婚姻条件吗？从这种角度来重新界定大家长久以来一直指责、批评的"父母之命""媒妁之言""门当户对"是不是相当有道理，丝毫不能马虎呢？

西方人为自己而结婚，男女受爱情的驱使，认为有必要结婚便可以做出决定，然后再告知父母和家人。中国人为大家而结婚，认为结婚是两家人的共同大事，必须承受父母之命，加上媒妁之言，讲求门当户对，祈求天作之合。新婚夫妇住在丈夫的父母家中，在那里生育自己的子女。一直到丈夫的父母去世后，才和其他兄弟分居。这种方式，对新婚夫妇来说，应该是一种很大的便利，既可以不用负担单独居住的庞大费用，又有自己最放心的父母帮助照顾年幼的子女。这实在是父母的恩惠，新婚夫妇应该觉得十分喜悦才对。全盘否定这种做法，认为这不合时代的潮流，实在是大错特错。

父母之命

如果真的以子女的终生幸福为立场，凭着父母的丰富经验，配合双方现有的条件，为子女设计婚姻，并且和子女商量，共同参与，充分交换意见，适时加以辅导。相信这样的父母之命，必能获得子女的欢迎与感谢。

媒妁之言

若是做媒的月下老人，不但德高望重，而且热诚待人、实事求是，绝不过分夸张或借机谋取利益，完全站在客观的立场，认为合适的才加以介绍，并且还要看双方的互动，尊重当事人和双方家庭的反应，丝毫不勉强，一切顺乎自然，又有什么不好？现代登报征婚、通过婚介所的活动、托亲朋好友介绍，难道不是媒妁之言的翻版和扩大？凭什么要被大加挞伐？

门当户对

讲求双方家庭的各种条件彼此相当，互相配称，以免穷家女儿嫁为富家媳妇，结果成为高级佣人，表面上十分风光，实际上满肚子苦水。富家女成为穷人的媳妇，巧妇难为无米之炊，加上生活富裕惯了，一旦贫穷，觉得更加难受，痛

> 在尚未被爱情冲昏了头之前，先看看双方的家庭是否门当户对，应该是避免婚后紧张或不适应的最好办法。

苦不堪。在尚未被爱情冲昏了头之前，先看看双方的家庭是否门当户对，应该是避免婚后紧张或不适应的最好办法。

可见父母之命、媒妁之言、门当户对的原来用意，并没有什么不对。我们也不能由于其行之日久，大家逐渐知其然而不知其所以然，产生很多偏差行为，便完全加以放弃。我们常说：是我们自己做错了，并不是古圣先贤所说的道理有问题。只要大家真正走上正道，以现代化的方式来发扬父母之命、媒妁之言、门当户对的精神，使其产生实质作用，对婚姻就会有正面的作用，对优生也有很大的助益。运用得合理，才最重要。

父母的遗传当然很要紧，但是子女从父精母血当中怎样选择与组合，

似乎更为重要。从前有一位才子，学问好得很，才华高得人人称羡，可惜人长得丑得不得了。偏偏有一位美貌艳丽的电影明星，非常欣赏他，写信向他求婚。才子知道，这位明星的美貌，自然不在话下，可是她的幼稚、肤浅和粗俗，也是众所周知。因此他回信拒绝，坦白指出："我想不通你为什么会看上我，我不是长得很难看吗？怎么配得上你的美貌呢？"女明星毫不气馁，回信说："我相信我们生出来的子女，应该会像我这样美貌，又像你那样聪明。"这位才子赶忙回信："万一我们的子女不会选择，生出来像我这样丑，又像你那样笨，岂不是十分可怜？"

结婚之前，仔细想想父母之命、媒妁之言、门当户对的古训，至少把自己的对象先带回家让父母看一看，并且听听父母的意见，不应该等到恋爱成熟，才"告知"父母。像结婚这等大事，居然不事先征求父母的意见，看看父母是否满意，只是事到临头，才匆匆告知。自己的女儿竟然没有经过介绍人的提亲，让身为父母的有充分时间能够打听一下男方的状况，思虑一下女儿的幸福，便宣布即将结婚的消息，毕竟也是不孝的行为。婚前对父母不尊重，没有经过正式的媒介；婚后遇到什么问题，恐怕只好由年轻夫妻，硬着头皮去乱撞。实在是太冒险、太幼稚了。

冷静地分析双方家庭的社会地位、文化水平、生活方式、家庭声誉等，看看是不是相差太远，会不会造成婚姻生活的障碍。换句话说，看看是不是门当户对。婚后双方互相了解，彼此融洽，才不致由于所受家庭教育差异太大而产生困难，亲家相互排斥，变成冤家。

如果看这本书的时候，你已经结了婚，那就用不着追想婚前的事情，以免节外生枝，徒增烦恼。既然优生的第一个时期已经成为过去，不如好好把握优生的第二个黄金时间，那就是夫妻两个人平心静气地做好家庭计划：要不要生儿育女？要生几个？什么时候生？生男生女有没有关系？将来如何教养？务必谈出一个具体可行的计划，然后逐步付诸实施。

在合适的时期，有计划地怀孕，也是一种优生。可是，现代工商社会，夫妻的工作普遍十分忙碌，稍微有一点时间，便想要旅行度假，从事一些休闲活动。结果弄得忙上加忙，累了还要更累，实在有心无力，很不容易安静地讨论这些事情。就算真的讨论，也不过说一些好听话，相信没有人敢坦白指出：一定要生男孩，而且一个就好。果真如此，还没有生育，恐怕就会天天吵架，说不定根本生不出来，又有什么好吵的？可见知难行易在这方面是说不通的。

夫妻的孝心是最好的胎教

把握优生的第二个宝贵经验是重视胎教。虽然近来有科学信息否定胎教的功能，说什么胎儿根本在熟睡，不能接受胎教。实际上，很多妈妈都有过胎动的经验。胎儿对文字、语言当然完全不了解，但是，父母无言的信息，胎儿应该有所感应。妻子怀孕了，夫妻都十分欣喜，或者事情发生得太突然，双方为了要不要生下来争执不休。相信这些信息让胎儿很容易明白受欢迎或不受欢迎。胎儿接受信息之后，很可能会做出某些反应。

有些夫妻一想到快要做爸爸、妈妈了，就开始紧张起来，马上想到要多赚一些钱，多存一些钱，准备给即将到来的子女充当教育费用。谈论的话题围绕在想要让子女学这样、学那样，甚至有人想到要买一套房屋，使子女长大了有自己的家。可怜天下父母心，一下子就想得这么长远。可惜想的都是物质方面，却把精神方面几乎忘光了。

自己怀孕，只知道害喜不好受，为什么不想想妈妈当年怀自己时也受过同样的苦楚？说不定会更加厉害。看到妻子怀孕走起来都很不方便的样子，为什么不想想自己的妈妈当年也是如此？一心只扑在子女身上，却忘了爹娘，这是孝道的精神吗？

要优生，打从怀孕那一天开始，就应该更加孝顺父母。夫妻的孝心，才是最好的胎教，什么样的父母，就会养出什么样的子女。对于子女的影响，从怀孕开始。到子女三岁时，就能知道这孩子青年时的状况；通过观察子女七岁时的表现，大概就可以推知其老年的样子。三岁看大，七岁看老。学前的家庭教育，是人生的关键，千万要注意，因为转瞬就将过去。

要孝顺父母，必须抽出一些时间，重温圣哲的教诲。这些金科玉律经过漫长时间的考验，迄今仍然流传，必定有相当的道理，至少要比那些新的理论可靠得多。新理论虽然可能吸引大家的注意，但是很快就消失了。夫妻应该遵照古圣先贤的教诲，按照现在的实际状况，赋予其现代化的精神，采取现代化的方式，在日常生活中，用心实践。这种合乎国情也合乎时代要求的胎教，是最上乘的胎教。

为子女打好做人的基础

孩子出生以后，父母便可以在家里播放《弟子规》《千字文》《三字经》。三岁到六岁，就教子女背诵这些经典，不用担心子女不明白其中的意思，也不必怀疑子女背诵起来会有困难。许多实例已经证明，孩子背诵要比大人容易得多，而且读经的孩子，不容易变坏。

《三字经》是从前教幼儿认字的一本书，总共三百八十八句，每句都只有三个字，所以称为《三字经》，内容大多用来宣扬伦理道德。

《千字文》一共只有一千个字，但是全书每一个字都不相同。古人把这一千个各不相同的字连在一起，成为一篇通俗的文章。内容涵盖了自然、社会、历史、伦理、教育等方面，便于对初学者进行启蒙教育。

《弟子规》，和《三字经》一样，也是每句三个字，很容易念诵。《弟子规》把日常生活当中所需要的基本礼节、生活要领都一一做了说明，孩子背诵之后，一方面朗朗上口，一方面逐一实践，十分方便有效。

孩子这一辈子，是要来做人的。父母辅助子女，愉快地把人做好，才是最正确有效的优生。做事本身，并不是目的，通过好好做事来把人做好，才是人生的真正目的。父母教养子女，最要紧的是在子女入学以前为其打好做人的基础。如何把事情做好，暂且不必着急，将来学校会好好加以教导。现代学校愈来愈商业化，愈来愈偏重知识的传授，很难教育出健全的人格。子女要怎样做人，要做成什么样的人，实际上还是依靠家庭的培育。父母亲在这一方面真的是责无旁贷呀！

子女是父母的一面镜子，从子女身上，可以找到父母的模样。

有一只螃蟹妈妈，批评小螃蟹走路的样子，说："你这样横着走路，有多难看你知道吗？为什么不能直着走呢？"

小螃蟹说："怎么直着走？请妈妈走个样子让我学好吗？"

于是螃蟹妈妈走了起来，大声说："注意看，好好记住妈妈走路的样子。"

小螃蟹很天真，笑着说："原来直着走和横着走都是一样的。"

> 父母辅助子女，愉快地把人做好，才是最正确有效的优生。做事本身，并不是目的，通过好好做事来把人做好，才是人生的真正目的。

螃蟹妈妈这才发现，原来自己也是横着走的。

《伊索寓言》里这一则故事告诉我们，父母的日常言谈和举止行为对子女的性格和教养，具有非常密切的关系。中国人喜欢说"龙生龙，凤生凤，老鼠生儿会打洞"，初听起来好像完全是遗传，实际上和后天的教养关系极为深远。教养子女，父母最好从自己着手，先改变自己。父母有好的榜样，子女模仿的结果，自然有好的样子。

父母怎样改变自己呢？首先，要从端正观念开始。因为观念产生态度，所有行为的背后，都有坚强的观念在支撑，要改变行为必须先调整观念，也就是多看圣哲的经典，来改变自己的行为。因为圣哲的教诲，是人生智慧的传承。父母在子女幼小的心灵中打好人生智慧的良好根基，子女愈长大，便活得愈有价值。

我们不赞成把以前的孝子孝女变成今日的孝爸孝妈，即不是子女孝顺父母，而是父母对子女百依百顺。我们也不赞成，把孝道变成一套完整的制度，强行地规范亲子的行为。我们坚定地相信，人禽之间的区别，最关键的就是能否懂得孝悌的道理。现代人解释孝道，大多采取西方的观点，以致严重地误解了孝道的原来用意。当然，历代的迂儒把孝道大大地僵化，也扭曲了其本来的面目。我们必须发扬"虞舜以孝感化父母和弟弟，改变不义的行为"的精神，以此来弘扬高级的孝道。

《孝经》第一章说得十分明白："夫孝，德之本也，教之所由生也。"孝道是修身、齐家、治国、平天下的基本原则，不能因为西方社会并不重视便加以轻忽。

我们特别在父母的责任这一章说了很多孝道的重要性，便是希望大家深切了悟：我们既是子女的父母，也是父母的子女。如果为人父母，不能在孝道上面以身作则，反而迷失了方向，在父母跟前，对自己的子女百依百顺，岂不是直接伤害父母的感情？我们经常看到，年轻的父母把自己的子女当宝贝似的，眉开眼笑，可是对自己的父母，却有很多意见，不但语气不好，态度也相当轻率，处处显得自己比父母高明。难怪今天的父母，也希望子女长大了干脆搬出去住，免得整天看那种脸色，心里既烦又冷。

反过来说，在自己的子女面前，对自己的父母十分孝敬，做子女的典范，其实是最好的优生。子女的眼睛是雪亮的，父母怎样对待祖父母，将来自己长大以后，就会以同样的方式来对待父母。这种现世报应，是怎么都逃不掉的。

孔子说得好，如果只是拿食物供养父母，和饲养犬马有什么两样？供养父母时，子女的心中必须充满了敬和爱，以父母能够享用子女所敬奉的衣食为最大的快乐。在日常生活中，无论为父母做事，或者侍奉饮食，都应该诚恳，完全心甘情愿，没有丝毫勉强。子女看到自己的父母孝敬长辈，将来长大以后，大多亦步亦趋，也同样地孝顺。真正孝顺的孩子，才是优生的表现。

我们所说的优生，是广义的，并不是狭义的。因为准备妥当才生孩子的人终究是少数，明白优生的道理，才开始怀孕，有时候也生不出来。对于过去的种种，懊恼、后悔都无济于事，不如从现在开始，不管情况如何，都可以着手补救。只要方向正确，方法有效，方式也合理，都能够从事优生的补救。若是效果良好，谁说不算是优生呢？生之前优，是未雨绸缪；生以后优，是事后补救。两者兼顾并重，应该最为合适。父母以自己的孝道来启发子女的孝道，用自己的行为来引导子女的行为。这样的亲子关系，不但可以互相规范、彼此共同成长，而且培育出孝道的家风对社会也有莫大的贡献。

● ● ● 第二节 提供子女所需要的生活

孝道的第一步，应该是能养。成年子女，对年老的父母，有恭敬供养的责任。反过来说，父母对于未成年子女，同样应该提供其所需要的生活，而且要真诚关怀。

我们通常把成家与立业合在一起讲，意思是成家之后必须立业养家，为子女做好生活的准备。目的在提醒结了婚的男人或者当了父亲的年轻人，今后他的工作，不单是为父母或者大家庭，更是为自己所创立的这个小家庭，为了善尽父亲的责任，必须加倍努力工作，不能像以前那样，就算偷懒，也照样可以混饭吃。

20 世纪中期，英美各国盛行妇女运动，倡导妇女离开家庭，到社会上工作，和男人一样彼此竞争，以显示男女的地位平等。妇女为了在职场中奋斗，有些干脆不结婚，或者结了婚不生育子女，以保持竞争力。自己养育子女的少之又少，即使有了子女，也交给托儿所、幼儿园。第二次世界大战期间，苏联政府扩大宣传家庭生活的重要性。影响所及，美国的年轻妇女，绝大多数想结婚，婚后想生儿育女，而且多多益善。于是，妇女回到家庭，不再外出工作。特别是 20 世纪五六十年代，由于经济繁荣，就业率很高，大家都以为收入没有问题，生活可以保持富裕。在这种情况下，丈夫有稳定的工作，全家生活不必担心，妇女自然不需要就业。迄今美国中上阶层的家庭，妇女专心家务、天天接送子女的现象仍然相当普遍。1970 年以后，美国经济逐渐走下坡路，家庭生活难以维持，才逼迫妇女再度走出家庭，寻找工作。

可见全世界各地区，大多明白孩子最好在自己家中，由父母亲自教养，身心才能正常发展的道理。由于夫妇无法全都辞掉所有的工作专心做好专职的父母，以免家庭经济产生危机，只好男女分工，以男人为优先，到职场上冲锋陷阵，将妻子留在家中，专心相夫教子。

有人说妇女受那么多的教育，如果不到职场上做出贡献，岂不是很可惜？我们则认为妇女应该受教育，而且应该受良好的教育，用来教养民族的下一代，这样所做的贡献更大。男人专职教养子女，实际上不如女性。但是，如果有一对夫妻，彼此商量决定，由妻子上职场拼斗，而丈夫留在家里专职教养子女，我们也不会反对。只要认为在家教养子女，贡献不小于到职场上工作，那就十分正确了！

　　子女所需要的生活，范围十分广泛，包括正确的生活观念、基本的生活技能、良好的生活态度和习惯，以及生活的环境和条件（如图4-3所示）。本节我们就针对子女所需要生活的四大范围做一下详述。

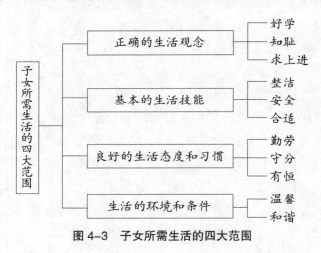

图4-3　子女所需生活的四大范围

培养子女正确的生活观念

　　常听说西方社会是儿童的天堂、青年的战场、老年的坟墓。除了少数极为富有的家庭，大多数人终生都在寅吃卯粮，过着举债度日的生活。这是西方人不知惜福、不能造福的习惯所造成的难以享福的恶果。

　　中国人自古以来便十分重视福分，大家都知道祸福相随以及祸福自召的道理。我们的生活观念和西方完全不同，我们所重视的是少年要积福、中年要造福，晚年才能够享福。从小养成读书的习惯，培养好学的精神；兄弟友爱，必须和睦相处；家人以和为贵，不许搬弄是非；严于律己，宽以待人；做错事要勇于承认，知过必须能改；家财万贯不如一技随身，读书学习贵在实行；凡事自留余地，不能得理不饶人。列举起来，可以说不胜枚举。然而最终的目的，不外乎从小积福，把福分累积起来，以便日后造福之用。

福分从哪里来？并不是由天而降，也不是父母的庇荫，而是更需要自己的努力。常听说，福田靠心耕，就算祖上的遗产十分丰厚，留下很多田地，毕竟要靠这一代人自己去耕种。有福气的人，必须用心耕耘，才能有收获。具有正确的生活观念，产生合理的生活态度和行为，养成基本的生活技能，配合实际的生活条件，随遇而安，常动善念，多做善行，福分自然愈积愈多，称为自求多福。总之，福分需要亲自积累，不能假手他人。所以父母的责任，在教导子女培福积福，最基本的观念应该是好学、知耻和求上进。

好学是爱好学习，必须勤于学习圣哲的教诲，才能明白做人的道理。从小学习把人做好，自能积福。

知耻是凡事先想一想，怎样做才合理。如果不明白，要向父母或尊长请教，以免犯错。万一做错了，必须勇于改过，力求不再犯第二次。谨言慎行，是知耻的表现。知之为知之，不知为不知，那就更加不容易。

求上进是一辈子的事情，活到老就要学到老，永远不松懈。但是从小养成习惯，非常重要。人向高处走，应该像水往低处流一样自然，只要方向正确，方法合理。力求上进，永远不认输，可以说是优良的家风。

培养子女日后所需的生活技能

我们所有的生活技能，实际上都是后天学习得来的，没有一样是先天带来的。没有人生下来就会吃饭、洗澡、做家事，我们的谈吐、衣着、工作和游戏，基本上都必须经由学习和演练才逐渐成熟，就算啼哭、吵闹、嬉笑、撒娇、骂人、打架，也都是生下来以后经过模仿、学习所产生的结果。父母最好明白，管教子女，应该从日常生活当中培养子女正确的生活技能。一般人总认为一技之长指的是就业所需要的技能，却经

> 具有正确的生活观念，产生合理的生活态度和行为，养成基本的生活技能，配合实际的生活条件，随遇而安，常动善念，多做善行，福分自然愈积愈多，称为自求多福。

常忽略了基本生活技能才是终其一生都需要的一技之长。缺乏生活技能，在日常生活上遭遇不便或产生困难，不但会受到他人的嘲笑，也会影响自己的生活。今天不健全的孩童实在为数太多，我们所认为健康而没有害病的孩童，严格说起来，只是处于"一般""还不错"的水平，实际上并不一定确确实实合乎标准。很多孩童缺乏生气和动力，主要原因即在于生活技能缺乏，造成很多不必要的生活压力所产生的恶果。

父母教导子女生活技能，最好从胎儿开始。怀孕六七个月以后，母亲就要常常变换自己的姿势，使胎儿学习调整姿态，寻求在子宫里面的平衡点。孕妇的活动量太少，姿势变换得不够多，胎儿所有的感官系统，包括视觉、听觉、触觉、嗅觉和味觉都会由于刺激减少而失去反应的机会。婴儿出生以后，也应该多动、多听、多玩，从中训练出良好的平衡感，以期终生受用。

孩子出生以后，首先要教导的是语言。这是在人的一生中都十分重要的生活技能。若人的语言能力欠佳，在很多地方都会吃亏。父母常在喂饭时和幼小子女说话，或者把子女抱在腿上和子女面对面地说话，目的都在训练子女的语言能力。两岁以前，不要急于纠正婴儿的发音，让婴儿想开口便开口，获得说话的愉悦。五岁以前，尽量保持单一的语言，培养直觉的反应。三岁左右听录音带，然后才看录像带，这样不会过多伤害儿童尚未发育完全的眼睛。至于学习外国语言，至少要等到小学四年级以后，以免影响到本国语言的学习和使用。有人受到"不要输在起跑线上"这一句话的误导，提早让子女学习外国语言。但现在很多实例告诉大家，小学四年级以前学习外国语言，并不一定比小学四年级以后才学有更好的成绩表现。

三岁大的子女应该开始训练基本生活能力，因为这时子女成长逐渐进入平衡期，此时训练基本生活能力最为有效。我们所说的"三岁看大"，实际上就是三岁的时候必须奠定大人所需生活技能的良好基础，最基本的是整洁、安全和合适。

整洁包括整齐和清洁，从小养成物归原位、把东西擦拭干净、摆放整齐的习惯，应该是必要的基本要求。

安全是一切行为的先决条件，不安全的事情不要轻易去冒险。在安全的范围内进行探索、尝试是父母必须善尽的责任，也是教导子女的重点。

至于合适与否，随时随地做出合理的调整，即为合适。这就牵涉到父母的价值观，也是家风传承的精髓。

> 管教子女，应该从日常生活当中培养子女正确的生活技能。一般人总认为一技之长指的是就业所需要的技能，却经常忽略了基本生活技能才是终其一生都需要的一技之长。

培养子女良好的生活态度和习惯

生活态度和习惯其实是生活观念的具体表现。观念看不见，态度和习惯却看得见，所以比较容易观察。

孩子的观念不可能一下子就固定下来，而是变化不定的。一般来说，处于平衡期的孩子经常表现得像天使那样，使父母十分开心；而处于不平衡期的孩子则表现得有如怪物、恶魔那般，令父母消受不了。这种起伏不定的曲线，代表孩子的学习过程，父母最好能够善加辅导，使孩子逐渐养成良好的生活态度。

一岁以前，婴儿对一切事物毫无所知，不能够保护自己，谈不上什么顺从或反抗。两岁时开始学会说"不"，开始最初的反抗期，这时"不"和"不要"成为最常使用的语言。原因相当简单，便是听多了父母常说这样的话语，模仿得来的结果。

父母希望子女少说一些"不"，就应该以身作则，少对子女说"不"。

平日多说"是"，多说"好"，对子女有正面的影响。但是，幼童说"不"，并不一定表示相反的意见。有时候嘴巴说"不要"，动作上却配合父母的要求，做出一些合作的举动。对幼童来说，只能控制行动，并不能控制感觉。说"不"或"不要"，不过是控制不了的一种感觉。实际的动作，才能够表现出控制得了的行动。我们常说幼童天真无邪，便是有什么感觉就会随口说出来，不像大人那样，善于隐藏真正的感觉。童言无忌，希望大人对幼童那些随着感觉说出来的话，不要太过介意才好。

婴儿出生以后到三岁以前，是人生的开始阶段。这时的婴儿，大部分时间都在解决自己的基本生理需求，包括吃、喝、睡觉和保暖，很少能够牵涉到其他。两岁以前的婴儿，只有两种截然不同的生活态度，那就是信任或不信任。父母通过爱心和亲情，培养婴儿对人的信任感，使婴儿逐渐产生活泼自动的态度。缺乏安全感的婴儿，由于对人不信任，常表现出羞愧和怀疑的态度。

三岁到六岁，是培养孩童自动自发的最好时期。可惜在这段时期，大部分孩童承受父母太多的吓阻、责骂和怒斥，弄得不敢自动自发，终其一生都受害。

让孩童在自动自发中不断地摸索、学习，使其从各种不同的接触和互动过程中产生多种不同的态度。不论是自动自发的反抗或是自动自发的顺应，父母最好都采取顺其自然的方式，让孩子自动自发地改变。只要掌握勤劳、守分和有恒三大要则，便不难培养出孩子良好的生活态度。勤劳指不怕劳苦、不图安逸、喜欢做事和自己的事情尽量自己去做；守分是扮演好自己的角色，不能够凡事以自己为中心、只考虑自己而不管他人的感受；有恒则是凡事坚持，果敢坚忍，而且坚毅有恒心。

为子女创造良好的生活环境和条件

子女的身心健全与否和先后天都有关系。先天的不健全，有一部分来自父母的遗传。所以可能患有较大遗传疾病的父母，最好能够自重，以不生育为宜，以免造成子女在生活条件方面有所欠缺。

既然把子女生下来，父母就要负起责任，提供合理的生活环境。因为经济情况不佳，让子女生活在吃不饱、穿不暖的环境中，怎么能够教养出良好的子女呢？

先天的生活条件，加上后天的生活环境，这都是父母必须为子女设想的地方。就算经济宽裕，足以应付衣食，然而精力有限，也难能照顾众多的子女。所以多生不如少生，少生更应该讲求优生。有人批评节制生育，纯粹出于个人主义和利己思想。其实站在人道的立场，节制生育可以使子女获得较好的教养，实在有其必要性。

广义的生活环境，包括家中的衣食、装潢、设备和用品以及亲友之间的往来。把生活环境弄得太理想化、太单纯化，很可能减弱子女在生活上的防疫力，长大以后，很容易被社会上的恶势力所欺骗、凌辱和操纵，这对子女将来的适应力实在非常不利。这样说来，三代同堂和亲友的往来，增加了家庭生活环境的复杂化，对子女的成长实在是有利的因素。

面对亲友各种不同的教养意见，父母不应该当面加以阻止或反驳，以免伤了和气，也带给子女不良的示范。特别是面对长辈或贵宾的各种表现，更不应该当着子女的面给予难堪或者有不敬的表示。但是，私底下却应该向子女说明，为什么彼此有不一样的看法，仔细把不相同的地方做出分析和比较，相信更能增加子女的理解和信心。对于实在难以接受的亲友，我们建议父母采取敬而远之的方式，保持安全距离，以免发生纠纷。

居家环境，以温馨、和谐、愉快为主。房屋够住便好，不必求大；家具合用为宜，不能豪华奢侈。如果可能，婴儿要有自己的睡床，儿童也要有自己的房间，最起码要准备做作业的桌椅以及共同使用的书橱。

父母在物质生活方面但求小康，不能够奢华；在精神生活方面，则应该克制自己的欲望，约束自己的言行，随时随地都要考虑子女的立场，以求适宜。

●●● 第三节　绝对不能够纵容或溺爱子女

纵容或溺爱子女的恶果

在英美社会，曾经有一段时期人们认为：教养子女，只要给予充分的爱，便是最好的父母。这种号称"爱的教育"，产生了很大的弊端，造成了很多青少年问题。因为只爱不管，容易促使孩子为所欲为、无拘无束、予取予求，而且任性疏懒。结果学不到生活技能，又染上一大堆不良的生活习惯，自己缺乏生活能力，势必终生痛苦不堪。纵容和溺爱子女有如下三大恶果（如图4-4所示）：

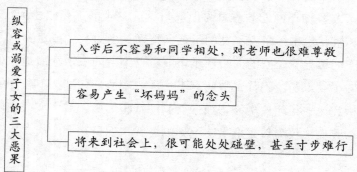

图4-4　纵容或溺爱子女的三大恶果

入学后不容易和同学相处，对老师也很难尊敬

在家里受到父母纵容或溺爱的子女，一旦长大入学，首先遭遇的难题，便是从自由自在的生活转向有规律的生活。凡是以个人兴趣出发，想做什么就做什么的孩子，都将受到老师的关注、纠正甚至责骂。那时候再来调整，很可能父母和孩子都觉得十分困难。不如趁早使孩子养成规律生活的习惯，预先做好准备。

受纵容或溺爱的孩子，平日和父亲相处，并没有什么权威的概念。父亲一切都会顺从孩子，不过是孩子的游戏伙伴。而对于颇有权威的老师，孩子真的不知道要如何面对。如果加上父母的特别交代：要好好听老师的话，还带有恐吓意味地说明——若是不听话，老师会骂的。孩子害怕老师，更不容易亲近老师并接受老师的教诲。

至于与同学相处，那就比接近老师更加困难。因为年龄相同的孩子往往互不相让，没有谁愿意给别人便宜，也没有相互之间的帮助和袒护，因而不断产生冲突。这种互相磨炼的机会，正是培养孩子社会性的良好方式。但是孩子适应不良，就会促使其社会化畸形发展，也就是在社会化的过程中出现不正常的状态。

被宠坏的孩子，容易把学校当作自己的家庭，将老师看成父亲那样的玩伴，又认为同学一定要处处礼让。结果发现事实并非如此，就会讨厌学校，不喜欢老师和同学，不愿意到学校上学，以致时常逃课或逃学。

容易产生"坏妈妈"的念头

如果妈妈不认同孩子的想法，一味强迫孩子上学，孩子会觉得妈妈一向对自己百依百顺，现在好像变了一个人似的，对上学这件事，要求特别严格。于是愤而称呼妈妈为"坏妈妈"，以表示自己十分不满。

将来到社会上，很可能处处碰壁，甚至寸步难行

种种现象都告诉我们：父母纵容或溺爱子女，固然使子女在家里逍遥自在，如鱼得水，可一旦离开家庭，就会寸步难行，处处碰壁，最终受苦受难的仍然是孩子。

现代人生得少，更加容易纵容或溺爱孩子。有小学老师告诉笔者，现代孩童，听到"饭来张口""衣来伸手"的语句，竟然认为理所当然。饭来的时候，当然要张口，否则怎么吃得进去？衣来的时候，一定要伸手，不然接不住怎么办？可见这一批被宠坏的孩子，已经丧失了体会、领悟的能力，将来的处境可想而知。现代父母也跟着潮流，喜欢乱改成语，认为是一种创新，结果却无意中害惨了下一代，弄得这些可怜的孩子将来长大以后更难沟通。

星星之火可以燎原，未雨绸缪最为重要。小时候不论是有意还是无意的纵容，都可能宠坏子女。过分被溺爱的孩子，在优越的环境中，只知道闲荡玩乐，花钱不在乎；自私自利，一切只顾自己喜欢；学业成绩不佳，反而在不良刊物、影片中学到很多寻找刺激的方法用来麻醉自己，终至失去自我，也丧失了人性。到了这个时候，父母才来紧张、愤怒，恐怕已经太晚了。

防患于未然的工作，必须从胎教开始，一路慎重下来，丝毫不能有所疏忽。若是一时失察，或者不知不觉种下了纵容或溺爱的祸根，那该怎么办？

要改变子女，首先要改变自己

一般的父母，通常在面对重大打击时，会表现出一样的心路历程，即"D—A—B—D—A"五大步骤：

D 为 Deny，即为否认

一方面否认自己纵容或溺爱，一方面也不承认自己的子女被纵容或被溺爱，把责任推给学校和社会。所以，大多数父母最普遍的反应都是老师没教好、社会风气不良，现代环境太复杂，对孩子的引诱太多，谁都难以应付，光是电视节目，就已经没有办法应对。

A 为 Anger，即为气愤

对子女的行为，实在看不过去，认为自己对子女十分关心，更具有爱心，也相当用心，为什么子女会变成这样？因此愈想愈气愤，简直难以忍受。这种偏差行为，发生在别人的子女身上，还可以当作笑柄，偏偏发生在自己子女身上，能不生气？

B 为 Bargaining，即为妥协

认为反正已经产生，责怪也没有用，气愤也是白费力气，不如彼此妥协，各自退让一步，以求相安无事。只要子女在父母面前不要过分不

讲理，就算不满意，父母也打算勉强接受。子女识相一些，在家安分，在外面的事情，父母也不想管。

D 为 Depression，即为沮丧

妥协的结果，通常只能暂时过渡。时间久了，各种乱象不断产生，父母受不了亲友和邻里的指责，觉得十分沮丧。究竟是祖上无德，还是自己的福分薄弱，居然生出这样的子女？于是心情恶劣，经常对子女怒目相向，破口大骂，甚至挥拳痛打，弄得全家人神经兮兮，气氛坏到极点。

A 为 Acceptance，即为接受

打骂没有效果，被宠坏的事实愈来愈明显，子女甚至公然和父母顶撞，数落父母的不是。父母十分无奈，只好接受这种不幸的事实。这时候的父母，实际上已经放弃了教养的责任，也就是打算放手不管，让子女自生自灭。

这种态度，我们并不赞成。因为子女是父母所生，父母自然负有教养的责任，万万不能推卸。同时，子女的生活态度和习惯也不是先天带来的，而是后天所造成的。父母必须严肃地对待子女被溺爱的问题，设法加以改变。面对已经宠坏的子女，我们认为，父母应有所坚持（如图 4-5 所示）。

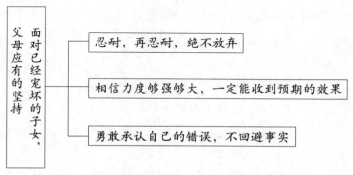

面对已经宠坏的子女，父母应有的坚持

- 忍耐，再忍耐，绝不放弃
- 相信力度够强够大，一定能收到预期的效果
- 勇敢承认自己的错误，不回避事实

图 4-5　面对已经宠坏的子女，父母应有的坚持

我们建议，父母只有一条路，那就是忍耐，再忍耐，永远不放弃。宇宙人生，实际上都是自作自受的历程。既然如此，对于自己所造

成的错误或缺失，最好勇敢地承担，坦白地承认，并且不折不挠地想办法加以补救。

相信很多父母都接受这样的建议，而且身体力行，花费了很多时间和精力，但是，实际的效果不如预期，可以说很不理想，于是，不得不放弃了。

我们的看法则是所用的力道还不够强大。最好保持信心，继续忍耐，再忍耐，等到力道够强够大，自然浪子回头金不换，发现子女比以前更加可爱，很值得父母用心。

为什么浪子回头金不换呢？因为没变坏的孩子，对社会的黑暗面并没有足够的机会去认识，对温室以外的复杂环境缺乏调适的能力。一旦面临生活环境的变化，往往不知所措而产生严重的伤害。

我们当然不鼓励先让孩子变成浪子，再设法促使其早日回头，以便成为金不换。但是让孩子成为温室中的花朵，毕竟适应力太弱，也不是好事。让孩子在安全范围内，了解一些人间的不平和丑陋，应该也是教养的一大课题。我们通过不同亲友的互动，逐渐扩大子女的交往对象，便是面对不一样的教养主张，健全子女的防疫系统。可以由近亲走向家族，再扩展到社会，循序渐进。

如果子女被溺爱成浪子，我们就以"浪子回头金不换"来加以期待。这种亡羊补牢的措施，犹未为晚。

父母首先要勇敢地承认，这一切完全是自己的错误。当初尚未准备完妥，便匆匆忙忙当了父母。然后又过分相信爱的教育，认为在精神方面要尽量满足子女爱的需求，在物质方面要尽力满足子女的生理欲望。不料爱之不适足以害之，最终把子女溺爱到这种地步。

在子女入学之前，父母并没有把入学前的准备工作做好，包括吃饭、睡觉、大小便、穿脱衣服、讲求卫生等方面的正常习惯。子女不能够不待老师督促，自己也能做得干净利落。入学之后，父母也不能辅导孩子适应学校生活，当孩子和老师发生冲突时，出于保护子女的心理，情不自禁地和孩子站在同一阵线，共同对抗老师。

凡此种种，都必须坦白地承认，勇敢地面对，才能够调整父母自己的心态。我们认为，想要改变子女，最好的办法，其实是先改变父母自己。因为父母一改变，子女就会逐渐跟着改变。若是父母自己不能够改变，却片面要求子女改变，恐怕十分困难，徒劳而无功。

探究影响子女偏差行为的四大因素

子女的偏差行为，必有其产生的原因。父母最好冷静地分别从遗传因素、家庭因素、学校因素和社会因素来加以探讨。兹分别说明如下，以供参考。

遗传因素

孩子的个性十分近似双亲，除非有后天的影响，否则很不容易加以改变。父母最好顺着遗传本性，因材施教，不能够由于不喜欢自己的某些部分，便寄望子女完全舍弃这些部分。孩子的偏差行为，如果来自遗传因素，父母最好抱持淡化的态度，尽量不去碰触，更不能够存心加以铲除，因为这是过分的奢望。

家庭因素

父母过分严苛或过分溺爱，都是不良的家庭因素。单亲家庭使孩子感觉到缺乏爱的孤独，在没有爱心滋润的家中，孩子的心灵容易受到伤害，言行易于乖张怪异。家庭缺乏和谐的气氛，家人时常吵吵闹闹，动不动就粗言秽语，甚至诉之暴力，孩子耳濡目染，容易产生巨大的心理压力。亲子之间存有歧见，也是偏差行为的导火线。

学校因素

同学之中良莠不齐，交到好同学彼此互相勉励，自然表现良好；若交上坏同学，那就结群为非作歹，愈来愈猖狂。老师采取专制式的领导，也容易引起孩子的偏差行为。学校的风气对孩子的影响很大，勤勉而富有爱心的校风，孩子的身心就比较健康；若是苛酷怠惰的校风，也容易让孩子产生怪异的心态。

社会因素

现代社会充斥不良漫画、游戏、电视节目以及害人至深的电动玩具，致使孩子荒废学业，浪费时间和精力，孩子不但身心健康受损，而且赌、抢、偷、骗的概率也甚为惊人。电视、广播深入每一家庭，各种暴力、色情、赌博的信息，可以说无孔不入，令人防不胜防，孩子很快受到感染，很容易变坏。

对于遗传因素，父母最好设法预先防患。若是已经成为事实，那就顺其自然，用淡化的方式加以接纳。

至于学校因素，父母只能够事先多方打听，为子女慎选合适的学校和老师。如果政府划定就学的学区，只好仿效当年孟母三迁的故事，更换居住的所在；若是能力不足，也只有碰运气了。有时候学校容易选，老师不容易指定，因为学校有学校的规定，并不是家长想调班就能够如愿的。就算选定好老师，也未必获得子女的欢迎。所以，对于学校因素，父母所能掌握的成分并不大。

社会因素就更加复杂，可以说父母所能掌握的成分少之又少。社会政策是否合适？执行的成果如何？几乎是当今社会的重大难题。我们只能期待，很难控制。

这样说起来，父母所能够掌控的部分，不过是家庭因素。现代社会，父母普遍忙于生计，祖父母则年老力衰，加上管教的意见常不一致，因此很少真正了解孩子的实际情况。由于信息发达，孩子早已学成一套生存方式，尽量在父母跟前伪装成乖孩子，使父母更加不容易察觉孩子的缺点。若婚姻不稳定，则常使子女蒙受不必要的冤屈。亲子相聚的机会不多，有些只是陪在身边，却又各忙各的，根本缺乏交谈，很不容易彼此沟通。

父母对于孩子的行为，大多一知半解，甚至弄不清楚哪些是正常的，哪些则是偏差的。譬如孩子好玩、好动、好问，原本属于正常的行为表现，有些父母却由于其容易控制而施加干涉，反而使孩子的本性受到抑制，从而想办法伪装自己的言行，最终形成偏差的行为表现。

　　孩子经由尝试错误，不断摸索、学习，父母对此最好采取容忍的态度，予以接纳。只要在安全的范围内，就适度地让孩子在活动中获得一定的经验。孩子在快乐中成长，父母不能够过分加以干涉。孩子多问，是好的现象，父母随机教育，要依孩子的年龄，做深入浅出的说明。

　　家庭中不需要酒柜吧台，不应该设置麻将桌，却必须开辟阅读的场所，布置良好的读书环境，并且依据子女的实际需要，选择或借阅合适的读物。一方面培养子女的良好气质；一方面则增广子女的见闻，对日后的生活必然有很大的助益。抽出时间，带领子女参观慈善机构，实地看一看孤儿院等，让孩子了解社会上还有这么多值得同情的人，从而能够更加珍惜现有的生活。

> 孩子经由尝试错误，不断摸索、学习，父母对此最好采取容忍的态度，予以接纳。只要在安全的范围内，就适度地让孩子在活动中获得一定的经验。

　　父母爱子女，就必须肯定子女，永远不能够放弃教养的责任。孩子的偏差行为，不能够用强制的方式、专横的手段要求限期改善，却需要父母忍耐再忍耐，先改变自己的态度和行为，然后以负责到底的毅力来教养子女，相信必能感动子女，从而改过向善。即使在单亲家庭，只要教养得宜，也能够使子女克服孤独的苦闷，减少悲观的心理压力，通过与好朋友的互动，同样可以成为正常的孩子。

　　什么东西都能够登报申请作废，只有子女永远不能割舍，就算登报申明脱离父子关系，实际上也只是说说而已，并不具有法律效力。因为亲子关系是永久的，不能放弃。

第五章

子女应该养成正确的心态

学习孝顺父母的道理，是子女应尽的责任。
孝道是中华文化瑰宝，有待我们发扬光大。
关注父母的健康安宁，多为父母分忧分劳。
养口体只不过是下孝，养心志才算是上孝。
亲子关系不全由父母，子女也应该求自动。
若是不幸已经被宠坏，觉悟再觉悟速回头。

孔子把"父父"和"子子"并列，意思是二者具有相对应的关系。有"父父"才有"子子"，而有"子子"，也才能要求"父父"。因此我们说完了父母应负的责任，当然应该讨论子女必须养成的正确心态。"父父"的"父"字，第一个指父母，第二个指教养。父慈子孝，在父母为慈，在子女为孝，两者不可分开，要一并加以讨论。父慈的功能，必须发挥在教养子女方面，才是真正的慈爱。"子子"的"子"字，第一个指子女，第二个应该指孝顺。子孝当然是子女对父母的孝顺，必须尽心尽力。父母重视教养，子女恪尽孝道，家庭自然幸福快乐。

"孝道"这两个字，长久以来，经常被扭曲。自从西方文化东来之后，某些接受新风气、喜欢谈论欧美亲子关系的人士，对自己文化中的孝道提出很大的异议，甚至认为我们的亲子关系也应该向西方看齐，因而造成很多误解。孝道是中华文化的特色，全世界只有中华民族把《孝经》当作专书来研读。可惜大多数人，不能明白孝道的时代意义，因此不能表现出现代化的孝道。

旅美哲学家吴森先生，在美国开设中国哲学课程，不断接受西方学生对《论语》"其父攘羊"的故事提出质疑和反对。这一章的原文是：

叶公语孔子曰："吾党有直躬者，其父攘羊，而子证之。"

孔子曰："吾党之直者异于是，父为子隐，子为父隐，直在其中矣。"

意思是说，父亲偷了人家的羊，作为儿子的出面作证，牺牲亲情以顾全法律上的正义。这样不近人情的儿子，孔子并不认为可以称为"直躬"。于是批评的人，便指称孔子以亲情为重，而以国法为轻，甚至批评孔子鼓励犯法，不惜为了父子私情而违反国家法律。吴森教授却认为：

"吾党之直者异于是"是孔子对叶公称证父攘羊的儿子为"直躬"提出的一个温和的抗议。叶公是一位有官阶的人士，并不是孔子的弟子，孔子不可能用斥责弟子的语气来对待他，所以这一句话并不是叙述句或描写句，只是含蓄地告诉叶公，"证父攘羊为直躬"的道德标准并非普世价值，不是到处都被接受的。孔子并不是斩钉截铁地提出他的主张，只是在暗示叶公，可能还有其他的评判标准。孔子的基本态度，是不反对，也不完全赞成。

"父为子隐，子为父隐，直在其中矣"也不代表孔子的积极主张。这一句话的主要功用，在加强前一句话的力量。完整的意思大概是，你说"证父攘羊"便是"直"，我们的标准可不相同。"父为子隐，子为父隐"的人们，他们何尝没有"直"在其中呢？世界上的标准，不可能只有一种，否则文化差异要作何解释？孔子一向的主张是"无可无不可"，认为适时应变，才能够合理解决问题。而合理的标准也是变动的，孔子提出"父为子隐，子为父隐"的方式，不过是多一种选择，多一种参考而已，并不是只有这么一种方式才是唯一正确的途径。

我们的社会，秉承"先敬后罚"（敬酒不吃吃罚酒）的精神，通常先讲情理而后讲法理。中华文化艺术重于科学，很多科学性的东西到了我国都变得相当具有艺术性。孝道是艺术而不完全是科学，用这种心态来看我们的二十四孝故事，便不致认为其荒诞离奇而嗤之以鼻。我们不必追究，"哭竹"是否真的能够生笋，"卧冰求鲤"的父母是不是太狠心。只要告诉子女，这些并不是科学论证，而是启发大家，身为万物之灵必须讲求孝道，否则和禽兽没有什么两样。当然，找一些现代化的孝道题材供子女参考，让子女从现代的案例中学习，应该是很好的方式。我们非常不赞成借口与国际接轨，打着现代化的旗号，企图将孝道思想从中华文化的内涵中去除。几乎所有外国人，听到中国人的孝道观念和行为，大多表示激赏和羡慕，认为做人理应如此。可惜他们根本没有想过，对待子女要慈爱，对待父母要孝顺，原本是天经地义的事情。孝道是人类的瑰宝，不仅是中华文化的宝贝。

● ● ● 第一节　遵行现代化孝道

现代子女不好当

　　父母难为，现代的子女也不好当！不像往昔那样，凭借父母之命、媒妁之言，看看是否门当户对，把双方的八字一配，若是天作之合，那就先订婚，再完成婚礼，然后送进洞房，万事 OK！结婚之后长期居住在男方的父母家里，好像理所当然。在那里生育子女，随时有长辈指导、照顾，似乎也十分方便。一直要到丈夫的父母过世，才开始和兄弟分家，自行建立家庭。这时候夫妻经验丰富，应该也不乏钱财，当然比较理想。这些原本是父母恩惠的过程，却由于年轻人喜欢独立、追求自由、不受父母约束而被整个推翻了。

　　现代年轻人，当恋爱成熟、开始讨论婚姻大事时，少女大多主张婚后立即有自己的家，不愿意与公婆同住。少男吞吞吐吐，征得父母的同意，就开始为居处伤脑筋。可以说还没有成家，就惹得双方家长不高兴，准小两口也吵吵闹闹、折折腾腾、烦恼一大堆。说不定还没有完婚，便由于意见不合而破裂。

　　再往前推，就很容易发现现代子女远比往昔难为得多。从小被不良电视、广播节目弄得还没有长大，就已经学坏了。在电视、广播还没有入侵家庭的时代，一家人团圆吃晚餐，用不着担心爸爸为什么还不回家，晚些回来会不会引起争执。晚餐之后，孩子们习惯于坐在小凳子上，有耳朵却没有嘴巴静静地聆听长辈的交谈，从中学到很多做人做事的道理。这些道理听起来当然不如现代电视、广播节目那样多彩多姿、新奇刺激，但实质上却可靠、安全，而且真的管用。以往的孩子，并没有什么"代沟""性骚扰""沟通渠道不通畅""受压制""受虐待""暴力倾向""父权至上"等观念，也就没有这些奇怪的感觉。现代信息发达，孩子们随时可以接受这些观念，受到影响之后，好像觉得这些随时都在发生，而且情况十分严重，令人害怕！男孩子和男孩子手拉手，有同性恋的象征；男孩子和女孩子手拉手，就可能是一对！女孩子坐在王伯伯腿上，会不会被性侵害？爸爸多抱几回妹妹，是不是妹妹长大以后会提出控诉？

以前的孩子，受到大人的照顾，就觉得很幸福。现代孩子，总觉得大人没有按照孩子所需要的方法教养，就显得不够尊重——毕竟小孩子也是人，也应该受到尊重才对。

现代的孩子，很早就学很多知识，但对自身所流露的智慧，却由于缺乏适当的启发，以致十分贫乏。孩子满脑子都是，父母不能行使权威，必须以儿童为中心，实施爱的教育。听说西方社会，用不着孝顺父母，那该多好！便恨不得早日染头发、隆鼻子、画眼眶、穿牛仔裤、露出肚脐眼和臀沟，很快就变成"可爱"的美国人。

曾经看过一篇文章，摘录其中的一小段如下：

"直到师专毕业，面对父母，我仍潜藏一股恨意，曾经我不承认他们是我的父母。十年前，当我提着皮箱，走出家乡的车站时，我甚至希望从此不再看到他们。"

师专是小学师资的摇篮，师专毕业生，已经有资格担任小学老师，可见在为人做事方面，应该已经具备相当的条件。赤裸裸地写出内心对双亲的感觉，固然勇敢，却也十分可怜！一个人出生在"战火不断"的家庭，小时候遇到老师指定写"我的家庭"的作文时，便坦白写出："我不爱妈妈，也不爱爸爸，长大后就不愿孝顺他们。我只要和小妹住在一块，不要爸爸也不要妈妈。"

班主任看后，特别叫去个别谈话。劝了好久，却一句也听不进去。最主要的原因是："父母之间的战火愈演愈烈，他们就会吵着要离婚，接着我和妹妹就像财产一样，被放在他们中间。母亲逼问我：'你要爸爸，还是要妈妈？'另一次则是父亲逼问妹妹：'你要妈妈，还是要爸爸？'有一次他们显然吵疯了心，竟然逼着我和妹妹一定要回答。我受不了，就大声对着他们说：'我谁都不要，你们不是我的父母，我不要跟你们住。'"班主任没有办法，我们也没有办法，因为清官难断家务事。他们家的事，只好由他们一家人自作自受。

我们所关心的是，这一段心事公开之后，很可能带来很多负面的影响。很多类似的家庭，由于对其真正的状况很难做深入的比较，所以子女的反应很不相同。有些孩子也许会回答："我要爸爸，也要妈妈，我们永远不要分开。"说不定父母感动之余，会回心转意。如今看了这一段看起来"理直气壮"的自述，又是受过师范教育的老师写的，便不由分说，模仿起来，万一造成家庭破裂，真不知是谁的罪过。古人常说："文章千古事。"希望我们下笔务必要谨慎，又说："家丑不可外扬。"便是家务事外人永远搞不清楚，说出来做什么？何况一段时间过去，很可能产生好的改变。一家人毕竟是一家人，过去的就让它过去，提它做什么？再说，一个人受教育，就是要宽以待人、严于律己。受这么多的教育，还要公开数落亲生父母的不是，何苦来哉！

现代子女，普遍认为有机会受教育与父母无关，完全是自己的奋斗。受了教育，就开始看不起自己的父母，认为他们生活在农业时代，无论观念和行为，都赶不上现代工商社会的潮流，可以说相当落伍。于是，孩子长大以后，经常把父母当作纠正的对象：这样不对，那样会惹人笑话，将小时候父母对自己的教导态度用来反制父母。要不然，就像这位师专毕业生那样，把心中的愤怒公之于世。他们描述得十分细致："母亲的弱点是个性紧张，一旦有事没有在预期中完成，她就开始紧张、自责。而她自责的方式，就是不断重复没完成的那件事，而且责怪到别人身上。至于父亲的弱点，则是个性冲动，而且是没有预警式的暴怒。父亲一暴怒，如果不让其情绪发泄完毕，他是不会停止的。他骂、摔，极尽破坏之能事，母亲见状就更紧张，觉得一切都完了。如果情况太严重，母亲解决的方式就是躲起来。"原文的作者对父母的评语是："我父母受的教育不多，加上个性耿直，因此面对冲突，就完全以本性来对抗。自己处理不来，就拿小孩来牵制双方，结果受害的就是我们。也许他们也不希望如此，可是他们无法控制。"

既然能体会父母的无能与无奈，为什么不能洗刷以往对父母的恶劣印象，还要坚持自己的愤怒？一直等到母亲去世，父亲对母亲开始追思，原文的作者才逐渐改善和父亲的关系。"童年的悲苦和少女时代的憎恶，似乎也随着岁月在记忆中逐渐模糊。"时间拖得太久了，很累人，人生苦短啊！

胡适说过："我实在不要儿子，儿子自己来了。"前一句话是不是真的，那是胡适自己的事，后一句话则十分合理，我们的父母，是我们自己选的。许多人想生男育女，却生不出来；有些人不想生育，子女却要来就来，好像真的挡不住。可见主导权在子女，而不在父母。既然如此，子女对自己选择的父母，还有什么可抱怨的呢？子女不嫌母亲长得丑，当然也不能怪父亲脾气不好。"天下无不是的父母"，从这里看，果然很有道理。

孝顺需要后天的学习

子女选择父母，运用父精母血，自主地安排自己的一生，是不是更合乎自作自受的规律？我们所赖以生存的宇宙，是我们的根，没有天地，怎么可能出现人类？我们所选择的父母，是我们的本，没有父母，我们怎么生得出来？古圣先贤，要我们拜天谢地，孝顺父母，便是希望我们不要忘掉根本，以致成为忘恩负义的无情人。

大多数人都认为孝顺是人的本性，属于先天的本能。但是，王充在《论衡》中明白指出，子女对父母孝顺，并非像一般动物那样，建立在生物性的本能上面。父母生男生女，同样在生物性的基础之外，具有文化性的深刻意义。一般动物在任何场所，都可以随着生物性的冲动进行交配。人类则只有在自己的房间里面才能够有性行为，大庭广众之下必须有所节制。

孝顺如果纯属生物性的本能，人就没有资格称为万物之灵；孝顺如果提升到文化层次，那就必须经由学习，才能够深刻体会。不同的教养方式，固然产生不一样的孝顺态度；同样的教养方式，也不一定产生相同的孝顺行为。可见学习的心态和过程，对孝道的影响很大。

前面说过，我们有《孝经》而没有《慈经》，并不是重孝轻慈。因为孔子的主张一向是相对的，讲求双向性、互惠性，不可能只求子女孝顺而不重视做父母的道理。我们也知道，孝顺一旦形成制度，那就十分僵化，丧失弹性，也很难应变，根本不合因时制宜的要求。由于环境快速变迁，现代子女不可能回到从前，但是孝道的要求，也不应该由于今非昔比，就全盘加以否定。

现代化孝道，其实十分简单。首先要对自己的父母有信心，相信父母不可能不爱子女，更不可能害子女。因此在心理上，先认为"父母的话永远是对的"，不存心怀疑，也不应该当面顶撞，立即说出不接受的意见，而应该先遵照父母的指示用心去做。如果效果良好，为什么要反抗？若是遭遇困难，可以向父母请教解决的方法，进而在这样的过程中获得成长。

> 现代化孝道，其实十分简单。首先要对自己的父母有信心，相信父母不可能不爱子女，更不可能害子女。

聪明的孩子，会主动把自己的事情向父母报告。譬如小华，从学校回家立即向父母说明，明天老师开会，学校放假，晚上可不可以多看一些电视节目？相信父母听了，也会欣然同意，说不定会找一些好节目给她看，大家都十分愉快。而小燕就不是这样，她放学回家，什么也不说，吃完晚饭就一直看电视，父亲十分生气，问她："做一个学生，不做作业，一直看电视，行吗？"小燕这才回答："明天老师要开会，学校放假，多看一些电视，不行吗？"小燕说得很有道理，父亲却觉得非常没有面子，板起脸来说："老师要开会，没有作业是不是？好，把课本拿来，我出五十个题目，看你做到什么时候！"有人批评这样的父亲不对，我们则要反问，难道父亲不是人吗？难道子女不应该从中领悟到一些东西吗？将来长大，还不是要承受这样的互动吗？

父母太客气，对子女而言，并不是福气。当然，孩子毕竟不是大人，不懂事。所以母亲的角色十分重要，这时候母亲应该赶紧把小燕叫到一旁，告诉她以后碰到这种情形，应该事先告诉父亲，才不会挨骂。这一次已经错了，请爸爸少出几道题，还是要做完作业才可以睡觉。相信父亲也会改变主意，告诉小燕以后有什么事情，要让父母知道，才不会造成误会，白白挨骂，有时候还会很辛苦。

子女长大成人，更不应该顶撞或教训父母，以免忤逆不孝。兹举例说明如下，以供参考：

有一天，母亲把三立叫到房间里说："儿子，妈看你这么努力，为什么这么久还没有升官？我看是没有送礼的缘故。妈没有什么好东西，只有这枚金戒指，放在这里也没有什么用，干脆拿去卖掉，你赶快去送礼，也好升官，让你爸爸高兴！"

三立心中存有"父母永远是对的"的观念，所以当场答应："好，谢谢妈妈，我马上去办。"实际上三立心里明白：现代社会已经不能够送礼、走门路了，最好凭借自己的实力表现，大家才看得起。但是儿子长大了便教训父母，或者嘲笑父母跟不上潮流，太过落伍，毕竟是不孝的行为。所以三立并没有像一般人那样不懂事，用大道理来反驳母亲，辜负母亲的一片好意。他也不像一般人那样，立即遵照母亲的指示去做，完全不动脑筋地盲从，将来遭遇恶劣的后果，再反过来把责任推给母亲，令母亲伤心。他表面上答应，实际上并没有真的去做。这不是阳奉阴违，也不是欺骗母亲，完全是出于尊重母亲，既不伤害母亲的感情，让母亲没有面子，更不敢陷母亲于不义。

不久之后，母亲追问办理的状况，三立回答："卖了，而且价钱还不错。礼也送了，上司十分高兴。"母亲很得意，三立自己也很愉快。

又过了一阵子，母亲问："为什么礼也送了，这么久还没有动静？"

三立回答："是啊，我明天去打听看看。"回来以后，小声地向母亲禀报："妈妈，事情不妙，听说送礼的人，不但不升官，还要受处罚。"

母亲急着说："那糟糕了，我岂不是害了你？"

三立说："上司把送礼的名单公布出来，弄得很紧张，好在上面没有我的名字，所以没有影响。"

母亲问："这怎么可能？"

三立说："还不是妈妈平日对人家好，人家也对妈妈十分尊敬。我拿金戒指去卖的时候，老板怎么也不答应，一定要把钱借给我，要我有钱时还给他就好。我正要买礼物去送给上司，又听说现在规定得很严格，绝对不能有这种事情。我不相信，跑去上司那里，上司也亲口告诉我，说这是革新。我就把钱还给金店老板,等于没有送礼,所以不必受惩罚。"

母亲听了十分高兴,说自己好心好意却差一点害了儿子。幸亏儿子机灵,知道随机应变,见机行事,真不愧是孝顺的好儿子。

三立用不着一本正经地教训父母,照样可以达到忠谏父母的功效。有孝心,依然能够谏告父母,对不对?

●●● 第二节　关注父母的健康与安宁

子女要尽量自食其力

陈大齐教授认为,自食其力,不依靠他人以维持生活,是人生最基本的义务。因为假使此人要依靠他人以维持生活,彼人也要依靠他人以维持生活,人人都要依靠他人以维持生活,又有谁来帮助他人维持生活?一旦真正变成这种情况,世界上的人类不早就灭绝了吗?所以人必须自食其力,这是一个十分明显的道理。

子女的年龄如已达到自己能够谋生的阶段,当然要自食其力以不累父母(如图5-1所示)。俗语说得好:"好男不吃分家饭,好女不穿嫁时衣。"分家饭是父母祖先的遗产,嫁时衣指父母所制赠的衣物。这两句话的用意,即在勉励成年的子女要有自食其力的勇气,不能够存有依靠父母余荫的念头。分家饭是法律上应当继承的遗产,嫁时衣也是情谊上乐于制赠的礼物,尚且不能当作生活的泉源。若是子女不努力工作,却责怪父母不供给钱财,或者自己挥霍无度,反过来埋怨父母不肯满足其要求;还有些人在父母死后,抱怨没有大笔的遗产,甚至在父母生前,因为要不到钱,或者要得不够多,竟然挥刀砍杀父母,这可是不孝到了极点，完全丧失人性。子女当深以为戒。

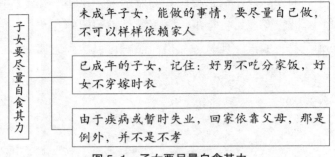

子女要尽量自食其力

- 未成年子女，能做的事情，要尽量自己做，不可以样样依赖家人
- 已成年的子女，记住：好男不吃分家饭，好女不穿嫁时衣
- 由于疾病或暂时失业，回家依靠父母，那是例外，并不是不孝

图 5-1　子女要尽量自食其力

　　幼小或少年时期的子女，自己还没有谋生的能力，不得不依赖父母的抚养。这时候应该认识自食其力的道理，并且预先做好准备：一方面养成勤俭的良好习惯，一方面加强学习，使自己具备自食其力的实力。就算父母经济富裕，也不应图闲逸，要不怕劳苦，不贪吃美味的食物，不贪穿漂亮的衣服。在经济寻常的家庭中，分担家事，帮助父母做一些杂务，从小勤劳、节俭，长大后自立，就算真的怀才不遇，收入不丰，也能够安之若素，不劳父母的接济。当然，这种说法不可能没有例外。有时候学业既成以后，一时找不到合适的工作，在这种情况下，可以暂时依赖父母；或者忽然罹患重病，自己的积蓄不足以支付巨大的医药费用，这时对父母的接济，自然也不必谢绝，只要认真医治，早日复原以安父母的心，便不失为孝顺的子女。重大伤残或弱智子女，多接受父母的抚养，多拖累父母，属于不得已的情况，不能够依常情来论断，尽力自求残而不废，也就不能加以苛求。可见自食其力的道理，也因人而不同。

　　出于这种相对性，当子女长大成人，父母体弱年迈以后，有些父母未必能够自食其力。这时候子女就应该反过来奉养父母，并且要出于恭敬的心，使父母有面子接受，而不应该像借债那样，表现出心不甘情不愿的样子，更不应该在父母跟前，显得自己比父母有办法，或者把自己的子女看得比自己的父母更为重要。

多为父母服劳

陈教授认为自食其力以免拖累父母，只不过是消极的做法，积极的子女应该进一步服劳与奉养父母。服劳的意思，是代替父母劳作，为父母分忧分劳；奉养的意思，则是供给父母衣食，使父母不必为生活而忧虑，得以安享余年。这两种行为，只是对父母最低限度的报答，子女应该尽力去做，不能够稍有应付的念头。

代替父母劳作，最好从小就养成习惯。因为年龄幼小，可以服小劳；年龄较大，就能够服较大的劳。子女不论年龄大小，都有为父母服劳的机会。幼年的子女可以帮助父母做一些轻松的事情，譬如父母回家，替父母拿出换穿的便鞋或拖鞋，再把外出穿的鞋子收起来；父母读报完毕或者阅读告一段落，把报纸、书籍、杂志放到固定的位置。少年的子女可以帮助父母做一些比较繁重的事情，譬如父母在洗擦桌椅时，可以帮忙分擦一部分或全部；每天利用一点时间扫地或擦拭门窗；有客人按门铃，前去应门。青年与成年的子女，服劳的机会更多，不论轻松或繁重的事情，只要能力许可，都应当分劳或代劳。

笔者在学期间，负责抄写先父的文稿，结果获得很大的好处。每次搬家，由于笔者在兄弟姐妹之中排行老大，所以装箱、捆扎、督运的经验十分丰富，迄今仍了如指掌。母亲常把采购的任务委派给笔者，因而在这方面也得益匪浅。

陈教授研究得非常深入，指出能力是服劳的唯一限制。子女在分劳或代劳的时候，必须衡量自己的能力。凡是能力所及的，都应该服劳；能力所不及的，则不能承担。因为能力不及而贸然服劳，会把事情弄糟，害得父母反而需付出更大的精力以求善后。劳力方面的部分，一般要看

> 服劳的意思，是代替父母劳作，为父母分忧分劳；奉养的意思，则是供给父母衣食，使父母不必为生活而忧虑，得以安享余年。这两种行为，只是对父母最低限度的报答，子女应该尽力去做，不能够稍有应付的念头。

所需要技巧的程度来决定能否服劳；劳心的事情，则要征得父母的同意，认为可行的部分，才可以代劳。

西方社会，兄姐为弟妹服务，譬如补习功课、教导技艺，父母也要付给报酬。中国社会，为弟妹补习功课或教导技艺，正可以减轻父母的辛劳，也是为父母服劳的一种方式，当然不能够向父母领取报酬，免得不像一家人。

美国人向来重视物质生活，电视机一打开，一片钱、钱、钱的声音，子女分担家事，也需要代价。譬如帮助父亲整理庭园草坪，要价八美元；代替母亲洗衣洗碗，索价三美元。一家人讨价还价，有如商场交易那般，且丝毫不逊色。现代中国人，竟也急起直追，在这方面迎头赶上。子女服劳有一定的价码，学习成果也按照成绩高低领取赏钱。邱连煌教授特别指出：这种不适当的奖赏，很容易摧残子女的内在动机，把原本喜欢的工作，变成以获得奖赏或报酬为最终目的。这种本末倒置的做法，对子女有害无益。

人类的动机，大体可以分为外在的和内在的两大类。譬如子女用功读书，为的是赢得父母的欢心、老师的称赞、同学的羡慕，或者可以获得奖章、奖品、奖状、奖金，这些显然是外在的动机。因为子女之所以用功读书，主要是为了他人，并不在于自己，于是学习本身不是目的，已经被当成手段。相反，子女终日手不释卷，只是喜欢读书，本来就把读书当作一件乐事。不管父母高不高兴，老师称不称赞，考试成绩如何，有没有奖品或奖金，都照样一有时间便读书。这样的动机，显然是内在的，为了自己，并不在乎别人。学习本身即是目的，并不是当作手段来争取学习以外的那些目标。对这样的子女，父母最好不要拿金钱来扼杀他们的求知欲。若是子女读书的外在动机淹没了内在动机，子女把注意力转移到他人的反应或物质的奖赏上，很可能就降低了读书的乐趣。

邱教授进一步分析，不当的奖赏如果过度使用，很可能导致下述四大危险：

第一，为了获得奖赏，孩子不得不尽力而为，心里却怀有被人操弄的困惑，难免产生怨愤，直接或间接影响了学习情绪。久而久之，会视求学如劳役，认读书为苦差事。

第二，孩子被父母或老师奖赏惯了，可能会养成过分依赖的心理。将来进入社会，没有人为他们的行为表现打分数，不会有老师时常在身边督促、叮咛和给予奖品或奖金，更不会有人像父母那样能够提供讨价还价的机会。这时子女若是因此而停止学习，岂不是愈活愈退步了吗？

第三，孩子只是为了外在动机而学习，不免把学习行为当作谋"赏"的工具。一旦考试完毕，目标达成，而所期待的奖赏也已经到手，学习行为就会随即终止。若非必要，难得自动去翻动书本，以致所学很快就归还给老师，愈来愈让人觉得其一无所知。常见许多学生毕业之后，从此不再读书，就算参加学习，也是专听笑话，否则便打瞌睡。就是因为内在动机已经完全消失，完全丧失兴趣。

第四，孩子本来对数学、物理、化学、机械、音乐或绘画等其中的一样或几样具有浓厚的兴趣，完全是出于内在动机的推动。经过父母或老师甚至双方面不约而同持续给以物质奖赏，很可能不久之后，兴趣就转移了，从行为过程转到奖赏上面，内在动机逐渐减弱，而外在动机则不断增强，以前的为学习而学习改变成为奖赏而学习。从心理发展来看，这简直等于开倒车。

子女最好不要看到其他孩子获得奖赏，便要求自己的父母也比照办理。聪明的子女会把父母的奖赏当作一份惊喜，促使自己增强兴趣，而不是期待父母的奖赏，徒然使自己的兴趣转移，结果害了自己。

心理学家大多建议父母和老师多用口头称赞。因为这种荣誉的激励会冲击子女的内心，无形中更能提高原来的内在动机。至于金钱或物质奖赏，只能用作他律的辅助，务必逐步推向子女自律，其要领如下：

第一，对某些事物或技能的学习，如果孩子无精打采，不自动学习，这时不妨借重奖赏，以加其动机。孩子本来

> 父母和老师多用口头称赞。因为这种荣誉的激励会冲击子女的内心，无形中更能提高原来的内在动机。至于金钱或物质奖赏，只能用作他律的辅助。

对这些事不具任何内在动机，所以不必担心会受到扭曲。但是重赏之下必有勇夫，不过是一时的权宜之计，等到孩子发生兴趣之后，就不必再给奖赏了。

第二，对某些复杂或艰深的活动，孩子尚未具备应有的基本能力，连尝试的勇气都没有，就更谈不上从中获得内心的满足。在这种时候实施奖赏，先诱导孩子学习那些基本能力，等到基本能力巩固以后，原先复杂的事物看起来也不复杂了，原先艰深的活动看起来也不艰深了，做起来得心应手，相当轻松愉快，内在的动机也随之增强了。

第三，给予实质的奖赏，最好赋予荣誉的象征。等到事情完成，或者活动告一段落，才突然给予奖赏。这种意外的惊喜，不致破坏内在的动机。当然，若能加上这样的意义：经过严格的评鉴，表现特殊；希望能够再接再厉，更上一层楼！那就更加圆满，效果也会更为良好。

子女尽量自食其力、乐于服劳，而且不盲目期待父母的物质奖赏，这对于父母的健康与安宁具有积极的意义。一方面使父母减少烦恼，一方面也使父母增加欢乐。父母心情愉快，身体自然健康。父母长寿，是子女的福气；父母健康安宁，则是子女孝顺的良好结果。

孔子说：子女关注父母的健康，是孝道的表现。对于父母的年龄，做子女的应该时刻放在心上。子女固然希望父母长寿，却也应该顾虑父母的年龄逐渐增高，身体难免越来越衰弱。特别是年老的父母，更应该节劳颐养，享受天伦之乐。这时候子女最好对老年人的保健卫生多一些了解，从旁调节父母的饮食和劳逸，或者实时对父母提出劝告，使父母能够健康、愉快而长寿。

依年龄来区分，四十五岁到六十五岁为初老期，六十五岁以上为老年期。在初老期，体内的变化主要表现在水分减少、脂肪增多、细胞数目减少、脏器萎缩、体重减轻等，某些人体功能逐渐下降。进入老年期以后，不但外表明显衰老，而且体力活动的能力也明显下降，其中尤以心血管系统及肾脏的老化最为显著；肌肉神经的功能普遍降低，特别是平常很少活动的老年人更是明显的迟钝；触觉敏感度下降，而味觉变化，希望食品中添加更多的调味剂；视觉和听觉的敏感度也下降，经常漏听、漏看，从而造成错误的判断，以致引起行动上的失误。

对现代人来说，由于运动不足，加以精神上时常处于高度的紧张状态，使心脏病、高血压、低血压、肥胖症、糖尿病、颈椎病、腰酸肩痛甚至癌症的发病率都大为提高。若不幸父母患有疾病，做子女的千万不要相信秘方，更不能误信仙丹，最好趁早带父母就医，向持有正式医师执照而且经验丰富的医师求诊。万一患了传染疾病，也应该遵守法令规定，住入隔离病院，不能不送而留在家中，以免传染家人，殃及邻居，反而成为传染中心。孝道不能违反法律，否则便是愚孝。

为求父母健康安宁，子女对父母不但要有爱心，而且要十分恭敬。爱是感情的表现，敬才是理智的态度，爱而不敬，很容易怠忽轻慢。子女对父母怠忽轻慢，便是心中没有父母的存在，根本就是把父母当作一般人看待。对待朋友尚且不敢怠慢，对生养教育自己的父母怎么敢如此？正像孔子指出的：对父母不恭敬，养父母就像养犬马一样。因此无论奉养或服劳，以及照顾父母的健康，服侍父母看病、养病，都应该特别注意，务必恭敬。

父母恼怒责骂时，子女不应该有怨恨的表示。如果父母年老久病，卧床三年五载，子女服侍汤药，清除便溺，洗涤衣服被褥，十分辛苦，父母又脾气暴躁，动不动就斥责辱骂，子女也必须和颜悦色，毫无怨言才对。

曾子以孝闻名，他认为子女应该以父母的乐为乐，以父母的忧为忧。子女如此，父母当然健康安宁。

子女对自己的健康也应该注重，因为父母最关心的是子女的健康。子女有了疾病，或者受到伤害，父母比子女还要紧张，还要忧伤难过。所以子女必须爱护身体，注意健康。孔子告诉我们，身体发肤，受之父母，不敢毁伤，这是孝道的开始。现在很多人不重视健康，任意损伤身体，晚上不睡觉，早晨不起床，三餐不定时，饮食也无定量，罹患上网成瘾症、手机不离症、电子游戏入迷症，不顾自己的身心健康。父母苦劝不听，用尽办法也无效。这样的子女，使父母不得安宁，更损害自己的健康，简直不孝之至！

大孝尊亲

孟子在《离娄篇》中指出，世俗所说的不孝，大约有五种：一是懒得劳动，不肯做事，也不能供养父母；二是沉迷赌博下棋，爱好喝酒，不顾父母的生活；三是贪得货财，私心妻子，不愿供养父母；四是放纵耳目的欲望，嗜好声色娱乐，致使父母受辱；五是倚恃勇猛有力，喜欢和人家打斗争讼，以致危害父母的安宁。

更早的时代，孟懿子向孔子请教怎样孝顺父母，孔子的答案只是"无违"，不要违背父母的合理主张，也就是传承父母的价值观。当父母在世时，子女应该依礼侍奉父母；当父母逝世时，子女应该依礼葬祭。

孟武伯以同样的问题请教，孔子回答：做子女的，只能够在生病的时候让父母担心。因为吃五谷长百病，子女再重视保健，也难免会生病。除了这种特殊情况，平日都应该守分、自律、自爱、自重，以免父母操心。

子游问孝，孔子的答案是，现在的人，以为孝顺就是能够奉养父母，但是人们在家里也养育犬马，如果对父母只养而不敬，那么养父母跟养犬马有什么不同？

子女孝顺父母，不但要在物质上细心照料，而且应该在精神上使父母觉得欣慰喜悦。物质上的奉养称为养口体，属于下孝；精神上的奉养称为养心志，才是上孝。

子夏问孝，孔子却这样回答：侍奉父母，贵在长久保持和颜悦色。这样比为父母服劳，侍奉父母饮食，实在要困难得多。和颜悦色表示恭敬的态度。

孔子时代，一般人奉养父母之外，还要注意恭敬，合乎礼节。到了孟子时代，竟然有许多不能供养父母的儿子。可见孟子时代，人民的生活比孔子时代更为困难，且子女生活散漫、不重纪律，也是一代不如一代。

子女孝顺父母，不但要在物质上细心照料，而且应该在精神上使父母觉得欣慰喜悦。孟子把物质上的奉养称为养口体，属于下孝；精神上的奉养称为养心志，才是上孝。孟子以曾子为例，说明侍奉父母的正道。他在《离娄篇》中这样描述：从前曾子奉养他的父亲曾晳，每餐必定有酒有肉。等到吃饱饭，曾子要把剩余的酒饭撤走，一定要问这些剩余的给谁吃。如果曾晳问起还有多的没有，曾子也必定回答：还有。曾晳去世以后，曾元这个孙辈就没有这么恭敬。曾元奉养曾子，每餐也照样有酒有肉，但是要把剩余的酒肉撤走时，并没有问要给谁吃。而当曾子问到还有没有时，曾元的回答是：没有。是不是想把剩余的酒肉，当作下一餐的食物，再端上来呢？

孟子认为曾子的恭敬才称得上养心志，而曾元的奉养不过是养口体罢了！以曾子的家教，尚且很不容易做好传承，何况一般家庭呢？

在孔子的弟子当中，曾子以孝闻名。曾子对于孝的体会和认识，应该是十分深刻而中肯的。他认为孝有三等：大孝尊亲，其次弗辱，其下能养（如图 5-2 所示）。生活上奉养父母，不使父母或自身受到羞辱，都属于次要的孝。只有积极奋发、集义行善，使父母享有美名，才算是大孝。我们常说的"光宗耀祖""扬名显亲"，完成父母未完成的事业，实际上都是对父母的大孝。

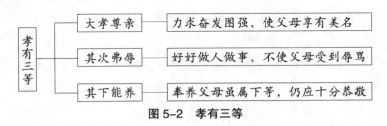

图 5-2 孝有三等

曾子说：子女的身体，是父母所给予的。用父母所给予的身体来行事，能不小心谨慎吗？日常生活过得不庄重，就不是孝；替上司做事，做得不忠实，就不是孝；主持一方面的工作，却不够认真，也不是孝；跟朋友交往，却不讲信用，也不是孝；奉命参与作战而缺乏勇气，便不是孝。

以上这五点，如果都做不到，不但自己要受到法律的惩罚，而且牵连父母也要惹上麻烦。这样，做子女的敢不认真吗？

他认为小孝用体力，中孝兼用心智，大孝则永久维持孝心，也就是不论父母在世与否，都能够心目中有父母，终生不敢使父母蒙上耻辱。

子女要时常反省

现在的子女，说起来只有一个毛病，那就是心目中没有父母的存在。他们只知道有自己，不知道有父母，以自我为中心，想做什么就做什么，完全没有顾忌。由于长久以来都没有设限，或者有限制也不害怕，反正违反了也不会怎么样。父母不高兴，祖父母会出面阻止；父亲不喜欢，还有妈妈会支持，以致子女生成一副"只要我喜欢，有什么不可以"的派头。殊不知就凭这句话，便把自己害死了。

小时候，父亲在自己的心目中，通常是高高在上的"偶像"。自从听到"代沟"这个名词，便一知半解地认为自己应该和父亲保持距离。于是降低了父亲的权威，却盲目地随着同学或邻居一起去追星。小女孩看到陌生的大男人，哇哇大叫，抢着上去握手，恨不得投怀送抱。回家后把巨幅相片悬挂在自己的房间里，眼睛还死盯着不放。请问：父亲的感觉如何？试问：这样的女儿，心中有父亲吗？今天的父母，实在也够可怜，一副随波逐流的样子，完全没有一点自我保护的能力。就这样放手，让自己疼爱的女儿踏上危险的前程，自己还要勉强装笑容，认为潮流如此，又奈何？这种无助感，使现代父母简直和未成熟的孩子同样可怜！

子女心中没有父母，父母心中也越来越没有子女的存在。特别是中国人，讲求彼此的交互作用：你心中有我，我心中自然有你；你心中无我，我心中为什么要有你？大家不方便明说，心中却确实有数。

把子女养得胖胖的，穿得很时髦，不过在表示父母有办法；将子女的时间排得满满的，学完钢琴，赶紧又送去学舞蹈，无非是亲友聚会时，多一种炫耀。父母心中没有子女，就不会用心为子女设想，吃亏的永远是子女。我们奉劝聪明的子女，最好心目当中有父母，以挽回父母心中的自己。否则亲子之间，你心中无我，我心中无你，对子女非常不利。子女心中有父母，并不需要像西方人那样，口口声声 I love you。因为中国人不太相信说出口的话，反而认为整天挂在嘴上的大多虚假不实在。就算不是谎话，也是说说就算的客套话，并没有什么实质的意义。我们比较重视实际的行为表现，宁可做给父母看，也不要把它挂在嘴上。多做少说，始终是安全可靠的方式。以实际行动向父母表示心目中有父母，相信父母会接受感应，心目中也会有子女。这种互相关怀的亲子关系，充满了温暖，更使人终生不能忘怀。

子女心目中有父母，最具体的表现即在好好做人，不让父母生气，不使父母受辱。长大以后，更应该奋发图强，有好的成就，以显扬父母。小的时候，把父母当作行为的模范。按照孔子所说：父亲在世的时候，观察他的志趣；父亲过世以后，回想他的言行。以此作为检讨自己的标准，看看自己的孝行是不是合格。

> 多做少说，始终是安全可靠的方式。以实际行动向父母表示心目中有父母，相信父母会接受感应，心目中也会有子女。这种互相关怀的亲子关系，充满了温暖，更使人终生不能忘怀。

子女对父母孝顺最起码的行为表现，至少包括下述十点：

第一，和父母住一起，出外时务必禀告，回家时也要看到父母平安才能够放心；父母忙碌时，要设法分忧分劳；父母生病或身体欠安时，更应该首先探问，不可以若无其事，只顾述说自己的事情，甚至于增加烦恼。

第二，回家时，遇有亲友宾客，要请安问好。暂时不要说话，看看情况才说。外出时，也要禀告父母之后，向亲友宾客道别。亲友宾客有任何交代，要征得父母同意后，才能够有所答复，不应该擅自做主，自行决定。

第三，准备远行，或者离家一段时间，必须提早向父母禀告，不应该到时才告知父母。最好把请示和告知做出清楚的区分，事先多请示。除非紧急或不得已才可以临时告知，因为子女告知父母属于不恭敬的表现。

第四，有事禀告，也应该察言观色，尽量不要在父母亲忙碌或忧伤、烦恼的时刻提出，等待适当的时机，在合适的场合，还要注意自己的语气，做出合理的说明。有些事必须分段禀告，以免造成过分严重的刺激。

第五，重要或机密事宜，要单独向父母禀告，最好先让父母做好心理准备才简单扼要地报告。父母有疑问时，再作补充说明。自己能解决的部分要说清楚，需要父母指点或协助的地方，也应该仔细说明白。

第六，晚上就寝前，要先看看父母是否就寝，有没有什么需要帮忙的事情。如果父母遇到烦恼，也要和父母谈一些有趣的事情，使父母忘掉烦恼而安然就寝。

第七，离开家，要按时打电话回家。一方面向父母请安，一方面也报个平安。如遇重要事宜，更应该在电话中简要报告。什么时候可以回家，也应该事先禀告。

第八，生活要有规律，三餐最好定时定量。正餐之外，最好不要随便吃零食，尤其不要吃夜宵。小时候可以考虑上午十点、下午四点，各增加一次点心。大了以后，尽量纳入正轨。生病时当然不在此限，要听医生嘱咐。

第九，自己的事情，尽量自己做。有需要家人帮忙的地方，要征求对方的同意，不应该随便甩给别人，随时要大家帮忙。有时候紧急得很，还要全家总动员。

第十，培养勤劳、节约、耐苦、不浪费的好习惯。就算家中再富裕，也不应该好吃懒做、奢侈浪费、不能吃苦，因为任何真正成功的人，都是吃尽苦头才熬出来的。

除此之外，作为现代子女，还应该尽力做到下述十点：

第一，不要年纪轻轻就持有信用卡，养成寅吃卯粮的坏习惯。将来长大以后，自己能够赚钱，为了方便才持有信用卡，这才是负责任的行为。有了信用才持卡，但不能利用父母的信用做出危害父母的事情。

第二，不要看见别的小孩都有，自己也一定要拥有同样的东西。别人都有，自己不一定要有；自己所有的，别人不一定会有。这才是与众不同的表现，为什么一定要处处和别人相同，样样和别人一样呢？有些不同，更有趣。

第三，不要猛打电子游戏，因为人是活的，而电子游戏却是死的。活的人同死的游戏斗，死的一定是活人。记住，人会累，而电子游戏不会累。会累的人同不会累的电子游戏拼，人一定先死。

第四，不要迷于上网，因为计算机是工具，并不是玩具。把计算机当作工具来使用，是聪明人。一天到晚上网，分明是把计算机看作玩具，那就十分不聪明了。浪费时间和精力不说，还可能惹祸上身，因为网络上的坏人很多。

第五，正常结交朋友。和邻居交朋友，通过亲友的介绍，面对面逐渐认识，应该比较安全。不必舍近就远，交什么网友。就算偶尔过一把隐形人的干瘾，也应该保持安全距离，不要一下子现身，以致把自己害惨。

第六，最好不要太早使用手机。因为电磁波对脑部的伤害实在很大。必要时才使用，而且要长话短说，尽量缩短通话的时间，以减轻伤害。电话的主要目的是让人家可以打得进来，不致耽误重要的事情。若是自己占用的时间很长，别人根本打不进来，岂不误了自己？

第七，不要在物质上要求太多。因为物质欲望会不断增加，结果自己的烦恼也跟着增加，实在很不幸。不如在精神方面力求精进，因为精神的修养不怕多，越多越快乐，越精进越有福气。多在精神上用心，才是幸福。

第八，一定要谦虚，千万不要自大。狂傲的人目中无人，到处和人家格格不入，以致什么事都办不了，还不是害了自己？只要有一点骄傲的心态，对学习就产生了阻碍。而且骄者必败，自古已然，不得不警惕避免才好。

第九，不要喜欢怎样就要怎样，而应该克制自己，多问应不应该，少问喜欢不喜欢。应该做的，即使自己不喜欢，也要勉强自己去做；喜欢做的，若是不应该做，就要发挥自律的力量不要去做，才是心目中有父母。

第十，注意饮食和健康，使自己活得长寿。放眼世界各地，凡是有卓越表现的人，大多是长寿人士。因为只有经过长久的历练和学习，才能够有出色的表现。何况生命有限，务必好好保健，以期有足够时间，多做些好事。

谢佐禹教授终生弘扬孝道，指出中国人的孝道是全世界文化中最为独特的道德。他在夏威夷的东西方哲人会议（1959 年）上，以英文发表长达万言的"孝与中国社会"的论文，引起东西方学者的热烈讨论。吴森教授也指出：孝的伦理观，是中华文化独特的产儿。他认为别的文化不是对"孝"排斥，其他的民族不是不懂得孝顺父母，但是没有像中华文化这样，把"孝"列为一个重要的道德思想，好让每一个人去企求。西方伦理学著作，从柏拉图到杜威，从来没有把"孝"列为德目。许烺光教授由中美社会的差异性，指出美国社会注重个人的独立，而中国社会则重视人与人之间的互相依存。他认为个人独立固然值得追求，但是很容易造成个人"孤立"的现象。对西方文化的"疏离"问题，宗教难以解决。物质生活的提升，反而增加其严重性。看起来最有效的解决方案，即在人与人之间的情感。当年孔子所说的：孝和悌，应该是仁的根本！意思便是孝悌的培养，应该是情感教育的基础，是化解疏离的妙方。吴森教授给"孝"下了一个定义，说它是人出生以后，通过和父母的交感作用，慢慢培养成对父母的敬意和爱心。孝实在是人类生活中一种十分自然的现象。现代子女更应该加以珍惜，并且用心发扬光大。

孝道和科学、民主不但没有矛盾，而且可以互补不足，共同建设21 世纪的普世文化。民间流传的二十四孝故事，以今天的眼光来看，几乎都和神话无异。譬如天寒地冻，王祥孝亲心切，竟然脱光了衣服投身到冰冻的河里面去，这时河里面的冰块裂开，跳出一尾大鲤鱼。最终王祥没有冻死，而且圆了母亲想吃鲤鱼的梦。这个故事若以西方文化的科学标准来评量，简直荒诞离奇，怎么能够发挥教育的功能？但是中华文化的艺术标准，不能因此而断然割舍掉。艺术的题材不必完全真实，艺术的内容也可以虚构。父母只要告诉孩子，王祥所表现的孝心，令人十分感动。至于他所用的方法，在科学不发达的过去都十分危险，现代科学发达，当然不能采用这种方法。子女像看卡通片一样，自然从中吸取一些价值观和艺术感，这也是一种良好的心灵教育。今天的中国人很奇怪，看到西方的神迹，譬如处女生孩子、人具有原罪等便不敢置评，而对自己祖先遗留下来的故事却经常大肆攻击。

子女自我检讨，如果发现自己已经被宠坏了，那该怎么办？不聪明的孩子，几乎不可能被溺爱。因为反应不灵敏，不容易被宠爱。聪明孩子，只要看看祖父母、外祖父母、父母这六位尊亲以外的人，那种眼光、那种笑容、那种态度，实在很容易明白自己的状况。要不然，怎么算是聪明的孩子呢？被宠坏了，唯一的办法，就是自己救自己。眼前只有这么一条路走，那就是：觉悟，快觉悟，赶快回头。

父母把子女宠坏了，只有父母自己忍耐，再忍耐，永不放弃；而子女被宠坏了，也只有子女自己觉悟，再觉悟，赶快回头。世间事原本是自作自受，自己的事情，最好由自己处理，因为求神不如求人，而求人不如求己！

第六章

共同采取适当的教养方法

父母采取合适一致的教养方法，
仍然需要因时因事做合理调整。
先把一些价值观整理列出要目，
按照优先级别分阶段实施教养。
父母时时刻刻不忘教养的责任，
应该管的才管否则就不应该管。

前已述及，夫妻各自拥有不同的成长背景，也各有不一样的教养观念。但是，出于避免子女利用父母之间的差异养成投机取巧的习惯起见，父母双方在子女面前，最好采取共同的教养方法，尽量表现出一致性。

　　首先，父母必须商量决定，要建立哪一种关系。是个人参与式的，还是家庭参与式的，或是个人参与和家庭参与并重式的亲子关系？因为不同的亲子关系，有赖于不一样的教养方法。企求个人参与和家庭参与兼顾并重，父母必须研拟一套适当有效的教养方法。当然，方法正确，未必就能教养出预期的子女。但是，方法不正确，一定不能教养出优秀的子女，这一点毋庸置疑。

　　说起方法，一般人认为可以五花八门，各不相同。但是，条条大路通罗马，又是什么道理？古代圣哲，早已归纳出一条道理，那就是，持经达权，或者称为持经达变。"经"为不变的法则，"权"或"变"即为权宜应变。中华民族历经几千年历史，却能够以不变应万变，便是这一套持经达权的方法。中华民族屡次与外来民族互动，不断地接受、包容外来文化，但不会动摇自己的根本，始终保持特有的本色，便是有不变的原则而又不断地权宜应变，发扬持续中有变化、变化中有持续的精神导致的结果。所以才能够以不变应万变，不断地继旧开新，且生生不息。也正因如此，西方人感慨他们的文化是不连续的，我们的文化却能够连续不断。

　　五千年来，我们虽然历经各种演变，却始终能够一以贯之，保持中华文化于战乱之中，主要的原因便是这一套持经达变的方法使我们坚持以不变应万变，在有所变（权）和有所不变（经）之中，做到一方面持续中有变化，一方面则变化中有持续。但是，现代中国人对"经"的认识和实践已经大不如昔。面对"西风洋雨"的侵袭，能不能承受这么大的压力，仍然保持持经达变的原则来延续往日的道统，值得我们警惕。因为不变的守则，一旦不能坚持，很容易不知不觉地改变自己的原貌，接受外来文明的同化。对于知西不知中的人士，固然如此；对于不知西也不知中的人士，更是难以摆脱迷失自己的命运了。

"经"是不能够轻易加以改变的，父母的"经"，最好由双方商议决定，并且坚定不移。子女就算受到其他亲属或友人的影响，也改变不了父母所订立的"经"。

人有差异，却也具有共同的人性。这个共性的部分，需要共同的生活法则，这属于不可变的"经"。各人特有的差异应该顺其自然，使其自由发展，形成各不相同的生活方式，这属于可变的"权"。"经"就是限，而权宜应变，要以爱来包容。如此有限也有爱，便是教养子女的最佳方式，即以共同的、不可变的生活法则，经由外来的他律变成内发的自律，各人顺着不一样的个别差异，自由地在家人的爱心中发展。虽然是一家人，也可以保持略有不同的生活方式。大同小异，并不一定要求百分之百的一致性，才是最符合人性的持经达权。把变与不变合起来想而不分开来看，这充分展现了中国人的智慧。可惜近百年来，中华民族自信心低落，不敢说什么经常不变的原则，一句求新求变，竟然就把如此可贵的方法彻底破坏了。一个不能"持经"的民族，遇到外来文化的冲击，很不容易产生同化的功能，反而有被同化的危险。

有些父母喜欢道听途说，于是就改变了原有的教养方法。请问这种没有原则的变动，子女怎么能够适应？而家风又如何延续？俗语说：家家有本难念的经。这本经，便是这一家的基本生活法则，属于不可变的根本大法，即使难念，也必须照念。否则难念就不念，遇到困难便放弃，岂不是随波逐流，把基础都毁掉了，当然难以延续下去。变到失去根本，那就是忘本。那样中华民族的特质，也将在我们这一代人的手中丧失殆尽。好比一家的某一代把那本难念的经放弃了，家风就在这一代人的疏忽或不能坚持中断送掉了。

●●● 第一节　决定要建立哪一种亲子关系

亲子关系的三大种类

法国哲学家孔德（Comte）提出"三世说"（Law of Three Stages），把人类的精神进化分为三个阶段。上古时代人民智识幼稚，用神的意旨来解释宇宙万象，形成神本位思想，所以称为神学世；由于神本位思想不能满足人们的需求，哲学家才应运而生，用哲学的概念来解释宇宙万象，即为哲学世；科学发达以后，大家更容易接受科学的实践证明，于是通过科学来解释宇宙人生的问题，便进入科学世。哲学家和科学家，尽量摆脱神本位的观点，逐渐以人本和物本为主，形成人本位和物本位思想。

希腊神话是西方神本位思想的源头。从古代希腊延续到 15 世纪，称为中世纪哲学时期。神本位思想主宰一切文化，认为人间的所有事物都是上帝的恩赐。西方人承认上帝造人的故事，便是神本位思想的证明。上帝创造人类，在上帝面前，人人平等。人只需要对上帝负责，对其他的人只有权利和义务的关系。

西方的亲子关系受到神本位思想的影响。父母子女都是人，都是上帝的儿女，彼此具有平等的地位。子女可以直呼父母的名字，不需要有什么忌讳。仿效神对人实施戒律，人与人之间重视契约。亲子关系只是权利义务，法律明文规定，彼此依法而行，否则就会被起诉。

中国自古以来，便重视人与人的关系。所有的神明，都是人封的。《封神榜》中的姜子牙，所封的神最多。孔子提出正名的主张，他说："名不正则言不顺，言不顺则事不成，事不成则礼乐不兴，礼乐不兴则刑罚不中，刑罚不中则民无所措手足。"正名主义，使我们很早就由神本位进入人本位，这比西方哲学早了一千多年。

我们的亲子关系，同样以人为本，重视"父父、子子"的正名。夫妻的感情加上亲子的血缘，逐渐由亲情走向伦理，并以孝道为核心思想，一方面巩固了家庭的延续，一方面也广泛地影响到社会、政治和经济。

我们的伦理道德很早就记载在经书之中，然而经书的文字因为时代久远，加上文体艰深，不容易了解。白话文运动之后，除非受过多年的训练，否则大家对经书实在难以看懂。唐宋以后，对四书五经通过考试来加以宣扬，但是教育并不普及，大部分人是文盲，根本无法阅读圣贤书。对于古圣先贤的道理，不能系统地深入学习，实在非常可惜。

中国经书里，包含着十分宝贵的道理，由于种种限制，未能在自己国家广为传播，却于 13 世纪时，借由中西交通的开辟而传入欧洲。1275 年，意大利人马可·波罗（Marco Polo）来华，元世祖授以官职，马可·波罗在华居留 20 年才返回罗马。他的著作《东方见闻录》，对西方文化产生很大的影响。明神宗时，意大利人利玛窦（Matteo Ricci）于 1587 年来到南京，1601 年在北京建立教堂。明熹宗时，德国人汤若望（Joann Adam Schall von Bell）入仕为翰林，后来担任清朝的钦天监，并向欧洲介绍中国的儒家哲学，引起非常热烈的讨论。欧洲人把它称为"思想上的中国事件"，对中国哲学开创之早，伦理道德体系之完美，表示十分惊讶。1707 年英法两国的教会开始流传中华思想，备受社会各界的重视。德国哲学界对宇宙论、人生论的观点也深受儒家的启示。17 世纪末，鉴于中国伦理道德哲学的特殊表现，西方人誉其为"其他民族所不及"，一度掀起崇拜中国思想的狂潮。法国哲学家笛卡尔（Descartes）曾说："法国有聪明人，中国有许多聪明人。"哲学家富尔德（Fuld）更明白指出"欧洲对中国应该赞美、惭愧，尤其应该模仿"，他供奉孔子，天天敬拜，感叹"我们不像中国人一样，这真是大不幸"。近代欧洲哲学的实证论、实验论以及道德哲学，无不直接、间接受到儒家实践哲学、伦理精神的重大影响。

反观我们自己，长久以来，由于考试制约教学，致使教的人"食古不化"，不敢有所变动，而学的人又"不求甚解"，只求考得高分。各种用意良善的道理，不是被扭曲，便是遭误解。以讹传讹的结果，就是弄得这些道理十分僵化，并丧失了原有的弹性。这么好的三代同堂构想，却被搞得藏污纳垢，不堪入目。譬如有《孝经》而没有《慈经》，被解释为重孝轻慈；祖先崇拜被指认为多属迷信；而夫妻有别，也被曲解为夫权至上，重男轻女。

请问：您喜欢您的子女没大没小，直接喊叫您的名字吗？您喜欢您的子女，到了十八岁，就要独立自主，不是到远地求学，便是自己搬出去过自己的生活吗？您喜欢将来儿子结婚时，不发请帖给您，将您气得要到法院控告他吗？您喜欢子女一直等到结婚前夕才告知这个讯息给您吗？您喜欢孤零零地出生又孤零零地离开人世吗？您喜欢亲子之间讲求权利义务，像朋友一样各自独立吗？您喜欢子女长大成人以后，各自东西，不回头奉养年老的父母吗？

相信有些人看到这里，会十分无奈地回答：喜欢又怎样？不喜欢又如何？一副潮流如此谁能抵抗的无助感，令人伤心。社会上只要有一位好人，通常就会出现九十九位坏人。这位好人，只要坚定信心，力道够大，一定可以胜过那九十九位坏人，产生中流砥柱的宏大力量。少数服从多数，在这里可以获得相反的证明。可惜大多数人不明此理，还没有尽力，就宣布放弃了。

最根本的原因，是"二分法"思维在作祟。很多人一听到上面的问题，便掉入二分法的陷阱。他们会理直气壮地反问：为什么人和人之间一定要分大小？当今网络时代，网络上人人平等，怎么分大小？子女不独立，难道要一辈子依赖父母，永远长不大？儿子结婚，为什么一定要由父母主持？现在结婚典礼中，儿子说的话，有的比父亲还要多，让儿子当主角，有什么不好？哪一位仁兄大姐，不是孤零零地出生，又孤单寂寞地走掉？为什么要讲排场，虚华浪费？父子像朋友，有什么不好？权利义务讲清楚，总比大家和稀泥，在那里乱混，要少生气。

二分法思想果真害人，非 A 即 B，是非分明，却又走向极端，非常不切实际。没大没小，并不一定时时刻刻都要分大小。有时候分大小，有时候不分大小，不是很好吗？只要不分大小的时候，心里明白：这是权宜之计。表面上不分大小，心里头还是有大有小。换句话说，站在分大小的立场来不分大小，不是十分艺术吗？何况网络伦理，一直是大家重视的问题，不会因为现在还没有办法，便放手不管。子女不独立，根本不可能。这是迟早的问题，并不是能不能、要不要所能够避免的。中国人擅长三分法思维，不独立包含独立。站在不独立的立场来独立，才不致独立到伤害父母的感情，不是很好吗？儿子结婚，当然是儿子的事情。这种道理，古圣先贤岂能不知？只是儿子的事情，父母不管，那就是儿子的个人参与，父母出面，就变成家庭参与。儿子在这种场合，最聪明的表现，其实是只笑不说话，给大家留下良好的印象，日后可以获得很多好处。一开口，有人欢喜，也就有人不高兴，为什么要找自己的麻烦？

人当然是孤零零地出生，就算双胞胎、多胞胎，也是各人顾自己，各奔前程，谁也顾不了谁。人当然免不了孤单寂寞地走，当年刘关张桃园三结义，对天发重誓，要同年同月同日死，结果还不是有先有后？但是，即使如此，中国人的花样很多，照样可以弄得热热闹闹、风风光光。诞生时就和父母睡在一起，死亡时也有很多仪式。只要不打肿脸充胖子，借债铺张，也不过分奢华，有什么不好？三分法的思维，答案其实只有一个，那就是，合理就好。亲子关系也不例外，真的是合理就好。

大致说来，西方家庭偏重朋友关系，重诚信，讲义气，彼此相处也很客气。如果志同道合一条心，当然其乐融融。万一各怀异心，意见不一样，也很容易各自离散，并没有深厚的亲情。这种主张，属于感情主义。西方人家庭，充满了 I love you 的呼喊。一旦听不到这种声音，那就各自东西，不再是一家人了。父母子女呈现朋友关系，子女多了一对年纪大的朋友，却失去了父母；父母多了一对年纪轻的忘年之交，却不必对子女负起责任。法律上的权利义务之外，其余的都不关父母的事。

过去，我们重视血缘关系，认为子女的身体发肤受之父母，胳臂就应该向内弯。大家都以家庭为重，不应该自私自利。讲求家庭参与，任何人在外，都代表整个家庭的体面，不允许有所败坏。有人受到伤害，全家人团结一致，非讨回公道不可。重伦理、讲和气，一家人和睦又融洽，愉快地享受天伦之乐。如果成为世家，那就更加神气，把势力延伸到政治领域，夸口"帝力于我何有哉"！一般民众，就算不是世家，完粮纳税之后，仍然关起门来，跷起二郎腿，一副"帝力于我何有哉"的自在得意模样，成为中国人十分向往的景象。一生辛苦努力，到了老年还不能含饴弄孙、关起门来当皇帝，又有什么价值可言？

亲子关系不可能十全十美

读古人书，有一点必须谨慎。我们追求圆满，但人人心中应该有数，不可能十全十美。过去的历史，时间、地点和人物即使都对，所描述的内容也未必真实。未来的一切，就算预测得十分精确，也可能起变化。现在的情况，尽管摆在眼前，却由于当局者迷，或者聪明一世，糊涂一时，看错了或者听不清楚，照样有抓不住的可能。女娲补天的故事，告诉我们上天也不是完美的。月亮有圆也有缺，人生不如意事十之八九，都在告诉我们，人再神气，再伟大，也逃不出自己的局限性，充其量只能够尽人事以听天命，求得心安理得，死而无憾。

亲子关系当然不可能十全十美。一家人互依互赖，胳臂向内弯，父为子隐，子也为父隐，很可能是非不分，逐渐倾向利害主义，产生很多弊端。首要的是把教养子女看成投资行为。男儿身高、体重和力气都比女儿强些，把男儿留在身边，多一些投资在他身上，将来回收的利益也较大，因此造成重男轻女的人为不平等。同样是儿子，也有资质、性格、体态、能力、态度、习惯等差异，以致产生偏爱，导致兄弟之间又增添一些人为的不平等。人类并非生而平等，事实证明一生下来就不平等。我们应该尽量求其平等，做到合理的不平等，怎么能够再加上人为的不平等，使其更不平等呢？

就是看到这种扭曲的情形，儒家才提出以德行为主的亲子关系。希望大家抛开利害，讲求伦理。生而不养，养而不教，都是父母的严重错误，十分可耻。既然是一家人，就应该立下决心，不论贫穷富贵，永远同心协力，共同创造优良的家风。由于各有所长也各有所短，所以要培养"成全"的习惯。一家人当中，会读书的专心去读书，会耕田的专心去耕种。这种耕读之家，表示一家人分工合作，彼此成全。每一个人的成绩，都是大家成全的结果，所以所获得的报酬，都应该拿出来和家人分享。一家人讲骨气，大家都争气。列祖列宗看到子孙有这样美好的表现，自然不会寒心丧气地离去，只要子孙需要，随时出现在子孙心中。伦理精神的功利色彩极低，可以挽回利害主义的扭曲，导入理性主义的正轨。

如果圣人所提出的道路，众人一走就错，当然不是正道。然而正道摆在那里，也有人走错了，那就不能怪圣人。对亲子关系，中西方社会都以善为目标。不过西方的善，以真为基础；中国社会的善，却以美为基础。对我们来说，父为子隐，子为父隐，固然稍有失真，却显得很美。一家人就是一家人，闹到要检验DNA，就已经不美了。美国孩子出生时，医生只肯在婴儿出生证明书上面注明母亲的姓名，并不写上父亲的姓名。理由是医师接生时，亲眼看到母亲是谁，至于谁是父亲，并没有亲眼看到，怎么能够写上姓名呢？真是很真，但一点也不美。我们的出生证明书上父母的姓名都有，未必全真，但是很美满。"父母在不远游"，若解释错误，就成为对子女的束缚。一旦明白"男儿志在四方"的道理，便知道父母年纪大了，随时可能发生意外，儿子不守在附近，到处去休闲度假，当然不孝。若是为了国家、社会的利益，即使远离家门也是理所当然。若此时因为父母年迈而不去，父母反而十分生气。万一为了成全子女，而子女不解其意，父母不幸弄成自尽身亡，岂不是更加不孝？

亲子关系具有非常大的弹性，讲求合理对待。但是人本主义，正名十分重要。父母就是父母，不是子女的朋友。父母可以站在父母的立场来做子女的朋友，子女却不应该因此而把父母当作朋友，以致心目中没有父母。

承欢膝下，永远是中国人的向往。子女做不到，也要让孙儿孙女来代表。依钱穆教授的高见，中国人的亲子关系，

> 父母就是父母，不是子女的朋友。父母可以站在父母的立场来做子女的朋友，子女却不应该因此而把父母当作朋友，以致心目中没有父母。

是合的成分大过分的成分。不像西方那样，分的成分大过合的成分。家人合成家庭，家庭合成家族，家族合成民族。合中有分，以合为主轨，才是中国精神。

夫妻成了父母，最好商量决定要建立哪一种亲子关系，是合大于分，还是分大于合？要做子女的父母，还是打算做子女的朋友？要大家客客气气，还是和气当中有骨气，大家都争气？要把"列祖列宗"变成"劣祖劣宗"，还是加以金装粉饰，让子女发扬家风？想养儿防老，还是做好心理准备，将来老夫老妻住进老人院？

● ● ● 第二节　持经达权是唯一的教养方法

理想夫妇的三大要件

父母教养子女的方法，看起来五花八门，各有巧妙之处，事实上归纳起来，可以总括成孟子所说的那一句话："男女居室，人之大伦也。"意思是说，男女成家是做人的大道。夫妇能和睦相处，教养出来的子女才会身心健康；家庭生活温暖幸福，亲子关系才会良好。

夫妇和睦相处是教养子女最有效的方法。这说起来十分简单，实践起来则是非常困难。理想的夫妇，至少具备三大要件。兹分别简述如下，以供参考。

同心同德互相扶持

同心的意思，是爱情要专一。丈夫除了深爱自己的妻子，不向其他女子奉献男性的爱；妻子除了深爱自己的丈夫，不向其他男子奉献女性的爱。双方爱情专一，爱力自然坚厚。永结同心，必须在这里获得印证。

同德的作用，在彼此看得起。一些人的心理，是看不起自己的丈夫或妻子。文章是自己的好，妻子是别人的好；人家的丈夫那么会赚钱，自己的丈夫为何如此倒霉？在所有丈夫里面，数自己最好，偏偏在看得见的妻子里头，以自己的妻子最为差劲。换妻俱乐部之所以存在，无非是看不起妻子，想要换一个更好的。孟子说："爱而不敬，兽畜之也。"夫妻相爱，如果不能彼此敬重和看得起对方，简直和爱家中的宠物一样。

夫妇相敬如宾，才会谨慎地约束自己。天天在一起，关系很亲昵，最容易松弛自我的约束。久而不敬，是常见的情况。必须时时提高警觉，爱他就不要气他，把他气坏了，对子女也是一种不良的示范。

男女同权不同质，应该互相扶持。夫妇扮演不同的角色，父亲充当子女的保安员、运动教练、职业顾问、交友顾问；母亲担任子女的保健员、家事教练、经济顾问、卫生顾问。按照父母的兴趣和素养，分别辅导子女的课程作业和课外活动。

通常所说的"男主外，女主内"，其实也是男女同权不同质的分工，并没有重男轻女的意思。我们只要不以固定的性别来区分，依据这一对夫妻的实际状况，有些事情男主外、女主内，有些事情则女主外、男主内。而内外的区分，也不必硬性规定为：家庭以外的事或者对外的事，全称为外；家庭以内的事或者对内的事，都叫作内。分工的原则，也以全家人的利益为依据，不以个人的利害来考虑，相信大家也就心平气和地接受了。

父母的角色可以机动调整。有时候"同台演出"，有时候一为主一为伴，很有默契，才是真正的相互扶持。

没有感情上的冲突

我们只说夫妇之道，很少区分为夫道或妇道。意思是夫妇既然同心同德，就没有必要再分彼此。尤其是感情方面，双方都专一，当然不会引起冲突。这里所说的，比较侧重对子女的感情，不应该有偏心，以免引起感情上的冲突。男孩女孩一样好，就不会偏爱。如果发现子女对父母有偏爱的现象，也应该站在子女的立场：这么小的年纪，偶尔有一些疏忽，那是自然的事，不要马上认定孩子有偏心。父母最好自我反省，是否给予了孩子充分的关怀？有没有常常"停"下手边的事情，认真地"看"孩子的状况，"听"孩子说些什么，让孩子觉得父母真的是"患难与共、欢乐与共"的好爸爸、好妈妈？如果答案是肯定的，怎么可能偏爱呢？孩子亲保姆，却不亲父母；或孩子亲祖母或外婆，并不亲父母。父母就应该想办法，多花一些时间和孩子互动，保持比较亲密的联系，以建立良好的关系。

没有意见上的隔阂

夫妇之间沟通顺畅，有意见能够好好商量。有了子女以后，也应该扩大沟通的范围，让子女适度地参与。家庭成员没有意见上的隔阂，感受到大家都是家庭中的一分子。亲子相聚，通过彼此交谈以互相了解，并且适时加入一些文化刺激，才能建立良好的亲子关系。

文化刺激代表父母用来衡量事物和行为的标准，譬如孝顺值得称赞、盗窃十分可耻、整齐清洁自然最美、儿女不嫌父母丑等，都在凸显对行为或事物的判断。最好能够及早和孩子沟通，适时建立孩子的价值观。这对亲子关系的维持和改善，有很大的帮助。

妥善持经达权

父母把自己的价值观细心整理一番，归纳成若干原则，然后当作教养子女的"经"，视子女的实际成长情况，做出合理的"权"变，便是最为有效的教养方法。

希望亲子关系良好，父母就要率先和睦相处，整理出更为合理的"经"。兹提出若干条目，以供参考。

内在美比外在美更重要

爱美是人的天性，但是看得见的、形式的、外表的装扮远不如内心的充实、内涵的提升。父母在重视名牌、注重美容、不断购置新装而且讲求时尚的示范中，已经在鼓励子女追求外在美，却忽视了其内在美的增强。不如以喜欢读书、好学不倦、重视言谈举止进退，使子女明白"充实即是美"的道理，并以舒适、安全、整齐、清洁、言谈得体、善解人意和用心关怀他人来加强内在美。

读圣贤书才能明白道理

古圣先贤的书籍，历经几千年的考验，确保开卷有益。现代人所写的书并未经过检验，尤其是新潮言论、怪异主张，更需要提高警觉，以免开卷受害。父母有责任慎选读物，并且有效地推荐给子女，时常留意子女所读的书籍，可以从中了解子女的阅读兴趣及心得。

家庭比事业更为重要

父母在子女的心目中种下"事业十分重要，家庭并不要紧"的观念，对子女的孝顺和以后的家庭生活势必产生很大的负面作用。实际上，家庭的重要性一定大于事业。如果没有稳定、正常的家庭，很难发展健全而良善的事业，就算一时很有成就，也不能持久。

我们希望爸爸回家吃晚饭、利用假日全家旅游、节庆团聚、扫墓、经常带着子女探望祖父母，用意都在使父亲以身作则，使子女明白家庭的重要性。

父亲为了事业不得不和子女分离，这时候要向子女解释清楚，并且在外出期间也要保持密切的联系。

品德修养比学业成绩更重要

由于现代人生活紧张、竞争激烈，而且就业非常困难，以致父母十分注重子女的学业成绩，好像那比什么都来得重要。其实，对孩子而言，学业好坏倒在其次，最主要的是要品德良好。父母最好时常提醒子女：品德方面若是有了缺陷，非但破坏个人的前途，而且会影响到祖先的声誉。许多小时候学业成绩欠佳的孩子，长大后十分有出息，原因是做人谨慎小心，不致受人引诱。孩子一旦发现有求知的必要，就会认真学习，展现后来居上的实力，当然很有成就。我们称这种人为"大器晚成"，一定是品德良好的人才有此可能。许多小时候学业成绩优异的孩子，由于受到大家的奖赏，养成骄傲的心理。长大以后，反而默默无闻，甚至误入歧途。这种小时了了、大未必佳的情况，便是重学业而轻品德的教训。所以，学业固然重要，品德才是成功的基础。

> 对孩子而言，学业好坏倒在其次，最主要的是要品德良好。父母最好时常提醒子女：品德方面若是有了缺陷，非但破坏个人的前途，而且会影响到祖先的声誉。

精神生活重于物质生活

人生不如意事十之八九。小时候家庭富裕，不能保证一生都不会贫穷。如果小时候在物质生活方面十分满足，万一将来遭遇生活的困境，岂非更加艰难？不如保持简朴无华，培养知足常乐的心情。一辈子天天平安就是福，当然更容易风平浪静，减少人生的波澜。在精神生活方面则应该加强。在家里不要设置酒橱、吧台，不要准备麻将桌，也不要搞什么卡拉OK，把书橱、杂志架安放好，布置个人读书的地方。父母以身作则，每天读书，以培养子女的阅读兴趣。利用机会，设法带孩子到孤儿院、医院去访问孤儿、病患，使其自幼养成同情心。平日多接触文学、艺术和大自然，使子女工作和休闲并重，享受正常而取之不穷的精神生活。

家庭事务应该由大家分担

家不是哪一个人的家，而是大家的家。应该人人参与，共同关心这一个家，大家同心协力，这个家才会兴旺。家庭事务必须家人适当地分担，才不致把妈妈累坏了。分担家事，应该是一种乐趣，并不是责任。子女在愉快的气氛中，把家事当作游戏，做起来就十分快乐，自然很乐意去做。子女不做或做得不好，如果父母责骂他们不负责任、缺乏责任感，常常就会弄得子女十分无奈，也越来越不明白，不做家事和不负责任有什么关系？分担家事，不可以论件计酬，如果把金钱和家事连在一起，彼此斤斤计较，就会丧失分担家务的乐趣，影响家人的亲情。

做错事应该勇敢地承认

承认自己做错事和道歉是两回事。中华文化的特色在必须勇敢地面对现实，既然做错了，就不必找理由。说得天花乱坠，不过是自己欺骗自己，别人根本不会接受。这时候勇敢地承认错误，永远是最好的办法。但是，承认错误，并不是道歉就可以了事的。我们一错再错，天天道歉又有什么用？做错事，要设法补救，而不是道歉了事。用实际的行动来表示下不为例的决心，并且对这一次的错误做某些具体的补救，总比空口说白话，一直说"抱歉、对不起、请原谅"要好得多。子女有错，必须承认，否则父母就要加以开导，指出错误的地方。子女明白之后，还是要承认错误，并且做出补救。

慎选玩具和读物

孩子在游戏中长大，所以玩具十分重要。合适的玩具，可以训练孩子的创造力。而创造力的训练，可以提高孩子的学业成绩。光读书，不游戏，对孩子是很大的损失。孩子都喜欢游戏，在游戏中学习，才能提高学习的兴趣。许多父母把学习和游戏截然划分开来，使孩子对学习缺乏兴趣，甚至视学习为畏途，实在是很大的伤害。如果把读书也当作一种游戏，相信孩子对读书就不会畏惧。市面上那么多玩具和各式各样的读物，便是看准这样的需求。父母最好慎选玩具和读物，并且养成子女在游戏或阅读之前，能够先征求父母同意的习惯，不致接受不良的读物，遭受不安全玩具的伤害。

促进良好的亲子沟通

父母和子女沟通通常有很多障碍。对中国人来说，情绪化是其中最麻烦的主因。我们和全世界的人一样，都有情绪的变化。但是，我们最好明白：我们这个民族是情绪落差很大的民族。与中国人沟通，最要紧的是先做好自己的情绪管理。情绪稳定时，很容易商量；情绪不稳定，那就很难沟通了。父母和子女沟通，最好先想一想：谁应该首先稳定情绪？当然是父母，因为成年人比较成熟，不应该和小孩子一般乱发脾气。同时，事情的真相也应该弄清楚，才不会让自己下不了台，否则恼羞成怒，更不像样。因此，要大胆假设，还要小心求证。然后依据事实，采取多描述、少批评的方式，鼓励孩子表达自己的感受，在倾听中了解孩子真实的用意。父母如果能站在子女的立场，尽量采用子女能够了解的用语，当然沟而能通。

亲子互动共同成长

孩子不断学习，进步得很快。父母如果不能活到老学到老，就会明显落伍。子女不说，好像在看父母的笑话，实在不应该；子女一说，等于长大了，翅膀硬了，反过来教训父母，岂非不孝？最好的办法，是随着子女的成长，父母逐渐调整教养的方式。年幼的孩子，当然需要父母的教导和辅助。子女长大以后，父母有很多地方不妨反过来问问子女，让他们充分发挥。一方面看看子女是不是真的成熟了，一方面也享受一下努力栽培的成果。子女小时候以父母为荣，长大了父母以子女为荣，那才是欣欣向荣的快乐家庭。父母一辈子比子女贤明高强，表示一代不如一代，并不是可喜的事情。

同时，我们将祖先崇拜活用在教养子女上面，具有很大的功效。兹说明如下：

首先，通过祖先的"灵"（权威）来管教子女，以祖先作为亲子之间的中介。用往生的人来管教活人，被管教的活人才不会由于面子问题而怀恨，甚至产生报复的心理。

其次，父母不必体罚子女，只是祖先不高兴，非给予体罚不可。家规伺候，子女面对的是祖先，父亲不过是执行者，还可以站在子女的立场，一起来要求祖先原谅。

第三，父母的双手，用来传达对子女的关怀和爱护，不应该用来体罚子女，以免子女对父母的双手产生畏惧和不安的感觉。家法大多通过木板或小竹鞭，

> 随着子女的成长，父母逐渐调整教养的方式。年幼的孩子，当然需要父母的教导和辅助。子女长大以后，父母有很多地方不妨反过来问问子女，让他们充分发挥。

甚至可以让子女自行处置，使父母的双手永远十分温暖。

家庭不是讲理的地方，亲子之间，如果样样要讲道理，并且坚持说清楚、讲明白，肯定会让一家人常常生气，而且很难安宁。随着子女的成长，父母越来越不容易和子女讲理。因为事实告诉我们，越懂得多的人，越显得温和；而越懂得少的人，越是一副得理不饶人的样子。吵架的时候，说得越大声的人，往往越没有道理。

父母想要借着亲子沟通的机会，把道理说给孩子听，结果大多很不理想，不是和稀泥似的不了了之，便是生气骂人，弄得不欢而散。父母最好采取"由情入理"的方式，让子女承受亲情的感动，自主地讲理。

譬如妈妈多说几句，女儿很不高兴，竟然回答："人家知道了，说这么多遍，还要说。"爸爸在旁，通常会奋不顾身地投入战场，严肃地对女儿说出一番大道理。女儿心想这些道理谁不知道，只是面对唠叨的人根本受不了，有时候妈妈多说两句，父亲还不是表现得很烦、一脸不好看的样子。结果父亲说父亲的，女儿想女儿的，完全沟而不通。我们建议父亲不能够不理会，如果置身度外、隔岸观火，妈妈不生气才怪，最好采用亲情攻势来软化女儿。父亲可以轻松地说："妈妈多说几句，就不高兴了，是吗？为什么不想一想，从小到大，妈妈听你的要求，听你的抱怨，有多少？不说别的，听你的哭声就够烦的，妈妈也没有不高兴，反而安慰你，抱你亲你。现在你长大了，让妈妈唠叨几句，又有什么关系？"相信这样比直接晓以大义说一大堆道理要有效得多。

要想让子女明白道理，就应避免教训、教条，最好采用迂回的方式，由情入理。说给子女听，不如促使子女自己觉悟。

● ● ● 第三节　在轻松愉快中实施教养

教养子女也可以轻松地进行

父母严厉地教训子女，是一种没有效果的教养方式。有人说这样做是不得已的，因为轻松地指点对子女已经失去了作用。我们则认为，教养子女最好不要走到这种地步，以免影响亲情。比较合适的方式是一开始就采取轻松愉快的角色扮演方式，使子女在愉快的气氛中学习。

可以利用子女在场的机会，父母合作演出一出短剧，让子女以观众的心情来感受，从而获得一定的教训。前提条件则是父母立即觉悟"只有在卧室里面，才是夫妻"的道理，离开卧室，便是孩子的父母，必须妥善扮演父母的角色。随时做好准备工作，要在孩子面前，通过角色扮演提供一些信息。

譬如利用全家团聚用餐的机会，父亲向母亲说明外界所发生的事情。表面上是说给妈妈听，实际的用意却在教育子女。母亲当然心知肚明，装得很有趣味，和父亲一唱一和，把父亲所叙述的事情转变为教育子女的题材。通过影射、转移和暗示的方式，使子女乐于听闻，也不致使子女由于情绪不安而产生抗拒的心理，进而使子女在不知不觉中吸取了教训。如果子女有疑问，由于不是当事人，也比较方便提出来。这种家人共同参与的教养方式所产生的效果更为良好。

兹举一例：

父亲晚上回家时，故意当着孩子的面说："今天有一个孩子，被坏人拐走了。我特意早一点回家，看到小青，心里好高兴。"母亲接着说："小青很乖，一放学就回家。最近这种拐骗小孩的坏人很多，实在太可恶了。"说到这里，便暂时停下来，各忙各的，这才显得逼真、没有破绽。若是一直扮演下去，孩子就会产生怀疑，认为父母有意灌输某些道理，孩子反而听不进去。父母不必存心欺骗子女，而应该顺应子女的心理变化，

> 父母严厉地教训子女，是一种没有效果的教养方式。比较合适的方式是一开始就采取轻松愉快的角色扮演方式，使子女在愉快的气氛中学习。

使教养的功能有效地发挥。尊重子女的感受，也是父母应有的修养。尊重而非欺骗，二者应该明辨。

晚餐时候，全家人团聚在一起。又是一天学习和工作告一段落、暂时松懈的时刻，将这一时刻拿来充当教养的平台，实在十分适当。但是，一定要心平气和，避免污秽、血腥和暴力，以免影响用餐的气氛，反而不利于消化。

妈妈的第一筷，不是挑瘦肉，也不是夹青菜，而是扒一口饭。这样以身作则，如果子女一时没有察觉，也不懂得模仿，这时候最好不要由妈妈亲自来解说，以免卖瓜的说瓜甜，有自我标榜的嫌疑，也是不良的示范。爸爸应该抓住机会，向妈妈说："你这种好习惯，我一直想学，可惜到现在，还常常忘记。"妈妈回答："这是小时候，爸爸教我的。"然后向子女说明："外公说他从小养成这种习惯，一生得到很多好处。我养成这种习惯以后，也很少和人家起冲突。"父母没有一句教训子女的话，子女自然不致紧张，不致急于防御或抵抗，晚饭照吃，教养顺利进行。父母越有默契，效果越好。

于是，妈妈问爸爸："刚才你回家说些什么？那时我正在忙，没有听清楚。"爸爸说："有一个小孩子，太相信人家的话，很快就被骗走了。"妈妈说："难道不应该相信人家吗？"爸爸说："不是相信不相信的问题，而是怎样相信才不会受害的问题。"妈妈说："有相信有不相信，那要怎么办？"父母一来一往，孩子多半听得很起劲。越不去惊动他们，越有功效。

爸爸说："妈妈的红烧肉烧得真好，我吃过那么多馆子，还没有比得过妈妈的。"妈妈回答："那是因为嘴巴吃习惯了，喜欢这种味道，哪里是我做得比厨子好？"爸爸说："山珍海味只能偶尔吃吃，吃多了一定会腻，只有家里的家常菜，始终很合胃口，好吃！"

孩子开口了："刚才爸爸说相信又不相信，说什么呀？"妈妈赶紧帮腔："是呀，赶快解释一下，我也弄不明白。"

爸爸说："完全相信人家的话，很容易上当；完全不相信人家的话，自己很苦恼，不知道要怎么办。"妈妈接着说："对呀，有一次我接到一个电话，说你被汽车撞到了，在医院急救。我不相信，又怕万一是真的，所以直接打电话到医院查询，根本没有这回事。我不放心，又打电话到公司去问，他们告诉我你正在开会，我很庆幸没有被骗。"爸爸说："现在的骗子，花样很多。不是说人家被车子撞了，就是说得了急病，目的都是骗钱。"然后很自然地问儿子："如果有一天，有人告诉你，'你父母有急事，要我赶快接你回家。'你怎么办？"儿子说："我会说好，然后跑到老师办公室，要老师打电话问爸爸、妈妈有没有这回事。"

有这么完整的训练，还怕子女会轻易受骗上当吗？这种轻松愉快的教学方法，比一本正经地教训，反复不断地告诫，列出一些规则要子女背诵，要有效得多。

通过父母轻松的对话，子女可以学得很多学校里学不到却在生活上非常有用的东西。父母一唱一和，子女听得入耳，也学得迅速，既没有压力，又不必考试。

子女如果加入讨论，那收效就更为显著。只是最好出于自愿，不要带有强制性，以免子女担心害怕，反而视用餐为畏途，那就适得其反了。

我们说"父母只有在卧室里才是夫妻"，意思是"离开了卧室，父母最好扮演老师的角色"，因为"家庭是子女最好的教室"，而"用餐是上课的最佳时刻"。

偏偏现代父母，用餐时不是打开收音机，便是收看电视节目。既破坏神经，又伤害肠胃，把全家人快乐学习的大好时光，全都浪费掉了，实在很可惜。

但是，需要严厉的时候，父母也不能不严厉。我们建议，平日尊重子女，一旦严厉时，板起脸来，甚至体罚子女，子女才会觉得父母是真心关心自己，否则为什么会生气到这种地步？平时温和可亲，必要时十分严厉，子女才能体会"打是疼，骂是爱"的道理。当幼小的女儿能够说出"小兰天黑了还不回家，她妈妈也不骂她，我知道她妈妈一定不爱她"的话时，就已经能够体会父母对子女的感情，发觉自己的妈妈比小兰的妈妈更爱子女。

父母两人，也不要同时严厉，使子女觉得无路可走。严厉的角色，尽可能让父亲来扮演。父亲严厉责骂子女，妈妈先不说话，看看子女的反应如何。若是承认错误，就告诉他向父亲说出自己的错误，并且要表示改过。再向爸爸说："孩子那么孝顺，不希望你生气。我知道你生气是为了孩子好，现在他明白了，要改过，你就不要再生气了！"父亲说："他要改过，我当然不生气。我只是想起我的父亲，在我小的时候，也常常为我做错事而生气，到现在我还觉得很对不起父亲，很不孝。"

> "父母只有在卧室里才是夫妻"，意思是"离开了卧室，父母最好扮演老师的角色"，因为"家庭是子女最好的教室"，而"用餐是上课的最佳时刻"。

父母应抓住机会，刚柔配合。因为孩子在身边的日子实在不多，如果不能随时注意教养，很快就要入学；长大以后，想教也没有机会，所以必须妥为把握。

若是子女不服，面有怨色，母亲就要从旁开导，不能说："不要惹爸爸生气，赶快去道歉！"这样会养成子女表面敷衍、圆滑应付的不良习惯。子女的感受是"这么晚了，大家都想睡觉。妈妈不希望我再熬下去，所以要我不管心里服不服气，也不管爸爸所说的有没有道理，赶快去道歉，让爸爸不再生气，大家都好睡觉"。这种心不甘情不愿的道歉，不过是形式，毫无实质意义。中国人的事情不能够道歉了事，必须有实际行动来证明，才能够真正相信其有悔过的心。

重视子女的自尊心和自我观念

有些父母，对子女过分严厉，悔过也不行，错就是错，一定要受罚。父母不是法官，也不是警察，何况法官和警察，也不可能完全不顾情理。父母所扮演的角色，并没有法官、警察、小丑、挑战者、谋害者这些成分。因为这对子女没有好处，所以不需要。

对子女嬉皮笑脸，一副小丑的样子，子女学习到这种方式，反过来对父母嬉皮笑脸，请问，要如何处置？那时候再加以禁止和斥责，早知如此，当初自己又何必做坏榜样？

大人之间，偶尔使用冷嘲热讽的方式，甚至恶言辱骂，有时候还可以收到使对方知过必改的好处。如果用这一套方法来对待自己的子女，情形就大不相同。嘲讽就像一把利刃，直刺子女的心坎深处，不但使其痛苦难堪，而且自尊心也会受伤至极。和孩子游戏，凭着自己多年苦练的实力，当然胜过孩子。于是满口笨蛋、傻瓜、蠢牛，弄得孩子一点兴趣都没有，宁可枯坐在旁，也不愿意参与，甚至有时玩得高兴，看见父母出现，便不玩了。

更糟糕的是，孩子的自我观念正在塑造阶段，由于相信父母，就会对父母的评语十分在意。父母说他蠢，他便以为自己真的很蠢，要不然，父母怎么会这样说呢？叫他傻瓜，他就真的变成了傻瓜。这种自我实现，并不是父母所希望的，偏偏十分灵验，最好小心加以避免。

恐吓胁迫，是神父母或鬼父母的专利。人父母知道这样做对孩子的心理发展，会产生不良的影响，所以尽量不利用恐吓的手段来胁迫子女。但是，怒气冲天的时候，也不免说出类似"再不听话,我就把你送给别人"、"你敢这样对我,看我不把你打死"或者"好啊,你竟然顶嘴,我禀告上天,让你这个不孝子嘴巴烂掉、舌头断掉"等话，父母心里也许只是想吓吓孩子，却不料幼小的孩子，却信以为真，引起很大的不安。每当有陌生人出现，就担心害怕是不是要把自己送给这个人；嘴巴一有疼痛的感觉，也会怀疑是不是上天真的在施行惩罚；伸一伸舌头，看看还在不在，有没有断掉。父母的恐吓，不过是一时的气话，孩子幼小的心灵却饱受折磨。孩子稍稍长大，发现父母这些话根本不会发生作用，就会变本加厉，把父母的话完全不当一回事，对父母实在非常不利。

子女犯错时，父母最好回想一下，自己小时候是不是也常常如此，再想想幼稚和成熟的区别，即在立即反应前先想一下，想好才做出反应。当场指责，难免火气大,脸色难看,语气也不会好。而且孩子情绪正紧张，不免恼羞成怒，不是强词夺理，便是死不认错。不如稍待一会儿，等大家冷静下来，再用事实来加以剖析，告诉孩子到底错在何处，有什么补救的办法，以后怎样避免类似的情况发生。这样应该更有助于子女改过向善。

子女长大以后，父母最好将心比心，如果看出子女在做错事，内心已经有所醒悟，知道自己做错了，就采取暂时不响应的态度，把时间留出来，好让子女自己去补救，父母再从旁协助他、鼓励他，减轻他的不安。若是子女还不知错，为了顾及他的面子，可以利用夜晚写一封信，告诉他错在哪里，应该如何改进。并且告诉他，自己年轻时也曾犯过类似的错误，由于父母的指点，很快就改过来了。相信以他的聪明和能力，一定能够知过能改，而且以后不再违犯。把这封信放在孩子的抽屉里或者枕头底下，让孩子自己反省，肯定相当有效。

子女犯错时，父母最好回想一下，自己小时候是不是也常常如此，再想想幼稚和成熟的区别，即在立即反应前先想一下，想好才做出反应。

我们建议，父母在应该管的时候一定要管，而且要态度一致，立场坚定。也不能不严厉，有时严厉才有效果。但是不应该管的时候，就不要轻易干涉孩子，使其不能自由自在，这样孩子反而会随时产生不安的感觉。

至于什么时候该管，什么时候不该管，我们尊重父母的抉择。因为牵涉到人生观和价值观所造成的家风，不容外人来置评。我们只是建议，站在不管的立场来管，称为不管之管，这才是最好的教养方法，也就是持经达权的有效运用。凡事先想不管好不好，如果不管很好，甚至不管才好，何必要管？放手让子女自由去摸索、发展，父母作为旁观者、欣赏者，扮演良好的观众，子女一定很受鼓舞而加倍用心。若是不管不行，不管会糟糕，这时候就要冷静思虑，应该怎样管才能恰到好处。

不要认定自己的子女是天才

孩子的资质才是应该管或不应该管的关键。埋没天才，固然是家庭的损失，也是子女的不幸。但是若子女不是天才，却要硬把他当作天才来看待，同样是家庭的伤害、子女的不幸。"天才儿童"是教育家非常不喜欢使用的名词，却成为父母最乐于听到的赞美。智商在120到139的人，通常被视为天才；140以上，则称为特殊天才；160以上，那就是神童。不过，也有其他几种说法，并不一致。美国约翰·霍普金斯大学为天才学生做出一些描绘：好奇、语汇丰富、进取、害羞、爱读书、厌烦学校、难与同学交往、超幽默感、多方面的兴趣、富于钻研精神、字体潦草、不善于收拾、有人缘、有韵律感、立志得早、很早就了解社会百态、能自律、好收集、爱创新、在某方面或多方面有专长、有恒心、固执、不是反教条就是强烈遵奉者、常常被人高估。不知道贵府的子女，是不是如此？

就算是，也请不要高兴得太早，因为天才子女，实在很不容易教养。何况1972年著名的《马兰报告》(*Marland Report*)发现，许多"小时了了"的天才儿童，长大以后，却令人失望。天才儿童的求学过程并不一定顺利，被学校勒令退学的比例相当高。更可怕的是，自杀率也很高。主要的原因是父母不断地提醒他是天才，不能够和其他孩子一样。对他来说，读书最重要，其他都不要紧。弄得孩子天天读书，却完全不知道如何生活；自己觉得责任重大，却不明白怎样做才算合理。特别是原本不是天才硬是被迫冒充天才，这样的孩子更加可怜！

孩子的成长过程是变动的，每一个阶段都有一些不同的变化。父母教养子女，最好制订长远的计划，依照年龄和阶段的不同给予不同的教养。

一般而言，零岁到三岁是一个阶段，三岁到六岁又是一个阶段，进入小学，当然又不相同。不过零到十二岁，可以看成重视生活教育的阶段，学业功课并不很重要。初中阶段，可以说是最为棘手的时期，稍微不小心，很容易发生偏差。这时期的教养最好是知识及生活并重，并且特别注意子女交友的状况，以确保正常。高中阶段，要逐渐放手，让孩子自立，打好大学阶段离家独立的基础。考入大学以后，要鼓励孩子关心社会、国家，将来成为有用的人。我们在下面第七章到第九章，将分别说明各个阶段的教养重点，以供参考。

第七章

中学以前同孩子一起生活

六岁到十一岁孩子心性单纯活泼，
十二岁时生理和心理皆急速变化。
智慧发展到十五岁左右就会停止，
最好把握时间多多背诵圣贤经典。
德育、体育、群育、美育都重要，
不要太在意智育，有学无德何用？

哲学家福禄贝尔（Froebel）提出"同孩子一起生活"的主张，这成为子女小学毕业以前父母的最好教养方式。人和一般动物相同，都是自然的产物。但是，又和一般动物不同，因为我们生下来仍然难以独立，必须有人照顾才能够顺利生存下来。

婴儿刚出生时，完全缺乏自己求生存的能力，尿布湿了、肚子饿了，都无法自理。这时候照顾婴儿的人就成为婴儿的外在世界。若是照顾得很好，能够满足婴儿的需求，婴儿就会对外在世界产生信心和安全感。

婴儿在五个月以前并不认人，需要有人细心照顾，用心满足婴儿的需求。对婴儿来说，由什么人来照顾，并没有什么区别。但是，到了五六个月大，婴儿开始出现认生的现象。也就是说，婴儿在五个月大之前，已经慢慢地和照顾的人产生一种"连接"的感觉。这种母子之间的亲和连接感觉，在一岁到两岁时发展到高峰，两三岁时略为转淡，这时候孩子觉得和妈妈的关系已经相当稳固，开始向外发展。学会走路以后，更是逐渐离开妈妈，学习独立地探索外在的世界。亲子关系，在这个阶段显得十分重要。如果关系良好，孩子比较乐观，对外在世界较有兴趣，对幸福也较有把握；若是关系不好，孩子的依赖心理没有获得满足，就会觉得害怕、悲观，对环境的变动也比较难以适应。

父母同孩子一起生活，必须质量并重。对子女的疏忽，不能以重质不重量来推卸责任。再好的质，如果只是蜻蜓点水，没有足够的量来支持，必然不能获得充分的表现、产生预期的效果。现代社会，大家都非常忙碌，和子女相处的时间相对减少。我们建议"家庭比事业更加重要"，便是基于事业可以慢慢来，子女的宝贵成长期却是转瞬即逝，而且无法重新来过。

六岁以前，我们称为前儿童期，又可以细分为初生期、婴儿期和幼儿期。初生期指诞生到满月期间，属于愉快和不愉快尚未分化的状态。新生儿空腹时啼哭，纯粹是内部引起的生理需要所产生的不满足表现，并没有不愉快的感觉。

婴儿期指满月到周岁期间，此时各种情绪逐渐发展进行。3个月时，愉快与不愉快开始分化，但是原始的混合兴奋仍然保留，并且终生持续。4个月时，婴儿被逗弄就会出现微笑。6个月时，痛苦开始分化，婴儿会出现恐惧、厌恶与愤怒的情绪。12个月时，愉快也开始分化，会出现得意、喜爱与嫉妒的情感。

幼儿期指一岁到六岁，此期间，幼儿发展和变化十分显著，也是成长的基础阶段。这个时期的环境和教育将影响人的一生。三岁看大，七岁看老，可见这个时期的重要性。良好的开端，是成功的一半，父母在这个时期最好谨慎小心，做好"先入为主"的教养工作。教育学家把幼儿期称为关键期或敏感期，实在十分恰当。

自届满学龄到性成熟，称为后儿童期，大约相当于小学时期。我们从健康教育、人格发展和心理卫生各方面来了解，都明白三岁到六岁是最要紧的阶段。在这短促而易逝的期间内，儿童并非浑浑噩噩、无知无识地虚度岁月。事实上，这一时期儿童的一举一动都饶有意义，只是父母亲太忙碌，无暇顾及。今日社会上，很多杀人越货的盗匪及贩毒犯罪的败类，实际上都是缺乏良好教养的结果，才铸成儿童未来的大祸与惨状，因而抱憾终生。这样的亲子关系，当然令人痛心。

在儿童阶段，教养的具体基础工作应该是日常生活的训练，从饮食、睡觉、排泄、游戏各方面养成良好的习惯。对他人的关系应有适当的态度，自己情绪的起伏应有常态的宣泄和合理的节制，不健全行为的发生也应该及早获得矫正。归纳起来，便是各方面的发展必须遵循正常的途径逐渐趋于健全，达到身心正常发展的理想目标。可惜现代社会，由于文凭主义盛行，以致形式化的"教育过热"持续不退。随着幼儿教育的普及，托儿所和幼儿园的数量显著增加，入园率也快速增长。想不到违法行为、暴力行为、适应障碍、精神异常以及自杀、自虐等儿童问题也急速增加，并且越来越低龄化。

我们建议"品德比学业更重要"，对儿童这一阶段来说，更是如此。关于提早学习、过度教育，对子女身心所造成的伤害，父母最好从教育目标、教学内容和教学方法三方面进行检讨，及早找出对策来加以改善。三岁到六岁的关键、敏感期，如果已经过去，赶紧在小学阶段设法补救。相信只要肯用心、有爱心，再加上耐心，一定可以把子女的教养基础打好。人生是长期竞赛，早期的快慢对整个人生历程影响并不大，不必担心。

● ● ● 第一节　零岁到三岁培养生活技能

婴儿并不需要特别的环境

心理学家伯顿·L. 怀特（Burton L. White）在其名著《一生的头三年》中明确指出：婴儿并不需要特别的环境，只要给他一个正常而充满亲情的家庭，父母亲都知道应该做些什么并且真正做到，就可以了。

首先，诞生并不是婴儿生命的开始。从受精到诞生，通常需要40个星期。提前诞生的，称为早产儿；延后诞生的，便是迟产儿。受精时只是一个渺小的细胞，直径大约0.2毫米。10个星期时，身体有二三寸长，已经具备了人形。胎儿大约三个月左右的时候，开始有运动。6个多月内出生的，有几分存活的希望。以后各种反应，依着程序逐渐成熟。胎儿的运动，都是全身参加，散漫而不固定，并不针对刺激而有所反应。当婴儿落地时，已经在母亲的子宫里发育了9个多月。而且产前产后的发育具有连续性。只是诞生之后，自己成为单独的个体，也可以看成另一个崭新的开始。

胎儿的发育，受到母亲健康和营养状况的影响。至于胎教，虽然迄今仍然找不到科学的依据，但是，我们相信，对于孕妇的细心照顾，创造愉快的心情，接触美丽的景物，无论如何，对母亲和胎儿都有良好的帮助。

瑞士生物学家波特曼（A. Portman）说过：“从生理上看，我们都早产了一年。”一般动物，在胎内已经发育到相当程度，所以一生下来，就能够独立走动。人类婴儿却必须等到出生一年之后才开始独自行走，比一般动物晚了一整年的时间。这是不是在启示人类，不应该过分强调独立自主，却必须互相依存，在群居生活中求发展呢？

一般动物，由于初生时便独立，反而没有什么可塑性，生下来的情况持续一生，而且世世代代的生活方式和本能也没有什么大的变化。

父母最好明白，孩子十分费神，一定要经过漫长的岁月才能够教养成熟。这也是上天最大的恩赐，可以配合婴儿的可塑性，教养出我们所喜欢的、独特的子女。

人出生时，当然也不是一张白纸，已经具有某种倾向、能力和特性，但是后天的环境和教育所产生的影响尤为重大。无论先天还是后天，父母的作用都非常要紧。

许多调查报告都指出，现代的家庭逐渐由权威主宰走向民主方式，从大家庭转向小家庭，由集体主义走向个人主义，从专制转向友爱。当我们发现这些实际演变时，最好不要盲目地加以认定，因为这并不是一种良好的倾向。

小家庭的子女，由于不和祖父母住在一起，缺少祖父母的指导和照顾，导致父母对子女的教养负担加重，又要增加许多自行摸索的时间。妈妈在精神上孤立无援，子女也容易陷于孤独。小家庭的子女人数减少，溺爱儿童的现象日趋严重。小家庭的父亲忙于工作，对子女的影响越来越弱。母亲就算也在就业，和子女相处的时间通常比父亲来得多，所以地位相对重要。原来父权至上的家庭，很可能一下子变成母权至上。父权再高，也不能剥削子女的教养，母亲仍然有相当的地位。母权高涨，父亲自觉全无用处，干脆一走了之，造成很多单亲家庭。我们不能歧视单亲家庭，却不能不承认，事实上，其对子女的发展带来很多问题。男女同权不同质，有些性质上的分工，最好不要当作权利或权力，这样比较妥当。

缺少祖父母的坐镇，小家庭的年轻父母，难免关起门来充当老大而为所欲为。于是，庸俗下流的电视节目、色情淫秽的书报杂志、花招百出的成人情趣用品纷纷侵入家庭。刚开始还小心谨慎，唯恐被孩子看见。后来见怪不怪，反而把它当作性教育。终至变本加厉，吸强力胶、服安眠药、看色情电影、看暴力电影，似乎百无禁忌。对周遭环境十分敏感的孩子，当然受害至深。

学校企业化、教育商业化更是道德沦丧的象征。近年来兴起的早期教育热潮，喊出"教育从零岁开始""不要让孩子输在起跑线上""三岁开始教育太迟了"等口号，弄得大家心惊胆战、盲目跟随。

三岁看大的要旨

前面说过，子女为父母所生，却不为父母所有。孩子虽然来自父精母血，并不一定具有和父母相同的秉性。孩子在成长过程中，所学并付诸实施的行为方式是自发形成的。在形成的过程中，各人在时间上和空间上都各有特点，我们把这种过程，称为个性化。

但是，孩子一诞生，便来到一定的社会，在所处的社会里学习应有的行为方式，接受行动准则和价值体系，以培养与他人共同生活的社会性。我们把这种成为社会成员的过程，称为社会化。

三岁看大，重点即在三岁以前，幼儿在个性化和社会化的协调方面是否顺利，因而推论其长大成人以后，在社会上的适应能力和领导能力

> 三岁看大，重点即在三岁以前，幼儿在个性化和社会化的协调方面是否顺利，因而推论其长大成人以后，在社会上的适应能力和领导能力是不是令人放心。

是不是令人放心。

家庭治疗师萨提尔（Virginia M. Satir）认为家庭和工厂一样，具有造人的功能。依据多年的辅导经验，指出家庭的主要问题通常来自下列四点：

第一，有关对自己的感觉和想法，即自我价值。每个人都有价值的感觉，所不同的只在于正向或负向。

第二，有关怎样与人来往得有意义，即沟通的情况。每个人都在沟通，只是沟通的技巧不一样，导致沟通的结果也不相同，常常沟而不通，大家都难过。

第三，有关人们决定应该如何感觉、如何行动的规则，即家庭系统，表示独特的家风。每一个人基本上都依循规则，只是依循哪一种规则以及规则对他怎么样并不相同。

第四，有关人们连接家庭以外的社会联系，也可以称为对外的关系。每个人都与社会联系，问题是怎样联系以及联系的结果如何。

婴儿一生下来，父母来不及把这些因素整理好，婴儿也来不及做好准备，以致手忙脚乱，家里乱哄哄。顺利度过婴儿期的孩子，不久便具备断奶、走路和语言三大重要能力，在行动上得以独立，逐渐扩大行动的空间。当幼儿开始自主积极地与外在环境互动时，父母必须提高警觉，因为幼儿的个性和能力未必符合环境的要求。如果在家里没有做好准备，包括培养幼儿饮食、排泄、睡眠、穿衣脱衣、整理、清洁等基本生活习惯，便贸然送到幼儿园，要求纳入幼儿园认可的行为轨道，不但幼儿不能接受，而且在幼儿的人格形成方面还可能引起副作用。在这个阶段养成不良的行为方式，以后要改也十分困难。

譬如婴儿等待别人把奶或汤送进嘴里，而幼儿就应该自己使用汤匙或筷子，并应该在适当的时间、合适的场所，以适合的姿势和顺序来进行饮食。幼儿还要养成自己洗手洗脸、穿衣脱衣、在适当的场所与时间排泄，并且自己收拾东西的习惯。既不可随意挑食，也不能乱扔衣物。这些基本生活习惯，从简单稚拙到复杂精细，各人高低不一，简直可以练习一辈子。我们看到成年人的生活习惯各有差异，便是三岁以前的教养和成长过程的互动所造成的结果。各人吃相不同，穿衣服的方式也不一样，值得大家用心观察和体会。到了子女长大，才来教导子女不要吃得那么慢、筷子要拿低一些或高一些、不要把饭菜撒得满桌都是，这实在是很不恰当的事情。

零岁到三岁的教养以品德和生活习惯养成为主

零岁到三岁是人生品德和人格形成过程中非常重要的阶段，如果此阶段不能够奠定优良人格特质的基础，将来长大就会发生问题。这个阶段的教养重点应该以品德和生活习惯养成为主，而不在于学业。良好卫生习惯、待人处世的礼仪以及安全合适的生活细节，都必须加以重视。这个阶段的亲子关系完全依赖父母以身作则，在和子女共同生活的过程中保持和谐的气氛，提供各种安全的尝试，让孩子自己成长。但要随时纠正孩子不对的行为和观念，使其逐渐养成良好的习惯。

一个人的自信心奠基于出生后 8 个月到 18 个月。短短 10 个月的时间，会对人的一生产生重大的影响。母亲在这段时期，可以说是唯一的教养者，不但要充分表达对婴儿的关爱，而且要通过示范、教导和协助的方式，严格要求婴儿遵守父母所定的规矩。我们常说教养子女要趁早，特别是 8 个月到 18 个月这一段时间，一定要把握住。

婴儿的先天发育因素，包括基因遗传或出生时脑部缺氧等，很难由人力加以操纵或改变。父母只能多注意后天的因素，使孩子获得较佳的发育。例如把新生儿用布或浴巾包裹起来，并且用带子捆住，以避免婴儿着凉或受惊。婴儿想动时，必定费劲在包裹里挣扎，使肌肉关节获得相当强烈的运动。对于长大以后的动作协调，经过包裹的孩子要比未经包裹的孩子为佳。但是，在婴儿清醒的时间里，要让他们穿宽松的衣服，手脚能够和外界接触，并且接受母亲肌肤的触摸，使其更能够感受温暖的母爱。

哭是婴儿表达意见的主要方式，一哭就抱固然不好，但婴儿哭了父母只是检查尿布有没有湿、吃饱了没有，否则就不理会也不好。父母可以和他说话，放音乐给他听，拿些会转动或发声的玩具让他看，用手抚摸他的脸、手和脚，以满足婴儿向外界寻找信息的本能，避免由于乏人照顾而造成眼神呆滞、感情冷漠以及反应迟钝的现象。

并不是所有吸吮手指的孩子都有精神上的困扰。许多快乐正常、适应良好的小孩，当疲倦、厌烦、想睡觉时，也会吸吮手指。母乳或牛奶吃得不够，可能是婴儿开始吸吮手指的原因。到了一岁左右，婴儿会从吸吮手指或脚趾中认识自己的身体，并且当作一种享受。父母不要加以禁止，只要注意婴儿手指和脚趾的清洁，经常修剪趾甲就可以了。通常到了三岁左右，这种现象就会消失。如果到了五六岁，孩子还经常把手指放在嘴巴里，就应该特别注意。因为五六岁的小孩吸吮手指，会影响嘴巴、牙齿的正常发育。父母可以用转移目标的方法，给他玩具，让他两手都要动，慢慢忘记吸吮这回事。

婴儿一开始吸吮手指时，就拿一个奶嘴给他。一方面满足他的需求，一方面因为婴儿吸吮奶嘴的习惯要比吸吮手指的习惯更容易中断，一旦发现更有趣的游戏，很自然就会放弃奶嘴。

孩子最需要的是爱心。父母的爱心，可以弥补其他许多损失。但是爱心并不表示要给孩子过分的关心。有些矫枉过正的父母，总认为孩子太脆弱，无法面对世事的打击与伤害，非要时时搂在怀里加以保护不可。其实，真正的爱心，是发自内心深处、丝毫不能勉强的，也不能用言语来传达。孩子会很快学会从父母的表情、声音、眼睛、呼吸以及一举一动中感觉出父母的爱心。中国人和西方人不一样，不把爱挂在嘴巴上，不是不敢说，更不是不会说，而是根本用不着说，只有对方的感受才算数。自己一天到晚说，算什么呢？

父母可以适切地赞美孩子，使他们在愉快的气氛中成长。赞美不但适用于孩子的行为，也适用于言语方面以及某些值得赞美的事情。父母不能把孩子的

> 真正的爱心，是发自内心深处、丝毫不能勉强的，也不能用言语来传达。孩子会很快学会从父母的表情、声音、眼睛、呼吸以及一举一动中感觉出父母的爱心。

优良表现当作应该如此，却对他们的缺失怒加指责。实际上孩子的优点大于缺点，父母给以赞美，可以带来很大的鼓励。孩子看到父母对外面的人客气、对友人亲切、对自己前途有利的人说好听话，反而对家人大呼小叫、颐指气使、吝于赞美。请问：子女幼小的心灵，会有什么样的感觉？趁子女幼小时，父母调整自己的作风，对一家人都有好处，亲子关系也会因而更为融洽。

父母如果不能避免当着孩子的面争吵，至少不应该拿孩子出气。孩子远比父母所想象的更为懂事。三岁大的孩子，就会模仿大人的行为，遭遇到紧张情况，照样把气发在别人身上。父母也是人，难免会做错事情。譬如父亲不小心踩到儿子的脚，就应该赶紧向儿子说"对不起"，而不是恼羞成怒地骂他"脚怎么伸这么长"，或者"你瞎了眼，没有看到爸爸在忙？"孩子看到父母互相体谅，也能够体谅他，自然也学会体谅别人。

孩子是稚弱的，需要适当的照顾；孩子是无知的，需要及时的教导；孩子的智慧是闭塞的，需要妥善的启发；孩子的意识是混乱的，需要适度的培养和辅导。绝大多数的父母，把孩子视为瑰宝，望子成龙、望女成凤是古今中外父母一致的心愿。父母都希望子女发育良好，有健全的体格和强壮的体力。在这个阶段，父母要小心注意孩子的健康状况，有不舒服的地方，要鼓励孩子说出来。如果有病，一定要找合格的医师，千万不要自己胡乱处置，慎防延迟就医，造成不良的后遗症。

父母要教导子女服从父母的引导

从婴儿开始，父母就应该教导子女服从父母的引导。事实上，孩子好像是天生的捣蛋鬼、破坏者。父母如果不能善加引导，不设限加以禁止，只要一把小锤子、小锯子、剪刀甚至一支蜡笔，就足够使家里的东西完全改观。不是窗帘破了，就是钢琴坏了或者墙壁被涂抹得令人惨不忍睹。对不懂事的孩子来说，挖掉洋娃娃的眼睛，把易碎物品打破，扭转电视开关，把桌上的物品拉下来，都不过是玩乐的一种，并没有什么不对。

母亲不论家务多么忙碌，也要随时注意孩子的安全。把玩具交给孩子的时候，务必先把正确的使用方法反复地示范，细心地引导。如果孩子做得好，还要适时加以赞美，以加深其印象，养成习惯。给他蜡笔和纸张，也要告诉孩子，蜡笔只能在纸上涂画。除非确定孩子已经明白蜡笔的功用，否则只要孩子手中有蜡笔，父母就应该寸步不离地陪着。不能等到孩子到处乱画，才来责骂或体罚。如果孩子故意乱画，父母就要马上加以制止，并给予适当的处罚。服从并非人的天性，而是后天学习得来的习惯。父母在这个阶段，不可以过分严厉，以免抑制婴儿探索四周环境的好奇心，将来不可能发展出良好的创造力。但是一定要耐心地一步一步引导子女，使他们养成服从的好习惯。孩子有意见，要鼓励他说出来。因为我们的要求，并不是让子女盲目地服从，而是合理地顺从。所有的训练，都不能半途而废，应该持之以恒，才能形成习惯。这对孩子的一生，相信都有良好的功用。

孩子喜欢说"不"，父母不需要紧张，更不必生气。因为孩子嘴里说"不"，心里却不一定真的就"不"。如果能够循循善诱，将孩子教育成"站在不要的立场来要，才不致乱要""不行不行才行，才不至于乱行""没有意见、没有意见才说出意见，当然不会乱说"的典型中国人，岂非一大功德？尊重孩子是教养的态度，并不是目的。我们尊重孩子说"不"，也不应该忘记引导孩子做出合理的反应，以致孩子说孩子的"不"，我们做我们该做的事。

哲学家罗素说："我六岁时，一切习惯及人格，都已确定。"我们的孩子不一定是哲学家，但是他们的基础却必须及早奠定，越稳固越好。

● ● ● 第二节　三岁到六岁是第一个关键

培养孩子的优美人格和健全体魄

福禄贝尔把幼儿比作花草、教师比作园丁，而学校则是儿童成长所需要的园地。他认为"越小的树木越需要栽培"，园丁努力培植幼苗，将来开花结果就更为美好。他说："在这个时期，用很小的力量可以办到的，将来就算花百倍的力量也办不到。"许多父母，急切地把孩子送到幼儿园，便是希望孩子能够获得良好的栽培。

我们建议：在孩子三岁以前，用心选择合适的幼儿园，并且使孩子养成入园前所需要的基本生活习惯以及打好语言方面的基础，使孩子顺利地入园，并且能够适应幼儿园的社会化过程。

> 在孩子三岁以前，用心选择合适的幼儿园，并且使孩子养成入园前所需要的基本生活习惯以及打好语言方面的基础，使孩子顺利地入园，并且能够适应幼儿园的社会化过程。

孩子到了三岁以后，随着竞争和意识的发展，自我也跟着扩大起来。"这是我的"的意识逐渐由自己的身体扩展到周围所接触的人和物。三岁幼儿已经能够评价自己是好孩子或坏孩子、坚强或者不坚强。认为自己不是好孩子，就会故意顽皮捣蛋；而自认为不坚强的，也会按照不坚强的形象来表现。依据研究报告，父母的养育态度对孩子的自我意识具有十分密切的影响。父母抱持接受的态度来对待孩子，严格地要求孩子遵守规则，容许孩子发表意见并且合理地加以尊重，孩子的自我评价就会较高。否则的话，孩子的评价水平就会降低。

孩子两岁时所特有的那种强烈自我主张，以及对别人的帮助表现拒绝的态度，现在看起来，正是孩子自我意识发展的一种过程，也就是通过反抗和拒绝的行为，来表明自己和别人之间不同意志的冲突，这对其三岁进入幼儿园所呈现的与人交往的行为颇有影响。同时孩子也借着男女身体上的差异，对性的区别产生兴趣，进而知道自己是男孩或是女孩，开始表现和自己性别相适应的态度和行为。但是，一切都在摸索之中，父母不应该以自己的尺寸来加以衡量，以免孩子受到压抑而引起不安，甚至为了怕受责罚而产生罪恶感。

父母最好明白，幼儿园的老师很可能三年换两个，充其量只能够从旁协助，孩子的教育责任，仍然在父母身上。孩子是自己的，好坏都由自己承担。三岁到六岁是人生的重要阶段，父母在这种重要时刻，除了付出大量时间以外，还要拥有爱心和耐心。因为孩子心目中"好"和"坏"、"应该做"和"不应该做"的标准是从父母身上学习得来的。我们可以说，孩子想要获得父母的爱，害怕受到父母的冷落和各种惩罚，就会积极地接受父母的标准。但是，孩子还有一种"以父亲为模范"或者"以母亲为典型"的"自居作用"。自居为父亲的男孩，即使父亲并不在场，也会学习父亲的模样，以父亲的习惯来规范自己，内心发出"应该做"或"不应该做"的呼喊，使自己做好事而不做坏事。父母的以身作则，在这个阶段更为重要，很可能影响子女的一生。

我们建议父母想一想：在孩子的心目中你是谁？是常常可以看到并且感觉到的最亲爱、最温暖的爸爸、妈妈，还是忙碌不堪、难以相处、什么也不关心的爸爸、妈妈？自己和孩子的状态是共处的，还是对立的？给自己一些反省，也就知道怎样做出合理的调整。

让孩子学会照顾自己、爱护自己，还必须让孩子体会到自己是环境中的一分子，应该关怀身边的人、事、地、物，以培养孩子的优美人格和健全体魄。孩子爱自己也爱别人，信任自己也信任别人，这个社会，才能够发展成为人人快乐，且于人人有利的生存环境。

教导孩子养成"不要欺骗自己"的良好习惯

我们认为，在这个阶段千头万绪的教养工作当中，最要紧的是教导孩子养成"不要欺骗自己"的良好习惯。这不但可以让孩子终生受用无穷，父母也可以放心地让孩子自由发展，无论成为怎样的人，都能够安心。

不要欺骗自己，是人生健全品格的关键基础。能够对自己诚实，必然经常自省、自觉、自律，当然放心。

"不要哭，不然警察要把你抓去。"父母的用意是恐吓，孩子则没有看见警察，认为父母欺骗他。

"好好听话，免得等一下医生把你的舌头割掉。"后来医生要孩子把舌头伸出来，孩子号啕大哭。医生说："哭什么？我只是看看，又不会把舌头割下来。"孩子终于明白，原来父母的话是骗人的。

孩子不可能天生会欺骗，骗人都是从父母那里学来的。如果父母要求孩子不要欺骗别人，孩子很容易曲解为不要欺骗家人以外的人，对自己家人反而可以欺骗。因为事实证明，父母就是这样的。"再不乖，等爸爸回来，你就会被打得皮裂开来。"你看，妈妈又来了。

父母答应孩子的事情，有时并不容易做到。孩子却认为父母在欺骗，因而学得很快。孩子觉得自己的期待大多不能成为事实，证明父母经常骗人。现在父母又回过头来，教导孩子不要欺骗别人，岂不是真正的骗人？

> 要养成孩子诚实的习惯，最好的办法，是使他的好奇心获得满足。

要养成孩子诚实的习惯，最好的办法，是使他的好奇心获得满足。任何正常的孩童，好奇心都很强。他所遭遇的事物，父母能不能够不厌其烦、诚实地告诉他？接受孩子的询问，给他合理的答案。父母这种诚实的态度，决定了孩子将来诚实的德行。父母应该注意孩子的每一个问题，并且在可能的范围内，尽量提供正确的答案。孩子在这一方面，不能获得满足，就会觉得大人在欺骗他。而一旦有这样的感觉，孩子就容易学会不诚实。有时父母告知孩子一些虚假的言语或者不实在的承诺，使孩子暂时安静下来或者达成了其他目的。但无论父母有什么用意，孩子都已经因此学会了不诚实。

在人生的实际生活当中，不骗人很不容易，但是不欺骗自己更加困难。因为到处都有不得不扯谎、隐瞒的必要，而孩子从小到大都很不容易避免不诚实的感觉，所以我们才建议，干脆坦白告诉孩子：不要骗自己！几千年来，我们一直传承这一句话："居然连自己都骗，实在太不应该！"大家最好冷静想一想，是不是十分有道理！我们有时候不得不骗别人，如果搞到连自己都骗，大概已经完了，根本无药可救，这才是这句话真正的用意。

父母教导子女不要骗人，是家家户户都会做、也都在做的事情。然而一代又一代的人，却不知怎么都学会了骗人。原因当然很多，其中之一便是父母不可能不隐瞒某些事实，或者对孩子的问题答不出来，只好闪烁其词，采取拖延、含糊的策略。孩子年幼，分不清楚这些策略和欺骗不一样，便在不知不觉中学会了欺骗。

古圣先贤真的抓住了根本，一直告诫我们不要骗自己。只有不骗自己的人，才不会欺骗别人。反过来说，欺骗别人其实等于骗自己。可见不骗自己，比不欺骗别人更难、更重要，也更为根本。父母教孩子不要骗人，反而得到适得其反的效果。不如直截了当，教导孩子千万不要欺骗自己，来得妥当而有效。

到底有没有欺骗别人？平心而论，只有自己明白。别人只能够相信或不相信，根本无法加以分辨。

孩子也常常扯谎，分析起来，大概有下列三大类：

第一，具有戏弄的性质，并使人相信有这么一回事。父母最好顺其自然，不要拆穿他。若是设法阻止，会使孩子变得鲁钝和平凡。戏弄也是一种游戏，只要不过分、不伤人就好。大人还偶尔为之，孩子当然也可以这样。

第二，出于隐瞒的需要，以便达成下述目的：

用来躲避惩罚。一说实话，就免不了遭受惩罚，说起来也是父母或老师给孩子造成的一种联想。孩子不得不如此，怎能怪他？最好是消除孩子受到处罚的恐惧心，才有可能鼓励他承认自己的过失，而不必隐瞒。

用来获取某些东西。坦白要求得不到，东拉西扯一番，却获得想要的东西。这也是平日从父母或老师那里学习得来的伎俩，有什么不对？如果要加以矫正，最好先使孩子明白，他的要求只要适当合理，加上他的表达方式诚实坦白，便能够如愿以偿。同时，还要孩子了解，如果他不诚实，采取扯谎的手段，不会得到任何东西，就算一时蒙混过去，被人察觉后更加不会有好结果。口头反复说明，加上实际行动的证明才有效。

第三，出于夸耀自己长处的动机。吹嘘自己，到了过分夸张的程度，好像是扯谎。父母应该先肯定孩子所夸耀的德性部分，再鼓励其提升能力，达到自己所期望的地步。如果孩子的同伴有这样的行为，父母也要随机教育，告诉孩子有这样的义勇正直，很值得学习。只要不断努力，真的有一天做到，便不算夸张，不是扯谎了。

我们常见一种场景：妈妈接电话，问清楚是王叔叔打来的。妈妈用手蒙着话筒，向爸爸传达："王大有找你。"爸爸赶忙说："告诉他我不在家。"妈妈若无其事地对着话筒说："他刚刚还在，怎么一下子不见了，好像是出去了。"孩子从头到尾，听得清楚也看得明白。心里想"父母一直告诉我不能扯谎，自己却不断地欺骗"，然后领悟出"原来小孩子不行，大人就可以"的道理。希望早日长大，就可以心安理得地欺骗了。

怎么办？难道这些事情，有办法避开孩子？有这种念头的人脑海里同样存在"小孩不可以，大人可以扯谎"的不正确观念。王大有打电话来，就非接不可吗？如果是这样，妈妈接电话的时候，为什么要问"请问是谁"？还不是为了过滤，让爸爸可以躲掉不想接的电话，爸爸不想接，当然有他的理由。在这么短暂的时间里，根本说不清楚，所以要妈妈回答"他现在不在家"。难道夫妻一场，连这种忙都不帮，一定要爸爸亲自接听？然后向对方说"我在家，只是不想接你的电话"，接着把电话挂掉。岂不是给孩子带来更不好的示范？还是有电话务必要接，就算在电话中挨骂、受诅咒也要接听？做人做到这么辛苦，为的是什么？

父母也不应该在拒听电话之后，一本正经地教训孩子：这是王叔叔做人太差，爸爸明明在家却不想接他的电话。因为如此一来，孩子的脑海里马上浮现王叔叔来访时和爸爸有说有笑的样子，更加认为，父母联手欺骗王叔叔，回头又联手欺骗自己的孩子。这种环境中长大的孩子不成为大骗子才怪。孩子不说话，心里头想的可多得很。

最好的办法是妈妈回了电话以后，笑着对爸爸说："你明明在家，为什么不听王先生电话？"爸爸说："平常我一定会接的，今天的情况比较特殊。因为他昨天晚上和我争执得很厉害，我说的都是真的，他偏偏不相信。一定是回家以后，又挨他爸爸的骂，恼羞成怒，才想打电话骂我。在这种情形下，你说我是接呢，还是不接？"妈妈接着说："当然不接。要是我，我也不接。"爸爸趁势问妈妈："那是我自己向他说不接呢，还是由你说比较好？"妈妈说："那还用说，当然由我说比较婉转。你自己说，他一定气得痛骂你一顿，更划不来。"

这样一来一往，演好一场教养子女的大戏。既说明真正的用意，又告诉孩子，这样做并不是欺骗王叔叔，而是王叔叔自己不好，不应该在这种情况下还要打电话来惹人家生气，人家当然不接电话。

顺利跨越"四岁半墙"

孩子到了四岁，开始对支配自己的身体充满了信心。能跑善跳，双手能灵巧地做出各种动作。四岁半对孩子来说，是一个十分重要的关卡，儿童教育家把它叫作"四岁半墙"。能够顺利跨越的孩子，身心大多正常。如果有什么缺陷，在跨越这道墙的时候，往往会发生困难。大多数孩子，在强烈的成长愿望下，都能顺利跨越。

跨越四岁半墙的孩子，表现出旺盛的冒险精神，开始向各种运动玩具挑战，荡秋千、跳绳、爬高架、钻洞，能够由单一活动扩展为整体协调的身体平衡动作。这种协调动作同样表现在绘画和手工活动中：孩子胸有成竹地画出很多东西，也能够运用材料和工具，制作有模有样的作品。将近五岁的时候，孩子明显地聪明起来，在日常生活中，几乎已经不需要大人的照料。开始认字，追着父母或大人问"这是什么字？"遇到会念的字，也会大声念出来。对日历和钟表也感兴趣，对自然知识的理解也出现惊人的进步。

近年来，大家非常注意幼儿智力发展早期化的问题。21 世纪流行"知识经济"的观念，似乎我们的财富不再是脚底下的东西，而更注重于两个耳朵之间的脑力部分。于是提早学习、多元学习等言论，再加上快速学习的要求，弄得孩子获得很多信息，却不幸丧失了属于幼儿的体验。早期化教育对幼儿的内心世界究竟产生什么样的影响，值得大家重视。对每个孩子来说，由行为表现出来的才是他自己的世界。幼小的心灵对他自己的世界所产生的体验，无论显得多么微不足道，他都能够从这种体验中发挥能力，看到新的世界。如果有了这种体验以后，孩子产生了不同于过去的感觉，那么这种体验对孩子的发展一定具有极为重大的意义。

父母最好明白，孩子有孩子的想法，而且因人而异，各有不同。我们没有理由批评一个五岁的孩子画出来的画并没有达到五岁应有的水平，因为孩子有权利按照他自己的规划去发展，用不着样样依据成人所订的标准。父母硬性要求，而又不留余地，当孩子的活动朝向意想不到的方向发展时，父母就会惊慌失措地强制孩子纳入自己所要求的轨道，使孩子丧失一次难得的接触新世界的机会。大人的揠苗助长，对孩子是很大的损害。譬如孩子把积木带到沙滩上，在那里"造山修路"，并且"引水成河"，玩得不亦乐乎，显得十分入神。这些体验，大人可能不以为意，随时命令孩子离开，或者顺手把积木抽走，使津津有味的孩子产生十分不愉快的感觉，长大以后所呈现的后遗症，才足以使父母伤心。

三岁到六岁的孩子以培养优良品德为主，其他不急于一时。多保存孩子的活泼本性，不失天真的孩子最可爱。父母尊重孩子的人格，亲子间保持和谐的关系，最好在家中布置一间游戏室，如果做不到，至少也要保留一个陪伴孩子游戏的空间。在真正接受学校教育之前，打好基础，做好应有的准备工作，对孩子而言，才是至关重要的事情。

● ● ● 第三节　六岁到十二岁接受基础教育

关心子女入学后的心理变化

六岁到十二岁，孩子接受国民基础教育，从自由自在的生活转向有规律的生活，成为孩子最大的生活变化。上过托儿所、幼儿园的孩子，虽然经历过规律的生活，但是幼教老师对于迟到、缺课，要求都比较宽松，所制定的规矩，执行时也不会严格，一句"还小嘛"，给了孩子很大的自由。当然，在那个阶段，这样做也是正确的。

小学一年级，对孩子和父母来说，都是一个新的开始。除了学校的规模大、一起游戏的同学多，那些高年级学生和成年的老师也引起孩子很大的紧张。

更重要的是，在记忆当中，游戏就是学习，而学习也就是游戏，两者根本分不开，也不需要区分。进入小学以后，游戏是游戏，学习是学习，两者开始分化，孩子缺乏这种心理准备，当然很不适应。父母如果不了解这种情况，一下子要孩子变成大人似的，要求他们学习时专心学习，等一下游戏时再来游戏，孩子反而认为妈妈变了，不像以前那么值得信任和依赖，亲爱的妈妈忽然间变得生疏、严格而不近人情，于是"坏妈妈"的念头自然兴起。表面上服从妈妈的指示，改变自己的行动，心里头一百个不高兴，严重时还会怀疑"妈妈是不是不爱我了"。这时亲子关系就出现负面的影响。

我们首先建议，不要采取高压的手段来逼迫孩子就范，不要用老师的权威来恐吓孩子，也不要用糖果、金钱来引诱孩子做功课或考出好成绩。这些都是父母常用的方式，对孩子的身心发展，都是相当有害的。

一年级的孩子，一只脚踏入儿童期，另外一只脚还没有离开幼儿期。

早晨神气十足地挺胸抬头去上学，回到
家里则缠着妈妈撒娇。这种矛盾的心理
现象，父母不能嘲笑，也不必担心。孩
子从学校回来，问问当天的情形，原本
是人之常情，但如果孩子由于疲劳而不
想说话时，就要让孩子休息一下，才是
良好的亲子关系。否则穷追猛问，只会

> 不要采取高压的手段来逼迫孩子就范，不要用老师的权威来恐吓孩子，也不要用糖果、金钱来引诱孩子做功课或考出好成绩。

使孩子心里更加紧张，扭曲了原来可能顺适的成长过程。孩子并不理会
父母的心情，他们不是为父母而成长。父母应该了解，对入学以后的孩
子，父母的影响力会越来越小，同学、老师和电视的影响力反而会越来
越强大。孩子逐渐从狭小的家庭走向更宽广的世界。放学回家，孩子情
愿到室外去玩。如果父母为了方便，把孩子关在家里，电视就自然而然
成为玩伴。

现代儿童和没有电视时代的儿童相比，不论想象力、创造力和忍耐
力都大幅降低。原因是有了电视以后，用不着孩子动脑筋去设计、制作
玩具。脑力和体力都不用，自然发展不起来。看电视也不必像看书那样，
运用联想力去揣摩，场面不断地出现，到时候就有答案。这样的"电视
儿童"，怎么可能聪明呢？

在犹太人家庭，每天晚上父亲都在看书，而不是看电视；母亲在孩
子睡前，读一些伟人传记或者《圣经》故事，并且说明其中的道理。欧
美家庭，大多规定孩子看电视的时间必须加以限制，所看的节目也要经
过父母的筛选。不像我们这样，把电视安装起来，让各种节目侵入家庭，
丝毫不加以防患，结果容易造成十分严重的问题。

想想看，父母看电视看得津津有味，却要求子女用功读书、好好做
作业，孩子心里怎么想？会服气吗？会专心吗？父母希望子女好好读书，
最好的办法莫过于以身作则：不要看电视，把时间用来陪伴孩子。在就
学以前，就常读书给他们听，以培养其兴趣。儿童富于想象力，感受力
也很强，因此所读的书，范围要广泛，种类要繁多，常常有变化，使孩
子提高兴趣。上学以后，孩子自己能够阅读，父亲在旁边也一卷在握，

乐在其中，碰到有趣的文字或者新鲜的报道，也可以和子女分享。子女耳濡目染，自然更有乐趣。准备一些儿童书刊，鼓励子女有心得时写出来。绝对不要认为孩子有吃有穿有用，父母就已经尽了责任，读书求学则是老师的事情，与父母无关。就算父母自己目不识丁，照样可以陪伴孩子读书，自己也趁机学一些，岂非更好？

父母不应该经常问起孩子的学业成绩，以免孩子产生偏差的观念，认为读书是为了考试。真正的读书兴趣，是为读书而读书，并不是为考试而读书。过分重视成绩，很可能断送了孩子的读书兴趣。当然，父母也不能高唱读书无用论，说什么"百无一用是书生""书读得好又赚不到钱，还不如商人富有"这一类的话。不但父母不能说，听到子女说这种话的时候，还要加以说明：读书的目的，不是为了赚钱，而是为了明白做人做事的道理。金钱虽然重要，但是并非最重要的东西，智慧、品德、健康、合群，实在比赚钱更要紧。

子女智慧的发展不能完全交给老师

六岁到十二岁这个阶段，正是孩子发展智慧的黄金时期。父母最好和老师保持密切的联系，共同重视孩子的心理辅导，注意"五育"的均衡发展。低年级的学生，心目中的老师，可以说要数班主任老师所占的地位最高，最不容易为他人所取代。特别是一年级的班主任老师，如果凡事都亲自带头，一点也不轻松，从上课铃响就要在座位上坐好，整理好桌面，逐一具体指导学生，做学生的榜样，把课讲得很明白，与学生保持相同的速度，而且能够让学生获得适度的身体活动，相信学生长大成人以后，每当想起这位老师，都会衷心感谢老师为他们的成长所付出的巨大代价。

孩子和同学的相处情形，也要加以观察。愿意自己一个人玩的孩子，下课时情愿待在教室里，也不出去和大家一起玩。这时候父母最好反省，是不是平日怕孩子出去玩受欺负，又怕跟坏孩子在一起学坏了，结果才造成他这样孤独。不能强制孩子一定要出去跟大家一起玩，却应该找出根本原因，逐渐加以转化，使孩子合群。

上课时不能专心听课的学生很多，好像安静下来听课是一种痛苦的事情。父母首先回想一下孩子在家里是不是这样：刚写一两个字就跑到厨房，打开电冰箱看看有没有什么东西可以吃；才翻开书本，又想起作业还没有做完。如果真的是这样，就要在低年级时，特别向老师说明，让老师多加注意加以改变。否则拖到中、高年级，不但同学讨厌，老师也会责骂，久而久之，孩子的性格也会古怪，不能合群。

孩子回家，告诉父母老师偏心，不喜欢他，或者无理处罚，十分不高兴。这时候父母既不可以站在老师的立场趁机教训孩子："一定是你不好，还敢怪老师！"也不应该站在孩子这一边跟老师对抗，甚至攻击老师："老师这样做，那还得了。我们去告他，叫他连老师都当不成！"其实孩子所需要的并不是这些。他在学校受到委屈，心理上不能平衡，需要的是父母的倾听，让他一吐心中的闷气。"真有这回事，难怪你会生气！"孩子逐渐平静下来，父母再表示同情，鼓励他想办法改变老师对他的态度。当孩子以实际行动换得老师的好印象时，孩子的自尊心和自信心便随着增强了。

及早矫正子女的不良习惯

父母的爱不是用来宠坏孩子，而是用来纠正孩子的不良习惯。孩子都有与生俱来的恐惧感，包括恐惧黑暗、恐惧暴风雨、恐惧动物、恐惧水等，其中有一些是后天造成的。父母的责任是当孩子恐惧的时候，不要离开他的身边，并且帮助孩子克服已有的恐惧。不要取笑孩子，也不能强迫子女不要恐惧，更不可以利用孩子的恐惧感来恐吓他、威胁他。父母所恐惧的事物，不要在孩子面前表示出来。对犯罪事件的细节不要详加讨论，恐怖电影也不要在孩子面前放映。唯有安详快乐的家庭，充满爱心与谅解，才是避免恐惧和治疗恐惧症的最佳场所。

放学后孩子在哪里？做些什么？也是父母必须了解的事情。回家？家里有什么人？到亲戚家？能照顾得好吗？暂时在邻居家里？有谁可以做伴？不论如何，孩子觉得无聊时怎么办？遇到某种困难时如何解决？寂寞孤独和无聊，是许多儿童的心声，还有感到害怕、无助或紧张以及对父母企盼或思念的，又该怎么办？

四五岁的孩子通常只知道钱的存在，对钱的实质并不了解。知道钱可以用来买东西，但用钱的能力则尚未建立。六岁以后，比较具有数字的概念，对钱的多少和价值也逐渐明白。这时，配合上学以后的需要，父母可以开始给予零用钱。因为孩子在学校里，看见别的同学去小卖部，就会产生购买的欲望，如果身上没有钱，又不敢向父母开口，很可能会向父母骗钱或在学校偷窃。

孩子上学以前，父母应给其提供接触金钱的机会，培养一些数字的概念。有时候，给孩子一点钱，陪他到面包店，让他尝试着自己购买，当场进行机会教育。上学以后，多观察、多了解孩子在零用钱方面的需求以及学校的供应状况，再决定零用钱的数量，应该比较妥当。在小学低年级时，每两天或每星期给一次零用钱，以免丢掉或一次用完，养成不良的习惯；中、高年级时，再逐渐把时间拉长，增加零用钱的金额，并且利用机会和孩子讨论使用零用钱的方式和内容，以培养正确的金钱观念。

> 随意地批评、不公平地惩罚以及不时地嘲笑，最容易伤害孩子的感情。

影响孩子行为的因素当中，奖励和惩罚具有重要的地位。奖励最有效的其实是赞赏，而最佳的赞赏则是关心。孩子拿成绩单给父母看，父母如果连看都不看一眼，孩子的心理得不到支持，认为再好的成绩也得不到父母的关心，很可能因此而不再努力。父母若是表示关心，口头给予鼓励："比上次进步多了，下次再加油！"并不需要什么物质上的奖励，孩子便觉得满足。

随意地批评、不公平地惩罚以及不时地嘲笑，最容易伤害孩子的感情。某一天孩子说出尖酸刻薄的话，父母一笑置之；下一次说同样的话，却遭受处罚。父母喜怒无常，孩子当然无所适从。父母最好检讨自己对子女的看法，如果心怀成见，便应该赶快纠正过来。因为父母的不愉快以及潜伏的怒气，孩子很容易察觉出来，父母的一举一动，无论微笑、呼吸、皱眉头，孩子都能够分辨出其中的喜、怒、哀、乐。父母的成见，如果不能及时纠正，孩子的个性将会变得十分消极。

俗语说"九子九条心"，子女的性格各不相同，不能采取同样的方式来管教。但是，无论如何，父母责骂孩子的次数多了，孩子就会产生这样的感觉：我是一个令人讨厌的小鬼，是一个不被喜欢的人，不是一个有价值的人。于是，自我价值感和自信心都会降低。在亲子关系中所表现出来的就是父母骂子女，子女害怕，躲开一些，避开父母，自认为总可以少惹事了吧！父母责骂，子女挨骂，双方面都不好受，何况彼此疏远，亲子关系怎么好得起来？亲子间的亲密关系十分重要，如果能够无话不谈，家庭必定相当美满，而且子女也一定乐观进取。

父母的倾听对子女非常重要。看到孩子考试的分数，不要马上做出批判。先听听孩子的说法，看看他有什么问题。必要时再向老师请教，共同找出困难所在。同时与孩子交换意见，一起解决问题。最要紧的，莫过于帮助孩子养成定时定所的读书习惯。认清孩子的个体差异，关心孩子好像关心自己一样才更有效。

父母免不了责骂孩子，只是千万不要过分。孩子做错了，把他叫到面前，先问他做错了没有。若是知道错误，问他以后要不要再犯，能不能注意改过。如不认错，就分析给他听，错在哪里，直到孩子明白为止。

凡事先听子女的意见，对父母非常有利，不但能够知道子女在想些什么，而且很可能听到自己想象不到的好意见。让子女先说，子女有较多思考的机会，脑筋更灵活，思维更敏捷，这才是最大的收获。对子女的话，要鼓励他，让他去实现，可以激励出自动自发的精神。

父母实在没有必要在子女面前表现得神气活现，好像无所不知，也无所不晓，否则将来子女长大了，同样在父母面前表现出相同的态度，到时候再来生气。不如趁着孩子还小的时候把他教养好，将来又孝顺又能干，可以为年老的父母分忧分劳，那该多好。

在小学阶段最重要的实在是心智的发展。这种事情，完全委托学校的老师是靠不住的。从课本上"看到"一些东西，在课堂上"听到"一些东西，和自己亲身经历这些东西，基本上有很大的不同。心智发展最主要的活动并不是看到，也不是听到，应该是"思虑"，而不是"思考"，因为"考"和"虑"的不同，在于"无心"和"有心"。父母带着子女到郊外去，告诉孩子这是梅花，那是桃花。孩子如果只是看到和听到，并不亲自靠近分辨它们的差异性，充其量只能获得知识，却不能开启心智。孩子思考怎样记住梅花和桃花，只动脑而不用心。思虑为什么叫梅花？为什么叫桃花？发现名称不过代表一种符号。怎样分辨这两种花？要从叶子、树干和花朵来区分，了解关系的建立和作用。可见有心无心，对心智的发展，具有很大的影响。

父母留出一些时间，和子女共同生活，鼓励子女提出问题，父母不一定要有答案。一起到图书馆、公园、名胜古迹、山上、海边，合作寻找答案。父母耐心陪同孩子，养成孩子思虑的习惯，就可以逐渐放手。眼看着孩子不待父母督促，不需要父母陪伴，自己便自动自发，读书找资料，还会向全家人报告心得，那才是令人开心的好事情。看来这一段陪伴，至关重要，也十分值得。

趁早告诉子女：人类天生就有烦恼，但是烦恼再多，原因却只有一个。这唯一的原因，说起来非常简单，那就是对每件事都仅凭一时的感情来做决定性的判断。如果感情不轻易冲动，并且努力设法让自己冷静下来，用心思虑，收到事缓则圆的良好效果，各种烦恼，自然一扫而空。孩子有烦恼，骂他没有用，劝他也不一定听得进去，而是要不断提醒他，要根本治疗。只有做好自己的情绪管理，用理智来指导感情，一切都不药而愈。

> 在小学阶段最重要的实在是心智的发展。心智发展最主要的活动并不是看到，也不是听到，应该是"思虑"，而不是"思考"，因为"考"和"虑"的不同，在于"无心"和"有心"。

儿子和女儿不一样。儿子越孤傲，越喜欢孤独；女儿一孤独，就有被疏远排斥的感觉。当女儿没有笑容，好像很寂寞的时候，便想办法带她出去走走，或者利用机会为她热闹一番，应该是十分必要的措施。

　　男女同权不同质，从小就如此。对待子女，固然不应该偏心，但是男女有别，也要做出合理的调整才好。

● ● ● ● ● ●　第八章

中学阶段身心变化很剧烈

青春期孩子身心变化十分剧烈，
父母要多费心陪同求安全度过。
异性意识自然发展却羞于开口，
这个阶段朋友的交往最为重要。
青年期心性比较成熟更加放心，
培养独立自制能力以迎接未来。

十二岁到二十岁，通常称为青少年期。男孩约在十三岁到十五岁，女孩约在十二岁至十四岁，称为青春期或少年期。男孩约在十四岁至十七岁，女孩约在十三岁至十六岁，称为青年早期。再大一点儿，就进入青年晚期。

　　青春期是人生变化最大的时期，无论在生理上还是心理上，都产生了很大的变化。心理学家把它称为人生的暴风雨时期，并不为过。父母在这个阶段最好格外小心，让子女平安度过。到了青年期，心性比较成熟，应该更为放心。这个阶段的重点，是密切注意子女所结交的朋友。因为人一出生，就是群体中的一个成员，在群居生活中，通过各式各样的活动，逐渐获得成长。无论父母和家人、老师和同学、邻居和朋友，都对孩子的人格形成产生十分深刻的影响，特别是青春期，朋友对孩子的影响更为重大。小学毕业的时候，孩子之间通常会显出学习的差别。于是，学业成绩好的就会歧视甚至欺负功课差的。慢慢地，成绩好的和成绩好的走在一起，而功课差的也成群结队地向外发展。父母很放心前面那一群，对后面这一群却经常无能为力。

　　学校生活以班级为单位，朋友关系大多以班级为基础。班主任为了方便起见，往往只让某些表现积极的孩子占据领导的地位，剥夺了那些具备领导素质却拿不定担任领导主意的孩子的表现机会。这也是逼使班级同学分成不同群体的主要原因。

　　随着年龄的增长，孩子从学校走出校外，扩大了对朋友的认识，充满了热情，也充满了期待，走入自己的友谊时代。好像有了知心的朋友，就使自己突然变成大人那样，在精神上和思想上，都开始互相交流了。课外活动的相互作用，使朋友关系更为明显。有时在朋友的鼓励和帮助下，做好原本以为做不好的事情，完成原来认为不可能完成的工作，这对于友谊的增进，自然大有帮助。

异性意识也是重要的课题。小学一年级到三年级的孩子，通常以掀掀裙子、拽拽头发的戏弄来表现集体的男女对抗。这时候对异性的关心和好感并未形成，反而是一种不同类的感觉。从小学四五年级开始，对异性不知不觉地关心起来，对漂亮的女孩和擅长体育活动的男孩开始产生思慕的感情，但是目标不固定，而且也不持久。对于双方的关系，并没有明确的具体要求。六年级以后，对自己所关心的和具有好感的对象或多或少有一些固定的感觉，逐渐产生弄清楚对方的心性、吸引对方多关心自己以及常常想和对方接近的念头，好像真的是意中人似的。

父母在孩子的异性问题和男女关系方面，大多不会认真地加以关心，孩子也出于怕惹麻烦、免受指责或者难以启齿等原因，不和父母谈论这方面的问题。于是，和朋友商量便成为孩子唯一的途径。依据调查，孩子有关性的知识，大多是"从朋友那里听来的"。由于道听途说，加上以讹传讹，经常错误百出，产生很多偏差，也造成很多不幸。近年来大力鼓吹性教育，但又矫枉过正，好像要教导中小学生如何性交、怎样避孕，把大人的不正常性泛滥提前到孩子身上，岂不是更加可怕？

亲子之间的性教育，和学校并不相同。家庭的性教育，主要在日常生活中，通过亲子的互动，使子女明白爱情的态度、男女的分工以及爱护有生命的物体。父母以身作则，做子女的好榜样。同时，孩子所提出来的问题，父母不必有问必答，俨然以性教育者自居，反而提供不良的示范。最好是和孩子一起思考、一同研究，让子女真正感觉到父母的慈爱、家庭的温暖，这才是正当的性教育。

在中学阶段，父母最好多注意子女的交友情形。近朱者赤，近墨者黑，朋友之间的互相影响，力量十分强大。现代社会常出现一些不良少年，主要的原因便是父母太专注于自己的工作，忽略了对子女的照顾，特别是对子女的交友情况并不清楚。子女得不到协助和辅导，当然很容易发生各种问题。往往到了子女被捕，警察打电话通知家长时，父母才惊慌失措，不敢相信自己的孩子会变成如此模样，是不是有一些说不过去呢？

父母不论工作如何忙碌，每天晚上都要抽出一些时间和孩子天南地北地聊聊，使孩子感到父母十分关心自己。也借此机会，父母多了解孩子的状况，发掘深藏在孩子内心深处的种种问题。冰冻三尺，非一日之寒，及早发现问题，趁早设法化解。在孩子的暴风雨时期，父母再忙，也应该多为孩子费神操心，不可以听任其自由发展，以免酿成大祸。孩子交友，必须特别留意，除了明了孩子的朋友，最好连对方的家长也认识，那就更加安全了。

●●● 第一节　初中好奇求变最为棘手

顺应子女的成长过程

孩子从小学生转变为中学生的时候，一方面心情激动，满怀喜悦；一方面也十分不安，相当紧张。小学阶段，已经爬升到最高年级，现在却要从最低年级开始。那些只有仰头才能看得清楚的高年级学生、不同学科的不一样的老师，都使孩子觉得新奇，也不免有些茫然。

此时，亲子关系随着孩子成长的步伐，也从上下垂直的关系逐渐调整为斜向的关系，不能再像从前那样，从日常起居、生活琐事到学业、交友都要管。孩子进入中学，最希望的事情便是自己拥有一个房间，证明自己是一个独立的大人，等于宣布"已经不是小孩子"的心意。然而，初中学生毕竟不是一个独立的大人，这一点孩子心里十分明白。尽管有些孩子已经长得比父母还要高，性方面也成熟了，在生理条件上也具备了为人父母的资格，但是，在经济、社会、学识、能力等方面，仍然需要父母的保护和指导才能够生活下去。因此此阶段的孩子内心充满了矛盾，既不希望父母样样都管，也不能接受父母什么都不管。父母最好明白孩子的心理变化，做出合理的自我调整。

邱连煌教授认为，一个人由出生到成年，发展的过程大抵分成完全依赖（dependence）、争取独立（independence）以及安于互相依赖（interdependence）三个阶段。初生婴儿生理和心理的所有需求都要仰赖父母或保姆来加以满足，否则无法生存，当然属于完全依赖。到了会走、会跑、会跳、会笑、会想、会说话、会选择的时候，有时候使起性子来，也会对妈妈"发号施令"一番，把妈妈当成佣人。在不知不觉中，产生自赖的心理，把系于母子之间的"心理脐带"慢慢地剪断。到了青春期，孩子独立的欲望达到了巅峰，争取独立的行为也表现得十分积极。然而实际的情况又使孩子不得不依赖父母。这种内心的矛盾，导致孩子不断地反抗父母，时常和父母吵嘴，更以一种新的眼光来重新评估父母的言行和价值观。而所用的标准又经常过于严苛，于是，父母的表现顿时显得一无是处。孩子总认为父母言行古板，思想不够新潮，跟不上时代潮流，实在不足以当成为人处世的典范。这在表面上看起来，简直是对父母的大不敬，实则不过是孩子争取独立的一种手段。这种"血气方刚"的表现，父母最好把它当作孩子成长过程中的一部分，以冷静理智的态度来面对，耐心地辅助孩子，助他一臂之力，使其顺利完成这项任务。千万不要意气用事，以至高无上的权威面孔采取高压手段，否则引起孩子激烈的反抗，闹出令人后悔的事情，实在是不智之举，也是不必要的自找麻烦。

不要害怕和子女吵嘴

孩子和父母顶嘴，说起来既不是什么大事，也不是什么坏事。孩子通过反抗，只是表现自己的存在，希望父母尊重他的人格。对孩子来说，吵嘴的背后隐藏着许多家人骨肉的温暖，每一次吵嘴，都长大了许多。父母是最好的吵嘴对手，为什么一定要全面禁止呢？

父母如果了解子女的心意，知道子女在成长过程中和父母吵嘴，最希望的是获得好对手，使自己长大，也为将来留下好的记忆，父母就会冷静地回应，应该斥责的时候加以斥责，应该批评或提出意见时，也要以父母的身份给予批评或意见。斜向的关系，并不是放弃父母的身份，而是采取辅导的方式从旁加以指点，尽量不要直接地指示和纠正。孩子受到相当的尊重，就会更加信任父母，对父母的辅导反而更容易接受，不需要严厉的斥责。孩子完全不顶嘴，长大以后，必定缺乏奋斗创造的精神。孩子和父母顶嘴，并不是不乖，有时以说笑、幽默的轻松方式，更为容易化解紧张的场面。孩子都有自尊心，若是一味以严厉的态度来对待，很可能引起反感，伤害了亲子关系的和谐。

随着年龄的增长，孩子会自动调整自己的感觉。马克·吐温（Mark Twain）就曾说过："十六岁那年，我以为我爸爸是世上最笨的人。到了二十一岁那年，我蓦然惊觉他老人家在过去五年内，竟然学到那么多！"青少年在争取独立期间，对父母的所作所为，不免戴着有色眼镜，认为其顽固主观，根本不合时势的潮流，尤其是自己的父母和朋友的父母相比，总觉得朋友的父母比较开明。为什么别人可以这样，自己的父母就认为不行？因而倍感委屈。

父母最好的做法，是了解子女的心情，知道孩子长大了，已经有自己的想法。以前父亲发火时，孩子有些心惊胆战，赶快迫使自己就范。现在则不是这样，孩子认为父亲心中只有他自己的存在，没有别人。父亲看到孩子做出他不喜欢的事情，便暴跳如雷，任意地吹胡子瞪眼睛，孩子对此心里十分不满。为了证明自己的存在，孩子就顶撞父亲，即使父亲打他，也认为自己这样做是对的。既然如此，父母不如扮演教练的角色，教导并辅助子女度过这一段狂风暴雨期。等到孩子独立，达到某种程度时，自然会停顿下来，亲子关系也会产生某种变化。

顺利度过暴风雨期的子女，对父母不再盲目服从，也不一味反抗。

换句话说，子女不再完全依赖父母，也不彻底对立，而是呈现一种互信互赖的坦诚关系。子女会征求父母的意见，但是不一定完全接受。父母的价值观，子女会坚持，不过表现的方式，却与父母不一样。

这个时期的孩子，身体、情绪、心智、兴趣、性格各方面，都有显著的变化。孩子内分泌腺活动旺盛，身高体重迅速增加，变得好吃、好睡也好动，父母不要误以为孩子贪吃、懒散和贪玩；孩子由于生理变化快速，但是无法控制精致细微的动作，因而显得有些笨拙，父母也不要误认为孩子注意力不集中或者精神有问题。孩子自我意识强烈，对所接触的事物喜欢以自我所知、所感、所想的标准做出主观的判断，父母最好暂时稍微放松，使其获得相当的满足。对于孩子的强烈自我意识，外部环境会采取批判的方式，由家庭开始，逐渐扩展到学校、社会和国家，这种自我意识如果遭受阻碍，就会由外部转向内部，使孩子陷入忧虑，甚至变为悲观者或心理失常者，也可能不幸走上自杀的恶途。

自立和依赖的心理冲突，有时因父母的矛盾态度而变得更加难以解决。父母一方面希望子女自立，不要样样依赖别人；一方面却又处处干涉子女的行为，好像样样都看不顺眼。这种矛盾的态度，使子女不知何去何从，徒然增加内心的冲突，导致很多心理障碍。

专家的建议

关于父母对这个时期子女的应对方式，游福生教授提出以下建议，兹说明如下，以供参考。

密切注意子女所结交的朋友

在父母的绝对影响下，度过儿童时期的孩子进入青春期，这时候父母最好能够放开手脚，让孩子走到朋友的圈子里去。因为孩子的自我意识，很可能只看到自己的矛盾、阴暗面和不足的地方，以致陷入自我否定和极度的孤立中。于是，朋友的互相勉励、日记的宣泄作用，成为孩子的两大寄托。在与朋友的交往中，丰富自己的思想，是使孩子快速成长的动力。但是，若是交友不慎，很容易变坏。所以，父母从旁安排品学兼优的朋友，实在十分重要。有朋友彼此互相劝勉，发挥益友的功能，当然有助于孩子的正常成长。

促使子女课余参加正当的活动

孩子精力充沛，一定要设法加以疏导，使其获得正当的发泄，不能禁止、压制，以免造成心理障碍。父母配合老师，诱导其投入课余活动，必须通过沟通，获得子女的同意。孩子心甘情愿投入活动时，还要从旁鼓励，使其有始有终。大部分孩子开始时兴趣浓厚，不多久便改变主意，或者遭遇困难时就心灰意冷。这种缺乏耐心的表现，父母要多加安慰，常给予精神上的支持，使之养成有恒的良好习惯。孩子的过剩精力，也可以用来帮助父母的工作。只要彼此商量，乐于协助，同样有益于身心的发展。

经常对子女表示关怀并多利用机会交谈

孩子需要他人的关怀和爱心，当孩子遭受挫折时，父母最好多加安慰，鼓励其再接再厉。问问孩子需要哪些协助，而不是加以斥责或者任意嘲笑；鼓励孩子吐露心声，把内心的感觉说出来，能够配合的，尽量予以配合。平时常抓住机会甚至制造机会和子女谈天，用餐时也可以提出一个切身的主题，发表各人的见解，以资交流。但是，彼此要尊重，不能辩论，只能陈述表达。当孩子主动找父母沟通时，父母最好表示非常欢迎，显得十分高兴。平日养成交谈的习惯，子女遇到问题，才能及时提出，从而获得父母的协助。

父母要尊重子女的合理选择

孩子有自己的活动目标，只要安全方面多给予注意，任何选择都可以让其尝试，以养成自我独立判断的能力。如果有不合理的地方，父母在必要时提供意见，而不加以干涉，把选择权交给孩子，让孩子自动放弃，更容易使孩子由于获得相当的尊重，不致阳奉阴违，在父母看不见的时候偷偷地尝试。孩子有时做出失败的选择，父母也不必过分斥责，因为孩子从失败中已经获得教训，只要促其自我反省，多加检讨便可，不让挫折打败孩子上进的心，才是最重要的事情。与其晚失败，不如早失败，不用害怕。

给予子女独立的经济权

孩子到了中学阶段，对于金钱的概念比较明确，父母按月给予固定的金额，让其自行处理，应该是训练理财的好办法。给予的金额，最好由亲子双方商议决定。既然确定，一切开支少加过问，让子女自理，以培养其独立精神。孩子的学费，由父母负担，生活费用则通过亲子商量，以节俭适用为原则。家庭再富裕，孩子也不能从小养成奢侈的不良习惯。

培养亲子的和谐气氛

学校里的教材大多是经历千古考验的产品，这些教材的正确性不容怀疑，不能因为现代社会风气的败坏而有双重标准。古圣先贤所遗留下来的美德，不会因时代变迁而降低价值，固有的美德永远经得起时间的考验。社会风气会改善，只要我们的道德标准不降低。社会治安不好，更显现道德的重要性。父母子女的关系应该保持和和气气，彼此敬重。父母不能以成人的标准来衡量孩子，应该以容忍和教导来辅诱，多鼓励、多称赞，少说缺点而多说优点，也是"父父子子"的合理表现，最好尽量配合。

鼓励孩子多帮忙家中的事务

大部分家庭都会要求子女分担家务，而大部分子女也都做得很无奈，一旦不做，就会被认为没有责任感。但是责任感是对别人负责还是对自己负责？或是对事情负责？如果大人心中所认定的责任是子女所不能挑选的，那么对责任感，子女恐怕会认为是大人推卸责任的借口，从而不想拥有。父母最好采用商量、讨论的方式，让子女有选择家务项目的机会，使子女自动自发地分担家务。因为自己既然是家庭的一分子，理应分担部分家务。

随时纠正子女的偏差观念

观念指导行为，有正确的观念，言行才会趋善向上，不致误入歧途。若是发现子女观念有偏差，最好及时纠正。这时候要妥善运用方法，态度温和，并且在和谐的气氛中进行。譬如孩子很容易接受老人的要求，认为敬老是一种美德。父母最好告诉他，天下事都有条件、有前提，而且大多是相对的，很少是绝对的。父母要教导子女，不要把敬老当作教条，以免有一天遇到来意不善的老人，不知如何应对，甚至吃亏上当，也未可知。

初中阶段的孩子心理和生理的变化很大，父母要多加开导，耐心辅导。对于常有极端行为表现的孩子，要多加容忍，千万不要责骂压制，以免造成怀恨、抗拒的心理。高中阶段已进入青年时期，心智思维都更加成熟，父母可以让他独立自主，但是原则上的提示和必要的辅助仍然要及时。否则不小心走偏了，可能造成很大的损害。

> 中学生的父母，在这个阶段的教养原则还是人格比知识更重要。

奉告中学生的父母，在这个阶段的教养原则还是人格比知识更重要。大部分学业优异的学生，不仅天资聪明，而且具有良好的品德。譬如考试成绩不太理想，劣等生会把责任推给老师和家长，将自己的失败归咎于他人；优等生则自己反省，认为责任在于努力不够，错在自己，并不在别人。劣等生遇到不如意的事情，或稍有挫折，很容易感到灰心，甚至自暴自弃；优等生并不容易气馁，反而为了求取更好的表现而更加努力。

世界上资质优秀的孩子其实很多，但是要使其优秀的资质不断地增长，成为有大成就的人，却十分困难。原因即在过分重视知识的获得，却严重地忽略了优良性格的培育，以致埋没了原本十分优秀的人才。天才并非天生的，必须靠后天的努力才磨炼得出来。唯有品德良好，才经得起磨炼，才能够妥善运用知识来造福人类和社会。

辅导子女建立正确的两性关系观念

子女进入高中，全家人都值得庆幸，安全度过暴风雨期，情绪逐渐趋于稳定，比较容易摒弃空洞的理想主义，塑造脚踏实地、富有理想的人生观。特别是女儿，度过"让父亲为她坐牢的岁月"，怎不令人高兴！

美国人生女儿的时候，朋友们都会向父亲祝贺，并警告他十三年后，准备坐牢。因为女儿长到十三岁，是一件非常不容易的事情。在这段漫长的岁月里，女儿一定会闹事，或者遭受外人的欺侮。做父亲的，不能不挺身而出，为了保护女儿而与人发生冲突。因此而坐牢的概率很大，所以预先提出警告。真是一则以喜，一则以忧。

女儿初次来月经时，母亲要告诉她，这是值得女性自傲的事情。女儿对于初次月经的来临，不免有一些惊慌和不安。母亲每天和女儿生活在一起，最了解女儿的身体状况。要告诉她这种生理上的变化，是值得高兴的现象，说明女儿已经具有做母亲的资格，当然值得高兴。让女儿明白：性是光明正大的事情。让女儿养成自己洗涤内衣裤的习惯，培养女儿对性的自傲和自觉。告诉女儿：性的问题必须自己保护，自己坚持。

有些人主张性自由、性开放，事实上也造成了很多家庭破碎，使子女无法接受正常的教养，实在应该早日设法加以制止。也有少女喜欢拿性自由作为谈话的题材，上网寻求援交，不但伤害了心灵，也伤害了身体。母亲要告诉女儿：没有爱情的性关系也会受孕，这种不幸的宿命，身为女性必须加以防范。

父母最好通过家庭会议使子女明白：恋爱没有条件，婚姻却是有条件的。一个人缺乏成家立业的能力，为什么还要这么早结婚？徒然增加自己的苦恼，也连累到整个家庭和社会。既然没有结婚的条件，为什么要这么早就谈恋爱？一旦恋爱成熟，非结婚不可，岂不是破坏了自己的人生规划，有什么好处？弄得学业不成，各种准备工作都来不及完成，是不是和自己过不去呢？

我们的建议是，在中学阶段，借着男女同学的正常交往彼此了解异性的情况，并不需要进一步往来，尤其不应该恋爱，以免耽误学业，影响以后的发展。

一般学校，相信都有不成文的规定：学生未婚怀孕的，一律退学。邱连煌教授指出，自心理和生理观点来看，怀孕中的少女，不论已婚未婚，都必须面对三重困难：

第一，青春期的孩子经常不断地自我追寻，持续追问"我是谁""我像什么""我的将来怎样"。

第二，生理状况因怀孕而引起急剧的变化，情绪也随之起伏不定，对生孩子产生莫名的恐惧，对未来的日子也失去信心。

第三，由少不更事的孩子一下子跳升为人母、为人妻，距离实在太大，一时措手不及，难免心慌意乱。

这些内在的心理困扰，足使婚前怀孕的少女痛苦万分，如果加上外在的社会压力、家境贫穷的经济压力，那就更加无法招架。未婚怀孕少女的内忧外患，容易造成身体上、社会上、教育上的三大问题：

首先，由于怀孕的关系，很可能被迫早婚。据统计，这种不幸的结合引起的离婚居所有离婚原因的第一位。更糟的是，如果这些未婚怀孕的少女不能适时获得适当的辅导，往往会在今后几年内，生出一两个"没人要"的孩子，构成严重的社会问题。

其次，怀孕少女和年纪稍大的孕妇相比，比较容易罹患血毒症（toxemia）、贫血症（anemia），也更容易出现早产、高血压和体重过重的现象，从而造成身体伤害。

第三，怀孕是中学女生辍学的最大原因，年纪轻轻就失学，不啻毁灭她们的未来希望，断送一生的幸福，种下未来无业、失业的恶因。青少年时期的少女，与同年龄的朋友分享快乐、分担忧虑是十分重要的心理需求，而退学后她们离开了朋友同学，这种需求很难获得适度的满足。因此心里产生一种被遗弃的感觉，心想学校老师、同学、朋友都相继弃她们于不顾，不免悲从中来，深感人生的变化无常。这些教育上的问题，也是父母和孩子难以解决的。

父母可以举出若干实例，预先防止子女在中学阶段便和异性朋友谈恋爱。不恋爱才能专心求学，成为高中生首要的守则。特别是女儿，做母亲的应该教她懂得恋爱的真正意义，不断提醒她，人生恋爱以一次为最理想。对于有人把当时发生的感情就称为恋爱的观点，必须坚决反对，不能让子女以讹传讹，接受这样的恋爱观。因为世界上只有男和女，而男和女的结合，只有正式合法才不致被称为野合。不能够把恋爱当作游戏，否则结局相当可怕，必须格外警惕。

高中学生，通过课外活动，增进自己对异性的了解。换句话说，父母最好帮助子女，从小学开始便能够对男女的性别差异有正常的认识，也建立两性之间健康的关系，到了高中时期，参加学校所主办的郊游、露营、晚会、演讲、辩论、球赛等活动，使不同性别的学生在师长的辅导下，建立不同性别的正确观念以及培养正当娱乐的兴趣。将来高中毕业，或者进入大学以后，与异性朋友交往时，比较顺利而减少挫折。

父母在辅导子女了解异性的特质时，我们建议：男性不妨带一点傲气，女性最好多一点矜持。其理由有三，分述如下。

男性最需要的是责任感。把养家活口、一家人的生活责任挑起来，具有强烈责任感的男人，多少带有一些傲气，才是正常的表现。傲气并不是骄傲，却是争气的象征。很神气，一点也不骄傲，才叫作傲气。和这种男性结婚，由于责任使然，他们至少不会到处搞婚外情，因此也更加安全。

女性最重要的是贤惠。心地清白，爱好整洁，大智若愚，有些害羞而且富于幽默，有这样美好的条件，怎么可以不矜持呢？不随便答应人家的邀约，要有时间、地点、人员、内容的限制。

未婚人口有多少，男女的比例如何，其实并不重要。每一个人所需要的异性结婚对象，若是一生只要一个，还担心那么多做什么？何况找不到合适的，不结婚也不算罪过。急什么呢？既不想依赖对方——事实上一切都可能发生变化，谁也靠不住，也不想满足自己的好奇心，到处滥交——因为情场得意，其他的地方就可能遭殃。男不争气，女不矜持，将来结合在一起，苦恼多多。不如一开始便慎重小心，以男争气、女矜持为选择对象的条件之一，然后才逐渐了解其他因素，更为可靠。

在不谈恋爱也不打算结婚的先决条件下，通过正常的机会，参加正当的活动，对异性多做了解。把心力集中在如何选择将来要攻读的科系，或者进入社会以后打算从事什么行业上，应该是高中学生的重大任务。

培养子女的独立精神和自赖行为

要不要考大学？对中国人来说，其实相当简单。我们不必冠冕堂皇地反对什么文凭主义、升学主义，事实上全世界在这方面只有程度上的差别，并没有太大的不同。日本孩子只要考进东京帝大，美国孩子若能申请进入（实际上和考试同样困难）哈佛大学，英国孩子成为牛津大学、剑桥大学、伦敦大学的学生，法国孩子进入巴黎大学求学，可以说人生的大问题已经解决了一大半，其余的部分自然有很多人来协助。对我们而言，要不要考大学并不重要，考不考得取好的大学才重要。我们的考试制度尽管被很多人痛加批评，也存在着若干问题，但是，无论如何，是一座大家公认的筛选器。考上好大学，想尽办法也要去读；考不上，实在不必补习再补习，死命往大学里面挤。笔者在大学教书的时间相当长，常对学生说：能读书的人，轻轻松松就读得很好，若一定要读得那么辛苦，干脆放弃算了。人人都不停地求学，满街都是博士、硕士，社会不见得更加安宁，国家也不见得必然富强。

最要紧的是，从小培养子女读书的兴趣。真正能够读书的孩子，不可能受到埋没。父母只要提供子女读书的机会，并且告诉孩子，学业成绩好坏倒在其次，最主要的是必须品德良好，以免影响自己的前途。从小培养良好的习惯，教导正确的观念，会读书的孩子，自然会好好读书，用不着父母担心。

比较麻烦的是，孩子认为读书是不得已的事情，为父母而读书，为成绩而读书，为升学而读书，就是不为读书而读书。具有这样心态的孩子，对读书不可能有兴趣。考前读一读，考完就不读。在学期间不得不读，一旦毕业，便下定决心从此不再读书。许多博士、硕士，是一路硬逼出来的，并没有什么成就。从而也证明被动的学习、消极的读书，不可能产生多么宏大的效果。

现在教育普及，又提倡终身学习，求学的方式也有很大的变化，求学的机会比以前多得多。父母不必强制要求孩子高中毕业立即要考入大学，若是有困难，或者出于其他理由，以后上大学的机会也多得是，并不是错过这一次便永远进不了大学。父母应该关心的是子女的兴趣和志向，通过彼此商量，选择所要投考的科系。父母最好不要把自己的兴趣和志向勉强子女接受，而应该尊重子女的选择，让子女走出自己想走的前途。我们看过很多案例，有些父母一定要孩子照着自己的路去走，结果都是失败的。

子女要求赴国外留学，父母要不要答应？我们知道有些父母费尽心思也要把子女送到国外去求学。我们在国外看到很多小留学生，大多心理上很不适应，很容易曲解父母的好意，认为父母忍心把自己安置在陌生的地方，因而产生不少的怨恨。高中毕业就出国留学，对本国的历史文化尚未有比较深入的了解，就到国外接受异国文化的洗礼，很容易被同化，结果将来回国后样样不能适应，等于出去一个便丢掉一个。

我们建议：先让子女在国内完成大学教育，对自己的文化有深入的认识。等子女年纪较大，情绪也较为成熟后，才尊重子女的意愿，决定要不要赴国外留学。有了比较完整的人生规划，再来考虑出国留学的事宜，应该比较妥当，也更加安全。

> 最要紧的是，从小培养子女读书的兴趣。真正能够读书的孩子，不可能受到埋没。父母只要提供子女读书的机会，并且告诉孩子，学业成绩好坏倒在其次，最主要的是必须品德良好，以免破坏自己的前途，也影响到祖先的清誉。

发展独立精神，培养自赖行为，必须亲子共同努力，互相配合。邱连煌教授提出三个原则可供参考。

满足子女的依赖需求

独立的意思，其实就是自赖；而自赖的起点，必然是依赖。依赖和自赖，不过是一物的两端，一为起点，一为终点，关系十分密切。心理学家主张，要培养自赖，必先满足其依赖欲求。孩子平日一直受到大人的关怀，依赖需求获得适度的满足，便会把全副精神集中在自我发展上，勇敢地探索周遭环境，大胆地尝试各种经验，热烈地接触各类人物，努力学习自赖行为。相反，受人冷落或排挤的孩子，一心向往大人的关怀，就会千方百计想办法引人注意，哭叫、喧嚷、闹脾气、装病痛，甚至偷窃抢劫，可以说但求达到目的，完全不择手段。除了依赖父母，还会到处制造令人头痛的问题。儿童时期的依赖需要，如果一直没有获得满足，变成根深蒂固的病源，青年时期仍然会发作，父母必须耐心辅导，以下面所提的原则来对待。

父母该放手时就要放手

即逐渐把控制子女的双手松开，适时适度地增加子女的自由。好比放风筝，孩子的独立欲望相当于拉风筝的线，放线时要顺着线的张力，适度地拉开。不可以一下子就把线放得太快太长，以免风筝顿时失去依凭，说不定马上坠落在地面上；也不能把线抓得紧紧的，丝毫不放松，否则风筝根本飞不上去，而且有坠毁的危险。有些父母，下意识里害怕孩子一旦长大成人，就会远走高飞，离开父母。于是，情不自禁地对孩子的感情加以"垄断"，限制子女向外发展，不准其与朋友交往，使孩子身心受到束缚；贬低孩子自食其力的能力，以降低其自信心，使其不敢想象自己过独立自主的生活；诉诸子女孝心良心，使孩子不敢稍有背离的念头，以免不孝；实施过分保护政策，凡事都为儿女做得好好的，不需要子女操心动手。久而久之，孩子的独立能力完全丧失，永远依赖父母了。

父母要尽量鼓励子女自立

孩子想按自己的意思去做自己的事情，父母不但不应该加以阻挠，反而应该多加鼓励，以培养其独立自主的习惯。只要这些事情不妨害身心健康与课程学业，而且在孩子的能力范围之内，都应该放手让孩子自赖，让孩子从实际经验中吸取宝贵的教训，进而陶冶其自主的意志和自治的精神。

我们再以放风筝为例。孩子刚开始放不上去，极需大人的帮助，这时候孩子得不到好的助力，就会灰心丧气，说不定从此不再尝试，对放风筝完全失去兴趣。实际上大人最有兴趣的事情，莫过于当孩子放不上去的时候，把风筝拿过来，很快就放上天空。如果这时候还紧拉着风筝，不肯放手，孩子会很失望，认为大人自己在玩而不是帮助他，所以最好的办法，便是大人把风筝放上天去，立即交给孩子，告诉他如何控制线的张力，如此便皆大欢喜。由依赖而自立，这是青年期培育的重点。让孩子自觉、自律、自制，逐渐做好独立自主的各项准备，一旦考取大学，或者找到合适的工作，便可以放心地让子女离开家庭，奔向前程。

人都喜欢自主，也都喜欢自动，由自动而自律，然后独立自主，原本是人生必经的历程。现在的问题是，当儿童自动时，父母便加以制止，这样不行、那样不可以，弄得孩子不敢自动，父母又反过来骂他不自动。父母的想法是孩子不自动便罢，一自动就天下大乱，所以不得不斥责、禁止。殊不知孩子因而恐惧自动，对身心发展产生障碍。最好的办法，还是比照上述放风筝的方式，辅助孩子自动，帮助其自律，以促进其自治。有一天自动自发，而且合理表现，那才是长大成人的喜悦！

进不进大学？读什么科系？要不要先工作一段时间，然后才进大学？条条大路通罗马，不一定非怎样不可。只要孩子心目中有父母，放手让孩子自立，就用不着害怕会因此失去孩子。

孩子进入高中以后，要注意培养其独立的人格以及自制的精神。在学业方面，要鼓励其自动自发地求取知识。父母尽量减少直接和老师联系，以免引起孩子的反感。家中最好每月举行家庭会议，讨论与孩子切身有关的事宜。子女可以自由发表意见，报告在校的状况、师生的趣闻，也可以规划郊游、参观等活动，以及零用钱的使用等。如果有争论，父母也不必生气，最好另择机会，耐着性子向子女解释，不能当场发火，大声斥责，影响以后会议的效果。子女所看的课外读物，父母最好要多加了解。现代许多作品，对孩子的身心有害无益，甚至有些作品所描写的个别情况简直匪夷所思，很容易造成孩子的偏激或颓丧。如果发现不妥，必须和子女讨论，使其透彻了解，不致盲目相信。现在网络信息发达，最好能够趁早提醒子女：计算机是工具，而不是玩具；网友是陌生人、隐形人，不值得信赖；笔友是幻想中的人物，并不真实。孩子和邻居小孩吵架，父母要先去向邻居道歉，赔不是，而不能站在孩子这一边帮孩子说话；回来后再聆听子女的申诉，表示同情，却不赞成这种吵架的方式。这种以身作则的方式，让孩子可以减少很多不必要的是非而终身受益。

● ● ● 第三节　如有脱轨及时辅导纠正

提高孩子成长期的适应能力

心理学家认为，人生是一种适应历程。在漫长的人生过程中，每一个人都想尽办法要好好应付外界的要求，满足内在的需要，企求在主观上获得满足与幸福的感觉。我们可以说，人生幸福与否，取决于个人适应的成败。感觉是一种反应，是接受刺激时内部所引起的反应，刺激是外来的，感觉则是我们自己的活动。

胎儿时期

胎儿时期的刺激来自母体和胎盘。母体是他的大环境，子宫则是他的小环境。母亲的生理或心理方面的重大变化，都会影响胎儿的生长和发育，造成以后的适应问题。譬如某些药物会使胎儿的上肢产生畸形，从而使其长大后产生很强的自卑感。母亲持续严重的情绪问题会导致胎儿出现唇腭裂现象，并且影响胎儿智能的正常发育。怀孕期间母亲的甲状腺分泌不足，也会影响胎儿身体的结构而患上矮呆症。孕妇对怀孕，由于不同原因而心生不满或心存罪恶感，也会使胎儿的胎动次数增加，长大后会产生更多的适应不良现象。胎儿期所造成的外表、智能、情绪及行为影响，有的永远无法挽救。我们把胎儿期列入年龄来计算，实在很有道理。

婴儿时期

婴儿时期开始独立行使呼吸、消化、排泄等功能，但在很多方面仍需仰赖他人。周围环境的压力不断增加，通过母亲对婴儿发生作用。婴儿的活动以口腔为主，所以也称为口欲期。只要口腔获得适当的满足，身边又有固定的母性人物持续给予保护，提供适宜的刺激，婴儿的身心发展就不致发生严重的问题。若是嘴唇不能获得满足，就会吸吮手指，或者将这种不满足感埋在潜意识中，长大以后产生不正常的心理和行为。太早或突然断奶，对婴儿会引起心理障碍，同样也会造成不良的适应。

婴儿的后半期，重点由口腔转移到肛门，称为肛欲期。经由排泄粪便、解除内急压力所获得的快感经验对肛门活动产生满足的感觉。父母在训练婴儿便溺习惯时，如果过分严格，使婴儿在情绪上受到威胁、产生恐惧，将会影响其人格的发展，长大后容易变得冷酷无情、顽固、刚愎自用、吝啬、暴躁，甚至于生活秩序紊乱。

在婴儿时期，如果母亲去世、父母离婚、被遗弃、送给别人做养子女、母亲忙碌托人抚养、母亲情绪不正常或者对婴儿怀有恨意，都会导致婴儿缺乏充分的母爱，长大以后会变得性情孤僻、智力不足、感情冷漠，而且对自己没有信心，自我抑制力不足，因而常有犯法的行为。

幼儿时期

幼儿时期开始由软弱无助走向自我意识逐渐增长，继而产生保护自我的心理需求。先以反抗，后以占有的方式来扩大自己的生活范围。于是，独立的人格与环境的对立，成为今后心理适应的主要课题。幼儿虽然比婴儿更具有独立的能力，但是父母的保护还是十分重要。这时父母对幼儿最好兼有保护和放松两方面的态度。保护幼儿以避免身体上的病痛，而适当地放松，可使幼儿的自我意识获得积极的发展，不致因过分挫折引起强烈的自卑感。但是，一般父母容易做到保护，却很难适度地放松，不知不觉威胁到幼儿的自我意识，间接地影响到幼儿的心理健康。

儿童时期

儿童时期几乎都在小学接受基本教育，和学校生活具有十分密切的关系。而没有进过幼儿园的儿童，进小学更是一件大事。由于性格懦弱或者学校的压力过大，有些儿童害怕或拒绝上学，这种适应不良的问题必须及早加以辅导，以免其人格发展受到不良的影响。

在校适应不良，儿童会以头痛、成绩不好、好打斗、逃学、说谎、偷窃、反抗、孤独、退缩、自卑、嫉妒、犯规等方式来表现。父母最好配合老师，保持情绪稳定，心平气和、胸襟宽大地接受事实，同情儿童的困难，并协助其解决问题。切忌冲动与任性妄为，以免辅导工作难以进行，而且可能迫使儿童走向歧途。

我们提出这些说明，主要建议大家：一个巴掌拍不响，孩子的适应不良，与父母和家人都有密切的关系，千万不要把所有的责任完全推在孩子身上。

有些朋友会把孩子带到办公室里。孩子说话非常大声，大家都回头看他，他却依然故我，并不觉得有什么不对；大人们说话的时候，他也不时地插嘴。这种偏差行为，如果不能及时加以纠正，恐怕就会引起同事的不满。父母不管，外人忍无可忍，就会开口来指正孩子。此时父母的脸面固然无光，孩子的自尊心也会因而受伤。

父母把孩子带到办公室之前，应该向孩子说明：那里不是自己的家，说话要放低声音，不可以大声，以免妨害大人办公；如果大声说话，吵闹到大人，下次就不能再去，说不定这一次就会受到指责，对父母和孩子都很不好看；大人们在讲话时，小孩子不可以插嘴，一定要等到大人讲完，有什么事情才可以提出来，如果真的有紧急的事，只可以拉拉父母的衣服，父母自然会处理。孩子到了办公室，说不定很快就大声说话，这时候父母必须赶快把孩子带到外面，重温事前的约法三章。等待孩子保证能够小声说话、不任意插嘴之后，才带他进入办公室。回家以后，还要把当天的经历彼此重复检讨，以加深印象，以纠正其不良习惯。

有些学生失去家庭的温暖，缺乏父母的关怀，心理上逐渐产生很大的变化，不但失去平衡，而且充满了仇恨、猜忌和恐惧，言行逐渐残暴、狠毒、堕落。只有足够的刺激才能够暂时满足其心灵的需求：不分好坏，都急于尝试，各种偏差行为相继出现，无非都在弥补心灵的创伤。但是这些反常的行为却遭到众人的白眼，没有人关怀、同情，更加速孩子内心的怨恨，视众人为仇人。

有些从未吃过苦头的孩子，在富裕的环境中只知道闲荡花钱，自私自利，并没有真正善尽学生的本分，更谈不上努力用功。他们从不良刊物或影片中学到很多寻求刺激的方法，麻醉自我，失去自我，也失去太多的人性，在家是顽劣孩子，在校则是问题学生。面对这样的情况，一方面需要学校成立辅导中心，由专职教师来加以辅导；另一方面也需要父母的永不放弃，坚决用心挽回。

及时发现子女偏差行为的先兆

孩子走入歧途，表面上看起来是因为学习成绩不好，不能在学业上获得满足，只好铤而走险，从其他途径求表现，实际上真正的原因还是品德修养不好。品德良好的孩子，只要不变坏，学业可以慢慢来，终究有补救的机会。若干大器晚成的人士，莫不是品德良好，而童年学业成绩并不出色；那些"小时了了"，从小学业成绩出众的人，却由于品德不良，最终造成了"大未必佳"的恶果。

品德不良表示道德意识比较薄弱。单凭口头训示，不如实地参观孤儿院、残病医院，让孩子亲眼目睹，看到比自己更不幸、更可怜的人，面对生死边缘挣扎时的景象，应该会悟出若干道理，后悔自己的不是。如果因此而改过自新，重新做人，那才是万幸。

身心健全的孩子也可能产生偷窃的行为。他的动机，只是为了满足自己贪得的需要，或者基于逞能的心理，以冒险偷窃来表现独特的才能。还有一些孩子，根本搞不清楚什么叫作所有权。对这一类的偷窃行为，父母千万不要大惊小怪，自乱阵脚，反而搞得孩子不知所措。最好耐心观察，看看如何发展。大家都不去提它，说不定随着孩子年龄的增长，这些劣行很快就消失无踪，岂非更好！

但是，有些偷窃行为是习惯性的，不能控制的。这种病态的偷窃，大都由于缺乏关怀所引起。动机是不自觉的，孩子不知道为了什么，就是有偷窃的念头。此时父母首先要改变自己，给孩子更多的关爱，逐渐改变这种不良的习惯。大多数病态的形成是由于情感发展遭遇挫折的结果，单方面治疗外在的偷窃行为，不如探究其根本原因，消除孩子心灵上的恐惧与憎恨来得有效。

父母若是不能自我检讨，就会把一切责任推给社会风气不良、电视节目欠佳、学校教育不够严格、孩子交友不慎。实际上，孩子的偏差行为大部分来自心理因素。譬如金钱对孩子来说，可能是一种爱的象征，不论孩子所偷的是金钱、珠宝或者其他的东西，他不自觉的目的都在"偷爱"。若是父母发现他偷窃，便不问青红皂白地严加斥责，甚至痛打一顿，孩子的感觉则是父母恨我而爱钱，于是，更增强偷窃的欲念，家里偷不得，索性向外发展，向同学或其他人下手。

> 孩子走入歧途，表面上看起来是因为学习成绩不好，不能在学业上获得满足，只好铤而走险，从其他途径求表现，实际上真正的原因还是品德修养不好。

孩子进入初中之后，学校的老师不像小学的班主任老师管教得那么多，许多事情需要孩子自己去思虑、判断和决定。孩子心目中老师的权威性逐渐降低，连带地也把父母的权威性降低了，父母所说的话，若是不合孩子的心意，也会加以反抗。其实这种现象，早在孩子五六岁时就已经出现，十四五岁时，反抗得更为强烈。父母最好不要把这种现象看作反抗，以免认为理所当然而放弃了教养的责任。不视为反抗，却把它看成孩子独立自主的良好现象。孩子独立自主，原本是父母期盼的成果，现在孩子开始朝着这个方向努力，父母当然乐于辅助。

不良的行为总有其先兆。下列各项是常见的现象，父母如果发现子女有这些行为，最好特别提高警觉，和子女多多沟通，以期防患于未然：

◆ 喜欢变换发型，或把头发染成五颜六色，每次外出时，一定要先洗头发，细心整理一番。

◆ 一向衣着朴素，忽然讲究华丽。问他这些衣物从哪里来，他会说是向朋友借来的。

◆ 对父母表现得过分反抗，或过分依赖。

◆ 与朋友往来得十分频繁，特别喜欢和高年级学长交往。

◆ 向父母索取零用钱的次数突然增多，而且说不出用途；或者以打工为由，延长在外时间，却又说不出在哪里打工，或者做什么工作。

◆ 父母给的零用钱不多，却发现子女有很多钱，常常花得很大方。

◆ 喜欢充老大，送礼物给朋友。

◆ 借口把钱丢了，或者朋友借钱，要父母支持。

◆ 家里有朋友来访时，经常独自躲进房间里。

◆ 收藏陌生人的名片。

◆ 在书包或抽屉里发现当票或奇怪的用具。

◆ 身上携带火柴盒或打火机。

◆ 内衣裤忽然特别讲究，自己购买特定的牌子，甚至喜欢穿着异性的内衣裤。

◆ 女生把裙子改得特别长或特别短。

◆ 没有生病，却带有药丸或药瓶，常独自关在房间里，行动显得鬼鬼祟祟，或者服用镇静剂。

◆ 借口到同学家做功课，在外过夜，却说不出在哪个同学家中。

◆ 借口参加社团活动，回家时间变得不规律。

- ◆ 时常逃课，回家也说不清楚到哪里去了。
- ◆ 朋友的电话忽然增多，常抢着接电话，并且低声交谈很长时间。
- ◆ 对父母不敢正视，有偷看的倾向。
- ◆ 书包上贴有特别标志，或者喜欢和异性交换书包。
- ◆ 不用父母提供的书包、文具，经常换用新的。
- ◆ 喜欢戴太阳眼镜，回家也不摘下来。
- ◆ 变得十分多疑，任何事情都要加以猜测。
- ◆ 学业成绩忽然下降，却又说不出原因。
- ◆ 偏食、少食，甚至异食的现象十分严重。
- ◆ 喜欢动手打人，或者蓄意破坏东西。
- ◆ 关起门来偷偷阅读不良书刊。
- ◆ 破坏教室秩序，造成师生不安。
- ◆ 屡次违反校规。

面对以上情形，父母最好减少与子女这样的对话："不要惹爸爸生气。""不应该这样，妈妈会骂你。""很难看，不要去做。"或者"不像样，快把它丢掉！"子女从小听多了这样的话，就会认为善恶的标准由他人的观感而决定，自己反而丧失了判断的能力。一个人若能不注意别人的眼光，就会自己发现真正的善恶。我们一向太重视社会的标准，所以造成很多阳奉阴违的伪君子。对于是非、善恶，最好用自己的心来判断，从小就知道凭良心，不欺骗自己，并不以他人的眼光来决定善恶，这样的子女比较不容易变坏。

现在讲求自由、民主，以致很多学生拿民主做挡箭牌，任意做自己喜欢做的事情，这种错误的民主观念很容易形成利己主义。父母最好让子女明白：自由是建立在不自由的基础上的，大家都遵守规定，看起来不自由，但正是因为这种不自由，大家才能够自由地生活。民主是大家做主，而不是自己就能够做主。自由和民主，都应该求合理，不合理的自由和民主，不值得追求。

第九章

大学时期引导未来的方向

子女顺利进入大学，可以自由自在地学习。
这一阶段最要紧的，是对未来有什么期望。
要继续升学求深造，还是找工作先行就业？
出国留学有利有弊，要事先充分考虑清楚。
青年是明日主人翁，对未来担负重大责任。
如何因应未来变化，必须亲子共同多商量。

中国人最重视的是怎样把人做好，怎样把这辈子过好，所有的事情，都应该以此为中心，围绕着"做人最要紧的是生活的喜悦"而发展，而不是为了其他的事情。否则会造成很大的生活压力，或者弄得生活不能安宁。

孩子已经顺利进入大学，父母不需要像以前那样操心，一直担心孩子考不上大学。孩子也可以自由自在地学习，过一个愉快的大学生活。这时候我们建议，找一个合适的机会，在和谐的气氛中，试探一下孩子对未来的期望究竟是什么，大学毕业以后打算做什么。

通过这样的问题，看看孩子有什么想法。如果孩子想都不想一下，立即回答："打算多赚一些钱，提高生活水平。"不知道父母有什么样的感想。若是孩子低着头，不敢正视父母，却相当肯定地回答："大学毕业后，要出国留学，将来成为归国学人，才够神气。"不知道父母听后会做出什么样的反应。或者孩子表现得十分潇洒，轻松地说："好不容易考进大学，先好好玩一玩，等毕业时再做打算。"父母的感受，又是如何？当然，一本正经地回答："要好好表现，为国家社会做出一番贡献。"又有什么样的感觉？

由于电影、小说经常把大学生描绘成为一种特殊人群，几乎每一位刚刚考入大学的孩子都难免沾沾自喜，以自己辛苦赢得的特殊地位为荣。我们常说大一新生的眼睛长在头顶上，好像什么人都看不起，只有自己最行。可惜不久之后，就会接受社会的严格考验。人们通常很直接地从他们所就读的学校来论断每一位大学生的能力，一看到某某大学的学生，便竖起大拇指夸奖为"好学生"；对于其他大学的学生则默不吭声，好像也不过如此。这种差别待遇，很容易造成青年人心理上的不平衡。但是，要试图改变这种不合理的现象，却是一件相当困难的事情。尤其是大学评鉴制度讲求排名，更是雪上加霜。尽管大家对评鉴的结果，颇有不同的见解，但人们对以学校来分辨学生的高下，显然无可奈何地相沿成习。

到了大学毕业前夕，面临就业的困扰，不少大学生必须十分痛苦地承认，大学文凭看起来很吸引人，到了真正需要求职时，往往没有多大的效用。现在社会最重视的不一定是学历，有时候更重家庭背景的影响力，有时候则重能力而轻学历，对做人的态度和处世的技巧特别重视。

许多青年到了大学毕业，才发现自己的纯真愚昧和可笑。于是，对书本上所传授的为人处世知识产生很大的怀疑。同样，对父母的教诲也跟着减少了信任感，认为父母和老师一样，理想性很高，却未必切合社会的真正需要。在大学期间越专心求学的学生，这种落差越大。而且大学毕业生的能力相当有限，无法客观地、抽象地观察整个社会，亦无法深入地了解和分析社会现象。他们经常直接感受到的不过是社会的消费世界，感觉不同的经济能力可以得到完全不同的生活待遇。不论身份地位，只要有钱，就能够享受一切。果然有钱能使鬼推磨，拜金主义才是最为具体实用的主张。大学毕业文凭用来求职不一定管用，拿来结伙抢劫、下海当舞女反而很具号召力。这种荒诞现象即因此而产生。

尤其是由于西方文化的强烈冲击，使许多西方青年文化中的特殊概念逐渐成为现代青年盲目跟进的目标。西方的嬉皮、药物滥用、学潮、性开放相当可怕，我们不希望我们的青年走上西方的老路子，但是在经济社会，青年人又能够抵挡得了多少？身为父母，必须扮演子女由学校走入社会的桥梁。一方面扶助大学生逐渐了解社会万象；一方面也要鼓励他们奋发图强，走出属于他们自己的青年文化，而不是盲目地追随西方化。

在交友方面，尽管大学时代的异性朋友有始有终维持长久的并不多见，但是父母的态度最好是既不赞成也不反对。只要坚持一种信念：恋爱没有条件，婚姻一定有条件，打算结婚的才谈恋爱。如果做不到，不妨反过来想，有恋爱的可能，就应该评量一下结婚的条件，以求适可而止。子女对异性朋友，能够慎始才有可能善终，把婚姻大事，当成一家人的事情。在这种心理准备下，亲子关系当然十分和谐而放心。

●●●● 第一节　奠定子女的社会化基础

随着经济的发展，社会上产生不少所谓工商企业领袖，这些人对经济建设贡献出很多心力，却也促使社会风气走向奢靡浪费。大学生目睹这种改变，好像相当羡慕，甚至影响到科系的选择，纷纷把志愿转成商贸企管，财经挂帅，把原本可以成为第一流的其他专业人才都埋没了。

无可讳言，我们的中小学教育长达十二年，主要的目标只有一个，就是把"学生"和"社会"隔离开来。我们认为这些社会幼苗年龄还小，尚在学生阶段，经不起社会的污染。我们通过学校和活动，给予这些涉世未深的学子一幅社会的蓝图，不是以过去的美好传统，便是以未来的美好理想为主轴，和现实社会的真实状况相去甚远。我们对现实社会好像永远不满意，不断有人发出"人心不古，世风日下"的感叹。不满现实说起来也是人之常情，我们甚至可以把它看成进步的推动力量。但是，对现实不满，却不能够提出有效的建议，以致社会越文明，道德越低落。笑贫不笑娼、笑穷不笑偷、笑苦不笑抢、笑廉不笑贪，各种不正常风气，当然不能视为理应如此，让学生们看在眼里，记在心里，将来踏入社会，也跟着如此。

这些接受理想教育的中学生，如果毕业后立即投入现实社会，很可能在环境压力之下，抛弃学校教师和课本所描述的理想蓝图，以免不能适应而徒增痛苦；也可能对原先的理想大加怀疑，甚至在"为反对而反对"的极端心态下急速堕落。从这种角度看起来，大学四年应该可以提供一个缓冲时期，让这些年纪稍大的大学生有机会把过去接受的知识与规范配合当前社会的真实状况加以选择和调整，找出一条适合自己的人生道路。这样很可能与过去的理想有一段距离，却比较适应现实社会的需要。虽然新生一代带给社会的冲击力量相对减轻，对于年轻一代的社会化过程则更为自然而顺利。站在父母的立场，我们宁愿减少子女所受的冲击，也不愿意看到子女变成偏激分子，到处闯祸。

让子女自由选择科系

从一位高中生转变为大学生，在家庭中所遭遇的重大问题，通常是就读什么样的科系。家庭经济比较宽裕的父母，在经济上并不急切期待子女去赚钱，但是，为了子女的未来，也会关心甚至干预子女选择的科系。知识水平较低或者经济比较拮据的父母，当然对子女所读科系将来能不能赚钱十分关切。实际上热门科系经常在变动，有时候刚进大学时所读的科系非常热门，但很快就供过于求，等到毕业的时候，竟成为找不到工作的大学毕业生。就算跻身热门科系，毕业后比较容易找到赚钱的工作，若是与自己的志趣并不符合，从事的工作索然无味，岂不是把自己当作赚钱谋生的机器？

子女的兴趣及嗜好，父母最好不要加以限制，只要是正当、正常的，不妨任其自由发展。因为子女的兴趣，有时也会受到环境的影响而转移。原先学文学的，可能因缘际会，在大学期间接受指派，担任外国使者的接待人员，因而申请转系，改习外交；原本在外文系攻读的，由于几番参与医院的义工服务，亲眼看见病痛的人受尽折磨，便毅然下定决心习医。只要有心向上，将来能为国家社会服务，都应该加以尊重。

父母在子女幼小时，最好提醒他们，将来不能依赖父母，必须自食其力，用自己的力量维持自己的生活。男孩子将来对家庭负责，更应该把成家立业当作人生的大事来看待，有勇气把一家人的生活担子挑起来，也要有相当的能力才能够顺利而愉快。女孩子也不能存心依赖丈夫，以免遭遇任何意外时，自己照顾不了自己。养育子女，固然是女性的最高天职，而养活自己，也是现代女性必须具备的能力。尤其是男女同校，使用相同的教科书，很容易产生"男子像女性，女子像男性"的偏差现象。父母更应该适时提醒子女：男女同权不同质。男性在中学时期喜欢做抽象的思考、哲学的思索，女性则比较现实，喜欢考虑一些直接和生活有关的事情。女性的能力并不比男性差，而是各有所长，因为长大以后，各有不同的需求。换句话说：女性要成长为优秀的母亲，男性要成长为优秀的父亲。

　　子女具有自食其力的决心，并不需要勉强自己投入容易赚钱的科系。因为行行出状元，只要有兴趣，肯努力，真用心，无论攻读什么样的科系，都会有出人头地的表现。父母不必由于自己想做而未做的遗憾，就勉强子女选择自己当年想读而未读的科系；父母也不能因为自己对某些行业存有成见或偏见，便禁止子女从事这些行业。譬如父亲对政治、法律存有成见，认为子女再有兴趣，也不应该选择政治系和法律系；母亲对医学有偏爱，便坚持子女一定要进医学院，将来当医生。父母子女各有独立的意志，谁也不能够把谁当作自己的分身或替身。人各有志，为什么要把自己的意志凌驾在子女身上，让他觉得有志难伸，备受委屈呢？

　　子女过了高中阶段，就不必太过于拘束。事实上给予太多的限制，也没有太大的用处。父母所要做的是暗示，不能够直接管束或责骂。子女看起来像成年人，父母却不应该以成年人的观念来看待他们，许多地方要设身处地为子女想一想，以免伤害亲子关系。

　　譬如说知子莫如父，子女对自己的了解往往不如父亲那么明白。这种话最好不要由父亲自己说出来，以免引起子女的怀疑和反感。妈妈倒可以提醒子女：父亲在外面接触各式各样的人，而且获得很多人的信任，遇到各种疑难问题，可以经常向他请教。既然自己的父亲这么富有经验，因此在这种选择科系的重大事项上，最好多和父亲商量，以策万全。

自谦的父母才能善尽提示的责任

　　对子女而言，父母是人生旅途中值得信赖而且富有经验的向导，在求学、恋爱、事业、婚姻各方面都可以提供最好的指导和意见，子女当然不能够忽视。

　　九子九条心，子女的性格和态度各不相同，长大后各走自己的路，父母只能加以辅导，不必强制其接受。父母在子女面前，也应该表现谦虚的态度，作为子女的好榜样。因为任何人都不是十全十美的，自己很好，子女并不一定好。若干没有受过高深教育的父母，就是这样教育出了成功的儿女，可见自谦的父母才能善尽提示的责任。

子女要到外地求学还是选择附近的大学，最好商量决定。笔者有三个子女，我们都心中有数，子女大学毕业之后必定继续深造，所以在家庭会议中，表示希望子女在居家附近读大学，再和家人亲近四年。因为将来大学毕业再去深造，说不定从此不能住在家人附近，要好久才能见一次面。当时家居新竹，当地有两所名校，长女考入其中一所，长子考入另一所。我们同样鼓励他们住校，和同学生活在一起。但是学校离家很近，随时可以回家，和家人团聚。次子学的是音乐，这两所学校没有这样的科系，只好远赴台北求学，周末假日，也时常回家。果然不出所料，长女毕业后，即赴美深造，然后在美国就业、结婚。长子毕业，服完兵役后，也赴美留学，由于所学十分先进，回岛恐难继续研究，所以留在美国教学研究。只有次子赴美攻读热门的音乐专业，学成立即返岛，住在我们附近，朝夕都可以见面。

全家团聚时，对当年让子女在附近读大学、然后赴外地深造的决定仍然十分满意。至少一家人多团聚四年，增加很多共同的回忆。

一般来说，到异地读大学，离家远行，是这一阶段的子女常见的情况。父母最好明白提示：从现在开始，父母没有办法天天看到你们，也不能够随时提醒你们应该注意哪些事情。作为子女，必须做出阶段性的调整，遇到重大或者难决的事情主动向父母提出，父母能够适时给予协助。不必担心会给父母增加麻烦，也不应该为了避免挨骂而有所隐瞒，以免不小心招惹大祸。

笔者在长女、长子读大学期间，鼓励他们每次回家都把学校生活说给大家听，把个人的疑难私底下向父母请教。后来子女远赴外地求学，

> 父母最好明白提示：从现在开始，父母没有办法天天看到你们，也不能够随时提醒你们应该注意哪些事情。作为子女，必须做出阶段性的调整，遇到重大或者难决的事情主动向父母提出，父母能够适时给予协助。

不方便经常回家，就用电话或书信的方式和父母做出良好的沟通。

现在电信业发达，不论天涯海角，一通电话，就能够打破时空的隔阂。子女不应该以任何理由不向父母禀告近况，请教疑难。除非子女的心中已经没有父母的存在，或者有父母，却在子女心中没有什么分量。

父母从子女幼小的时候有没有在"你心中有我，我心中有你"上下功夫？这时候应该是最佳的检验时刻。父母实在不必为子女心中没有父母或者父母在子女心中分量不重而伤心愤怒，反而应该更加用心调整自己的态度。旁敲侧击，不正面提出问题，用试探的方式从子女的响应中寻找真实的症结所在。

辛先生在孩子年幼时一再告诉他，不能够好勇斗狠，宁可别人犯我，自己不要犯人。有一次辛太太看见孩子被邻居小孩打了好几拳，孩子也没有还手，辛先生和辛太太好像此事并未发生过一样。孩子长大后，远赴他乡攻读大学，从此很少向父母请教过什么事情，令辛先生夫妇十分伤心。

有一次，辛先生忍不住到学校探望儿子，彼此没有什么话说，儿子忽然问父亲："爸，别人欺负我，我能不还手么？"显示儿子对于父亲过去的教诲颇有怀疑。现在进了大学，接受更多信息，更加不相信父母能够给他什么样的协助，所以很少打电话回家。

辛先生了解真相之后，不但不责怪儿子，反而和太太商量，由她私底下向儿子表白："爸爸知道时代进步得很快，有很多观念不断地改变。他也知道自己的工作一直十分忙碌，说起来也是为了家庭不得不如此，但是，他很想活到老学到老。所以你进了大学，他非常高兴，认为你学到一些新观念可以跟他分享。爸爸不止一次说，我们家一人进大学，全家人可以学习到更多的东西。不过，我提醒你，毕竟父子有一部分性格是相同的。你们父子俩都有高度的自尊心，也就是很重视面子，因此和爸爸分享的时候要特别小心，说话的态度和使用的词句要处处考虑到爸爸的立场，相信以你的能力一定办得到。让父亲高兴地接受，才不辜负你的一片孝心。"

儿子真的做到了，父亲既高兴又获得很多新知识。最要紧的是，一家人你心中有我，我心中也有你。

只有在这种父子互信的关系中，父母才能够放心地让子女自己成长，由教导子女生活、陪同子女生活转变为让子女自己生活，父母心中当然充满喜悦。

培养孩子的自信心和责任感

让子女自己成长，一定要培养子女的自信心。父母适时承认子女自信心的价值，便能够建立亲子之间的互信关系。若能进一步培养子女的责任心，看到子女所表现的责任感，父母便可以放心地让子女自己成长了。

父母无法预知未来子女可能遭遇什么事情，因此必须利用机会善尽随机提示的责任。有很多话，不应该因为难以启齿便轻易放弃，不拿出来及时劝勉；有很多事情，可以将新闻报道作为案例和子女讨论。

子女进入大学以后，父母可以视家庭经济的状况，和子女商量要不要利用课余时间打工以赚取生活费用。大学的学业，通常不像中小学那么压得人喘不过气来，不过面临着知识的拓展、信息的爆炸，仍有茫然不知所适的感觉。有多少时间可以打工？打工的机会多不多？收入合不合理？会不会因此而耽误了学业？或者本末颠倒，反而以打工为主，以学业为辅？父母最好密切加以了解，才放心让子女去打工。如果发现子女在金钱上从不匮乏，似乎另有其他金钱来源，就应该提高警觉，以免子女误入歧途，受人利用，将来铸成大祸。

大学生除读书、考试、搜集和整理资料外，通常都会参加一些课外活动。父母在子女回家团聚或者平日电话中，可以鼓励子女谈谈这方面的情况。若是子女所说的仅是演唱会、舞会、同乐会等活动，父母要心中有数，这些娱乐性的课外活动，充其量只能放松心情，对文化责任和社会责任的培养并无太多益处，父母必须在子女社会化方面多加关心。

我们常说"儿童是国家未来的主人翁"，其实儿童的年龄尚幼，并不能担负这么重大的责任，倒不如改为"青年是国家明日的主人翁"更为贴切而具有高度的警惕性。因为今日的青年，不论尚在求学阶段，或者已经进入社会从事各种基层工作，他们所扮演的角色，都是积极的、进取的、光明的，对明天充满了希望。他们站在不同的立场，接受同样的社会洗礼，准备承接明日的重任。而明天，国家的重担、社会的责任，必然由这些接受过洗礼的青年来承前启后，担当继往开来的历史性任务。一般人常感叹，今天的年轻人，比起"五四"时期的年轻人，比起抗日战争时期的年轻人，总缺乏那种牺牲苦干、以天下为己任的精神。老一辈的，甚至青年们自身也感叹功利主义的潮流、一切向钱看的风气实在十分可怕，特别是美国化的冲击，随着经济的发展，毫无疑问，对大学生造成很大的影响。欧化、俄化、日化、韩化、美化，弄得大学生对中国式的理想与标准逐渐失去信心，大学教师夹杂着英文专有名词讲课，有时想不出某些字句用中国话怎么讲要求学生替他翻译一下，却换来不少羡慕的眼光。大学生的未来方向，父母怎么能够不关心呢？

●●● 第二节　协助子女找到未来方向

帮助子女树立正确的人生观

通常一位大学生刚刚获得这种"头衔"时，大多具有强烈的历史使命感，他们所背负的历史包袱是双重的：一重是全球性的，另一重则是本土性的。

全球化的浪潮，使年轻人急于要求国际化，口口声声要与国际接轨，却不明白应该如何着手。几百年来，在科技发展上差距很大的东西两股势力，由于帝国主义的扩张，无可奈何地互相交汇。一场古老尊严的贬抑与新兴野心的高涨之间激烈斗争的结果，中国由拒外、惧外到媚外，列强则由慕华、轻华到侵华。这一段残酷的历史考验，使我们的民族自尊心和自信心受到强烈冲击。

往昔的言必称尧舜逐渐出现由现代的西方圣哲名言所取代的趋势。学术界重西轻东，动不动就用西方的标准来衡量中国的一切，弄得我们似乎一无是处；传播界开口西方先进国家，闭口西方现代化建设，随时都在否定我们自己；学会几句英语，就会有意无意地表示忘掉中国话的讲法，以彰显自己的不一般；出国一趟，便要到处宣扬自己的身价已不同以往。大学生的全球化使命，怎么能够摆脱西方化即国际化的陷阱？有办法的以出国留学为首选途径；退而求其次的便是搞外贸，和西方人打交道；英语学得好一点的充当西方人的翻译员，认为跟在西方人身边至少比挤在华人当中来得光彩。

然而，中国的悠久历史，毕竟给年轻人带来十分深刻的影响。虽然在时间上已经十分遥远，但是对当代年轻人来说，由于许多文物仍然存在，很容易触景生情，产生亲切的感觉。回想周室的典章制度，汉朝卫青、窦宪的扬威大漠，唐代苏定方、刘仁轨的底定高句丽，蒙古可汗三次西征，明朝郑和七下西洋，无不令人热血沸腾。加上近几十年来，中国的经济实力逐渐展现。西方人由轻华而趋于重华，更使得年轻人信心满满，要为中国的未来，做出一番贡献。

事实上，这种全球化和本土化的矛盾，是21世纪人类共同的难题，快速的全球化势必引起剧烈的本土化意识。年轻人成长在"全球意识"的时代，自然担心害怕自己的文化遭受外来文化的淹没，因而产生强烈的"本土意识"以资抗衡。面对这种现状，对于负有承前启后责任重大的大学生，能不提高警觉以本土意识来加以抗衡？今天，我们社会上的少数人能够立即模仿美国最新的物质享受，而另外的多数人，却竟日为了三餐而忙碌。我们多么盼望，这些率先富起来的少数人能够发挥"才也养不才"（有能力的人帮助没有能力的人）的儒家精神，由善尽社会责任，来取之社会也用之于社会，不只顾提升自己或家人的物质享受，也能够照顾乡里，造福社会，为更多的同胞服务。

　　最好的办法，便是父母在子女进入大学的时候，密切注意子女所受美国化的程度。多年的英语训练，使大学生具备直接接触美国文化的能力，互联网更提供了广泛而快速认识美国文化的途径。在中学阶段，由于吸收能力、经济条件与升学压力的多重限制，美国化的影响仍以表象的模仿为主：嘴上哼着不甚了解的热门音乐，对带有英文字母的事物另眼相看，实际的影响并不严重。好比孩童喜欢麦当劳食物，长大以后，就会回过头来爱吃我们自己的餐饮。而大学生却为了替自己过去与目前的美国式模仿行为找出一些更合理、更深入的文化基础，殊不知越深入探索，了解得越多，与社会大众的距离就越来越远。

　　这种大学生与社会大众的疏离现象，对进入都市求学的农村子弟而言，感受特别深刻，往往一进入大学，便下定决心，从此远走高飞，就算衣锦也不想返乡。

　　就算亲子关系再好，培养出这样的子弟，恐怕也不是父母所乐于见到的。幸好这种心理上的差距，即使大学生想永久保存，实际环境也不允许。四年大学生涯，无论自愿或被迫终究要走出校园，生活在实际的中国社会，年轻人心中的向往，并无助于改变周遭的情况。何况中西文化原本就有所不同，譬如美国人注重个人独立自主，而中国人却重视互相依存和互相协助，子女年幼时依赖父母的养育，父母年老时反过来依赖子女的奉养，已经成为社会中人所共知并且视为当然的事实。尽管很多学者专家大声疾呼不应该这样，也不可能如此，但是我们还是认为，中国的孝悌之道是人类的宝贝，不能因为西方社会忽略这些事情便轻易放弃。

　　地球村的建立，必然有一种主流文化作为众人的参考标准。现在大家所极力争取的，实际上就是以自己的文化当作世界文化的主流。大家都知道，要单独创造一种举世都能够认同的文化根本不可能。以世界语言为例，多少人费尽心思，想要创造一种不同于现有语文的世界语文，迄今仍然没有结果。19世纪时，英国人利用国力强盛、船坚炮利，通过殖民手段将英语普遍推行到全世界，虽然英语并不是世人公认的世界语，但是国际间的习惯，则不得不以英语作为沟通的通用工具。我们多么盼望，从现在开始，我们的孩子不再那么热衷于学习英语，却能够专心把中国语文学好。等到他们长大的时候，正好赶上中国的国力最为强盛的好时机，以我们的人口众多，贸易通四海，顺势把中国话推展为世界语，不但给我们的子孙带来很大的便利，也将中华文化推展到全世界。

当然，我们赞成中学时将外国语言列为选修科目，大学也设有外文学系，专供少数有兴趣的孩子以语言为工具，快速地将外国文化翻译过来供大家参考。

那么多人，费那么多时间，花那么多金钱，学不好英语，几乎是大家都知道的事情。现在却变本加厉，提早学习英语，甚至以"no chinese"（不得说中文）来取代"speak english"（说英语），实在是怪事。

现在怎样想，就会想出怎样的未来。年轻人的未来方向，也就是我们国家未来的样子。父母辛辛苦苦把子女教养长大，当然希望子女有好的未来。因此对子女的未来方向，不能不特为关注，费心给予辅导和指引。

大学生应该是社会中对人类、国家、民族与社会的过去和未来最为敏感的一群。但是，我们发现大多数学生，这种敏锐的感受仅如昙花一现，很快就消失掉了，他们的忧国忧时心怀逐渐为自己的就业和经济的压力所冲淡，踏出校门之后，往往将理想完全交还给教授，面对现实，恐怕也只有不得不低头的感叹。

也许是悠久历史的教训，父母对群体生活的态度大多是消极的，对政治尤为冷漠，因此希望子女明哲保身，不要卷入任何是非圈内。父母只希望子女在作文时高谈阔论，多所发挥，以争取更高的成绩，却并不一定鼓励子女真正积极地实践。在这种情况下，优秀的子女大多被父母诱导到理工科系，这对国家的整体发展而言，实在是最大的损失。好在我们一向不十分重视专业，照样可以鼓励理工人才来治理国家，以提升国力。

但是，随着情势的逐渐转好，我们希望一流的人才投入政治、外交、军事、经济、教育、法律与管理领域。这些有答案却没有一定答案的科系，实际上最难读，最需要上乘智慧的年轻人来从事研究。父母不应该拿往日的标准来加以限制。

父母最好利用大学生子女回家团聚的日子，以知识、金钱与人生为题，召开家庭会议，让大学生子女多发表一些意见，以便深入了解他对这三者的评价如何。

读书的目的果真是为了"书中自有黄金屋，书中自有颜如玉"吗？人生难道没有比黄金屋、颜如玉更有意义的目标吗？大学文凭真的能够兑现黄金屋、颜如玉吗？知识、金钱与人生是大学生在心理逐渐成熟的过程中必须面对的课题，他们一定要权衡知识的价值、金钱的比重，并进而确定自己的人生方向。

帮助子女树立正确的知识观

大学生以读书能力为自己换来四年的快乐时光，也为自己争得父母和亲友的祝贺和称赞。但是，第一年新鲜人快要结束时，转系与转学的风声开始震撼得大家不得不怀疑：到底要学什么？有人依照自己的兴趣，也有人按照出路的行情。如果两者并无冲突，那就安如泰山；若是两者发生冲突，父母就应该加以关心，协助子女做出合理的抉择。因为出路的风险性，不完全是子女独力所能够承担的。家境富裕的孩子当然以兴趣为优先，家庭贫困的子女很可能就以出路为考虑，除非父母给予精神上的支持，才能够设法自筹学费，付出更多的努力，在自己感兴趣的领域中寻找出路。年轻人愿意为自己的兴趣付出更高的代价，对这种毅力和理智，父母最好加以鼓励，至少可以帮助子女背水一战。

知识固然是力量，却不一定换得到金钱。大学生亲眼看到前辈校友中成绩优异的高材生毕业后继续深造，然后返校担任教职，过着清寒的生活；反观某些成绩平平的人，毕业后不再深造，到企业界工作，几年下来，赚的钱比教授多。既然读书没有用，父母、老师为什么不早说？一路读下来，实在十分辛苦，等到文凭到手，才发现没有预期的功效。梦醒时，十六年已成过去。

金钱果然是万能的吗？有钱就可以买知识？现在大学，特别是工商学院，开发出很多贩卖知识的推广课程。那些赚到钱的工商巨子，照样可以顶着名校的招牌，甚至像往昔捐官那样，花钱捐个荣誉学位。

人生在世，究竟是先求取知识，再让它发挥赚钱的本事，由知识而换取金钱，还是先想办法赚钱，再发挥金钱力量，来购买知识，甚至捐得学位？在大学四年当中，除了极少数人埋头苦读，深信一切按部就班、船到桥头自然直的"书呆子"，大部分学生都会在这两种看法之间，活像钟摆似的来回晃荡，最后才不得不选择一条自己认为妥当的路径。

父母的知识水平如果足以分析这些问题，当然可以参与子女的选择；若是自己的衡量不足以担当这样的重任，不妨采取关心的态度，让子女吐露心声。在父母的爱心和聆听气氛中，子女很可能会找到自己所需的答案。我们建议父母要把握"读书的目的，主要在明白做人做事的道理"的原则。大学生读了那么多书，应该脑筋很清楚才对。既然脑筋清楚，就应该参照自己的能力、家庭的背景与社会的需要，企求在这三者之间寻求合理的平衡点，至于将来会有什么样的结果，实在难料。

未来会变化，而且看目前的趋势，可以说越变越快，也越变越离谱。主要的原因即在于人心思变，而且不按常理出牌，还说什么创新是最好的道路。境随心转，人心求新求变，而且认为变化越快越好，外界的环境自然快速地变动，也难以掌控。我们如果希望子女的生活幸福，最好不要跟着这些流行的错误观念起舞。我们不可不变，却绝对不应该乱变，任何改变，都应该限制在合理的范围内，以求变得合理，越变越合乎人性的需求，才是合理应变。

时代在改变，却不是一直向某一个方向而变。我们常说循环往复，意思是历史会走回头路，历史很可能重复出现，所以历史教训很值得借鉴。但是，每一次出现都不一样，因此不能够依循往例处理。最理想的态度便是持经达变，有原则地应变，而不是没有原则地乱变。大学生读了那么多书，应该从中找出若干不可变的原则作为自己今后安身立命的依据。

父母最好明白告诉子女，人生最要紧的事情，是弄清楚今生今世自己到底要做些什么。换句话说，先把自己的人生观和价值观确定下来，也就是掌握未来的方向，然后才寻找如何去做的方法，逐步加以实施。

多想想自己应该做什么，对自己的未来要有远大的目标，这才是读书的真目的。至于金钱，虽然说没有钱万万不能，而金钱毕竟也不是万能的。对于金钱，事实上是够用最好，太多或太少都是烦恼多多，并不是有钱什么都好，请看富人不敢单独出门，可见一斑。

人生的目的在把人做好，把生活过好。我们现在过分重视把生活过好，却又认为物质生活水平的提高便是把生活过好。我们不重视把人做好，却认为把事情做好才是好人。亲子之间，最好在这些方面达成共识，以塑造不一样的独特家风。

先秦时代，面对着诸侯兼并的局面，人们把夏、商、周三代的文献当作经书，发起了我国第一次的读经运动。这些经书，构成了中华民族一脉相承的价值体系。第二次读经运动发生在汉朝，第三次发生在宋朝，同样产生了很好的效果。这几年大家又热衷于读经，实在是很好的现象。

历史上每一次读经运动，实际上都产生很大的作用。相信这一次的读经运动，也将为我们的未来带来光明的远景。

子女到了大学阶段，父母可以把《曾国藩家书》拿出来，让子女报告读后心得。把诸葛亮的《出师表》、以"先天下之忧而忧，后天下之乐而乐"为座右铭的范仲淹、宁可饿死也不食嗟来食的朱自清和以"横眉冷对千夫指，俯首甘为孺子牛"为一生写照的鲁迅，一起拿出来共同讨论，看看子女对自己的未来有什么样的想法，看看"富贵不能淫，贫贱不能移，威武不能屈"的气节究竟是嘴巴上说说、文字上写写，还是从心里头发出这样的光辉，再看看唐太宗所说"人之立身，所贵者唯在德行，何必要论荣贵"，难道已经赶不上时代？

> 父母最好明白告诉子女，人生最要紧的事情，是弄清楚今生今世自己到底要做些什么。换句话说，先把自己的人生观和价值观确定下来，也就是掌握未来的方向，然后才寻找如何去做的方法，逐步加以实施。

●●● 第三节　是否深造看情况决定

出国留学要三思

　　经常有人询问这样的问题：要不要把孩子送到国外去留学？我们的建议是，最好在国内读到大学毕业后再送出去。孩子对中华文化有一些了解，到国外比较不容易被同化。不然的话，送一个等于丢掉一个。

　　由于小家庭里父母都有工作，孩子放学回家，父母还没有下班，家中又没有长辈或亲友可以照顾孩子。于是，多打一把家中的钥匙，让孩子自己打开家门，独自在家等候父母下班。这种放学后没有亲人照顾的小孩，通称为"钥匙儿"。孩子放学后回不回家？一路是否平安？回家后做些什么？父母不能掌握，实在放心不下。实际上，当今社会过分重视物质的追求，亲情已经日趋贫乏。尤其是知识水平提高，妇女对外的接触面日渐扩大，对子女的照顾与爱心逐渐淡薄。一些父母放手让未成年的子女自生自灭，因而使孩子结交不良朋友，或者为歹徒所利用，受到不良影响，产生偏差的行为，后果岂不是令人担忧？

　　"钥匙儿"的情况尚且如此，小留学生在国外，环境更加陌生，沟通更为困难。特别是中国孩子和西方孩子相比较，既矮小又体弱，万一打起架来，难保不会吃亏。为了安全起见，母亲不得不陪同孩子远赴异国，夫妻因此分离，日久也会发生问题。小留学生生活在单亲家庭，当是雪上加霜，一家人更增加很多苦恼。

　　高中毕业就出国留学，对语言的适应固然很有帮助，但是文化根基不稳，往往不中不西，增加很多适应上的困难，将来和亲人、朋友相处，必须更为谨慎。

　　大学四年，尽管有人把"university"翻成"由你玩四年"，功课没有高中那么重，课外活动的种类也比高中多。但是，这四年当中，英文好像很重要。所谓"知识"，似乎蕴藏于那些字母、文字的夹缝里，远多于象形文字的字里行间。处处都表现出说英文才有知识，以致现在出版的中文书籍内容也大多引用西方人的意见。不是翻译的句子艰涩隐晦，令人难以捉摸，搞不懂真正的意义，便是明明出自中国人的创作，读起来却像翻译过来的词句。偶尔有人冒失地请教老师："讲了半天美国人的案例，那咱们中国人又是如何？"答案大多令人失望，因为老师对西方（文字上）的理解，实在要比中国（实际上）的了解要饱学得多。就算大家耳熟能详的事情，也要依据西方的资料来详加说明。每逢洋教授来访，大家争先恐后，热烈欢迎，果然长得比我们高大，最起码英语说得比我们流利。虽然听不明白，却十分肯定学问比我们好得多。面对此种社会现状，大家的心里自然发出一种疑问："毕业后要不要留洋？"发觉应该去而由于种种条件不能去，便不免有一些自卑，后悔当初不多学一些英语，落得现在结结巴巴，根本不敢和洋人讲话。

再看看那些有机会追随洋人进出星级饭店的同胞，哪一个不是神气十足？好像除了黄皮肤、黑眼珠改不掉，还有个子比人家矮一大截，其余都改造得和洋人差不多，喝咖啡也比喝茶习惯，当然高人一等。

事实很明显，能出国的巴不得早一点毕业，马上成行；留在国内读研究生的，也是伺机而动，希望能出洋走一趟。大家都崇洋，为什么自己要落在别人之后？

子女有这样的心态，父母也不必着急生气。因为崇洋不过是一种好奇的心理，相信过一阵子就会成为过去。让时间来化解，用不着急于一时。早期出国的青年，到了国外便十分着迷，宁可在国外受气吃苦，都不愿意回国工作。后来才发现留在国外的，由于种种原因，顶多升迁到中上阶层，便再也升不上去。这对中等人才来说，并没有什么吃亏的地方。可惜的是那些上等人才，竟然在世界上号称最为文明的地方遭受扼杀，实在不值得。出国一阵子之后，国内关系已经被自己的远隔重洋所切断，同时自觉年纪老大，也无颜回来见江东父老，因此一拖再拖，终老异国他乡，不能落叶归根，毕竟也是人生的一大遗憾。

出国热潮退烧之后，情况逐渐演变：学业成绩好的，反而留在国内研究所深造；那些成绩较差，在国内考不取研究生的，只好远渡重洋，到国外去求学。

同样大学毕业，出国和留下来的，十年、二十年之后，竟然是出国的不如留下来的表现出色。出国留学改为出国游学，既不耽误在国内的发展，也不放弃出国学习的机会。父母把这种演变拿出来和子女讨论，共同研究出国留学或者在国内深造的可能性，并且比较其优劣，也许可以找到一条对自己有利的途径。

条件不许可，或者不想继续深造的，其实也是海阔天空，丝毫不必忧心丧志。大学毕业文凭，说起来也很不容易获得，至少证明自己受过相当完整的普通教育，具备进入专业领域的良好基础。所以，不如赶快去就业，寻找一份自己觉得感兴趣的职业，在职场中充实自己，提升自己。父母在子女大学毕业前夕，最好多花一些时间，和子女在继续升学或先行就业之间用心探讨，细心寻找出路。不要让子女觉得父母不在乎、不关心自己，也不要使子女承受太大的压力，好像非出国不可，非继续深造不可，或者非赶快找一份工作不可。让子女在父母的关怀气氛中，自己好好地思索，提出来大家商量，然后尽可能地按照子女的愿望去实现。人类基本上都在尝试错误中发现正确的方案。我们建议，让年轻人多一些尝试的机会，就算失败，也没有多大的损失。

我们常说：与其早成功，不如晚成功；与其晚失败，不如早失败。一个人成功得早，并不是幸运。因为很多事情不敢尝试，说不定把自己的真正天分给抹杀掉了。如果不这么早成功，就有机会继续摸索、尝试，说不定能激发出自己的潜能，获得更大的成就。一个人失败得晚，也不是幸运。晚节不保，已经没有时间可以挽回。倘若早些时日失败，还可以吸取教训，东山再起。

年轻人大多尚未结婚生子，家庭负担不重。此时不尝试，更待何时？我们建议：大学毕业前，应该仔细考虑自己将来的出路，依照自己的兴趣和条件，安排好优先级。毕业后依序尝试，看看哪一条路走得通。心理上不妨把自己的计划当作后天的人生规划。而将走得通的路径，看成先天的人生规划。两者做一番比较，研究差异的真正原因，也就是找出为什么这一条路走得通，而其他路径却走不通的原因，对自己进行阶段性调整，必然有很大的帮助。行得通的，研究行得通的缘由；行不通的，也要研究行不通的道理。唯有这样，才能够找出真正的原因，而做出合理的调整。

大约五年以后，年轻人就会结婚生子。那时候家庭负担较重，凡事想前顾后，必然有更多的考虑，大多采取一动不如一静的策略，不敢轻易尝试，以致丧失了很多机会。所以我们建议父母趁子女年轻，鼓励其多做尝试，以免日后不敢尝试而徒增悔恨。

笔者读的是师范大学，毕业后依照规定，分配到中学教书。一年下来，觉得教书工作虽然神圣，却颇为清寒，赚不了多少钱。于是大胆向父母提出要求，不再担任教职，想去经商。父母慨然同意，并且引荐给好友老板，请他提供机会，多加教导。笔者辞去教职，在贸易公司工作。由于老板的特殊照顾，先后经历销售、报关、结汇、管理仓库等工作，终于发现志趣不符，将来难以发展。于是电话报告父母，想回本行教书。父母表示欣然同意，从此一教四十年，完全没有动摇过。如果没有那一年的毅然决定，弃教从商，相信这四十年中间，不知道会动摇多少次，就算一直坚持到底，心中也难免怀疑，这样做对不对，会不会失去经商发财的大好机会？

可见年轻多尝试，免得年老徒伤悲，应该是正确的选择。试过才知不合适，总比心中始终存着梦想要来得好。那一年不去尝试，等到年纪稍长、家累较重时才去尝试，就会造成年资中断，重返教职也不容易，岂不是增加自己的麻烦，也带给家人很多烦恼与不便？

就业后仍然可以终生学习

活到老，学到老，是自古以来便受人重视的大道理，现代的新名词称为"终生学习"。很多人食古不化，看不出两者的关联性；很多人不求甚解，居然说成"终

> 一个人成功得早，并不是幸运。因为很多事情不敢尝试，说不定把自己的真正天分给抹杀掉了。如果不这么早成功，就有机会继续摸索、尝试，说不定能激发出自己的潜能，获得更大的成就。

身学习";更有人自以为是,认为终生学习便是尽量抓住机会学习,以致没有时间实际加以应用。事实上,学习的目的是为了真正能够活用,唯有用得出来,才具有学习的效果。最好是有需要才学习,学到了就实用,发现不足,再深入学习。知道要学些什么,再用心去学。这应该是一种有效的学习方式,值得大家好好去实践。

从幼儿园、小学、中学一路求学上来,到大学毕业,时间不能算短,路途不能算近,家中的财力负担也不能算少。为什么不暂停下来,先到职场上奋斗一番,看看自己所学的东西能不能施展出来,做出一些成绩,再检讨自己的所作所为,尚有哪些缺失,寻找出不足的地方,然后有机会再去学习?一路读下去之外,原来还有一条断断续续的求学途径,并不是今天不读,以后就没有机会。根本用不着担心害怕,以后机会多得是。

笔者三十九岁那一年,已经获得大学教授的资格。那时候笔者的最高学历仍然停留在师范大学毕业,算起来不过是工业教育学士。眼看着硕士越来越多,而且按照新的规定,要在大学任教,起码要具备硕士学位。由于法律不溯既往,所以笔者凭着教授证书,仍然有资格在大学担任教职。但是,心中难免有一些不踏实,觉得大学毕业生在大学任教,终究不很合适。因此利用寒暑假,到美国进修,获得教育行政硕士学位。在同事、同学面前,心中也更为安稳。然后,博士越来越多,新的规定接着出炉,博士只能担当助理教授,硕士仅能够以讲师应聘,要到大学担任教职,几乎非拥有博士学位不可。当然,法律还是不溯既往,已经认定资格的,不受新法的限制。那时候笔者除教学外,还应各界的邀约,到处发表演讲。所到之处,人们多以博士相称呼。欢迎彩牌,也以斗大的字,写着笔者的姓名,又加以博士的头衔。大家是好意,也是想当然尔。不经打听便写将上去,也口说出来。笔者没有办法一一澄清,忽然想起,干脆去读一个,以免尴尬。于是在六十岁高龄,即将退休的前几年,才远赴英国修读博士学位。五年之后,口试论文通过,获得哲学博士学位。刚好遇到大学评鉴,想不到比作者年轻的诸位评鉴委员,还大加赞扬,加分不少。

求学是一辈子的事情,可以直通,也可以迂回前进,只要有心,随时随地可以学习，绝不受任何限制。

父母可以拿当年齐桓公读书的故事，和子女共同讨论。

齐桓公大声念书，工匠轮扁在一旁制作轮子。他放下椎凿，问齐桓公念的是什么书，桓公答曰："圣人的书。"工匠接着问："圣人在哪里？"桓公说："圣人已经死了很久。"工匠居然不客气地说："你念的是圣人的糟粕。"桓公一肚子不高兴，大声斥责工匠："你凭什么这样说？如果能够说出所以然来，还可以原谅。否则，定罚不误。"工匠不慌不忙地回答："现在就以我自己制作轮子来作为例证。把斧头举得太快，很吃力；举得太慢，又嫌力道太小，不管用。必须不急不缓，然后才能够得心应手，达到巧妙的境界。这种状态，甚至连我的孩子，我都无法教会教好。我已经快七十岁了，到现在也不过会制作轮子而已。圣人所说的实在太多了，他们的精华根本传不下来，只留下一些糟粕供大家念诵。"

会读书的人，明白字里行间的意思，能体会出文字之外的真正用意；不会读书的人，书读得很多，脑袋装得满满的，却紊乱而理不出头绪，可以说越读越糊涂。

尤其是出国热潮之下的大学生，把大学文凭当作出国留学的手段，争取高分不过是为了申请奖学金或考取公费留学。以这种心态来读书，能记住糟粕已经是大幸，哪里能够吸收书中的精华，并且加以合理的运用呢？

中国历史上，一直以考试来决定一个人的功名利禄。若要光宗耀祖、扬名于世，最好的途径，莫过于参加考试。我们对考场得意的人，通常都十分尊敬。当年范进中举人，他的老丈人对他的态度，就是一百八十度的大转变。往昔农业社会，由于地大物博，并非人人需要一官半职，不致逼使每一个人都要参与考试。如今工商社会，行行都要考试，再加上盲目引进西方人的竞争观念，考试似乎变本加厉，成为社会上汰弱存菁的唯一途径。样样要考试，处处要文凭，什么都讲求竞争，时时增加自己的压力。今天的年轻人，只看见一道道的考试关卡，什么经世致用，什么贡献社会，恐怕都已经抛诸脑后了。父母务请松手，对子女不要再加压了。

出于种种理由，大学生通常只谈恋爱，并不想这么早就结婚。但是不想结婚，却照样会怀孕。想办法避孕，有时候并未见效；找医师打胎，更具有高风险性。在这种状况下，谈恋爱不触及性关系，应该是最好的方式。

父母最好明白告诉子女，婚前发生性关系，后遗症实在太多，而且难以控制。万一造成奉子女之命而匆促结婚，大家的心理上都会蒙上一层阴影，将来回忆起来，终究不怎么美好。若是非堕胎不可，相信谁都不愉快。大学期间，多参加社团活动，和异性朋友相处，最好是多人参与，而不要双人自成一个搭档。从群众当中了解异性，学习和异性相处之道。如果有意更进一步，最好先和父母商量，听听父母的意见，或者通过父母的朋友，打听一下对方的家庭背景，作为参考。这种事慎始为上策，千万不要陷得很深才向父母求救，弄得大家都心急不安。

子女有孝，就不要到了非结婚不可或者打算结成连理才告知父母。这种对父母的大不敬，实在是不孝的行为。

大学毕业以后何去何从，最好在高中以前便在家庭会议中提出来讨论，以便未雨绸缪，预先做好准备。可惜我们一直过分注重考试的成绩，好像成绩好的就一定要进大学，所有事情都摆在考取大学之后再来思量。而刚考进大学后，又被一阵喜气冲得忘掉这些问题。老师、家长、朋友和学生本人都以考试为第一要务，根本不关心人生的目标为何。这样的亲子关系，毕竟有一些美中不足。既然是人的家庭，亲子之间也是人的关系，怎么能够忽略人生的目标呢？

结　语

亲子关系是果，家庭教养才是因。有什么样的因，就会产生什么样的果。我们为了掌握根本，所以把重点放在子女的教养上面，希望通过正确的教养来建立良好的亲子关系。

现代父母和过去一样，十分重视子女的教养，可惜所采取的原则和方法，大都学习西方，尤其在管教孩子方面，更是以美国为榜样。留学回来的教育心理学家往往鼓吹西方的辅导观念，忽略了我们中华文化的特质，反而造成学校与家庭的矛盾，使孩子无所适从。

家庭教养的主要内涵应该是帮助孩子了解所处的环境，确立自己的价值观、伦理观和世界观，并且学会适当地持经达变，以求因时、因地、因人、因事而制宜。一家人的人生观和价值观越是相近，彼此的沟通就越畅通，亲子关系也就更为和谐和亲密。

一些急着赶时髦的父母，非但不对子女灌输作为中国人应有的历史认知和语文教育，反而以揠苗助长的方式，在子女还没有把中国话学会的时候，便赶忙将其送进双语学校，学习外语，导致子女将来没有一种语言说得精准，没有一种文字用得恰当。在这种情形下，要子女孝顺父母，缅怀祖先，恐怕相当困难。这些明显的事实，最好能够及时加以注意。

21 世纪和 20 世纪的差异，远比 20 世纪和 19 世纪的差异大。我们不能够用过去的眼光和标准来展望 21 世纪的变迁。由于信息技术发达，信息的交流既方便又快速，地球村的形成，使"统一"世界的课题成为大家关注的焦点。我们从世界各国的历史来看，几乎都免不了武力统一。

然而，以今日的武器如此具有毁灭性的力量，武力统一世界的尝试，只能算是自取灭亡。于是，大家的注意力不约而同地转到东方，认为西方的霸道，既然不足为凭，中华文化的王道精神，也就是得人心者昌的怀柔、融合原则以及广大包容的胸怀，应该是21世纪大家共同需要的强烈信念。欧洲长时间的分裂，可以说是霸道思想的必然报应。如今逐渐迈向统一，能不能转变过去的报应？恐怕还有待较长时间的观察。

　　不能走武力统一的道路，就应该重视中华文化的发扬，以促进世界大同，尊重各民族的小异，从而互相依存。英国历史学家汤恩比（Toynbee）指出：世界统一是避免人类集体自杀的途径。在这一方面，现在各民族中，具有最充分准备的，是两千年来培育了独特思维方法的中华民族。他所说的独特思维方法，就是中庸之道，也就是合理主义。在二分法的矛盾中，走出三分法的和谐。换句话说，在两种极端之中，找出合理点。

　　汤恩比说："如果我的推测没有错误，估计世界的统一将在和平中实现。这正是原子能时代唯一可行的道路。但是，虽说是中华民族，也并不是在任何时代都是和平的。战国时代和古代希腊以及近代欧洲一样，也有过分裂和抗争。然而到了汉朝以后，就放弃了战国时代的好战精神。汉朝的开国皇帝刘邦重新完成中国的统一，是远在公元前202年。在这之前，秦始皇的政治统一是靠武力完成的。"他又说："将来统一世界的人，就要像中国这位第二个取得更大成就的统一者（刘邦）一样，要具有世界主义思想，同时也要有达到最终目的所需要的干练才能。"

　　为了世界的和平和进步，21世纪的中国人，必须担负起十分重大的责任。这种重大的责任，并非少数人所能完成。可以说所有中国家庭，所有中国父母，都应该共同担负，才有完成的可能。

　　基于这种时代性的特殊要求，我们提出三点呼吁：

　　第一，父母把子女教养成为顶天立地、明白做人做事的道理，而且成为万物之灵的人。自幼学习并实践中国良好的道统，长大后以身作则，把优良的中华文化，向外宣扬，扩展到全世界。并且求同存异，尊重各种异文化的差异性，充分展现宽大的包容性，使全世界民族在迈向全球化的时候，不致恐惧本土文化受到侵略或打压而极力抗拒，21世纪全球化与本土化的冲突因而获得化解。这样，中华文化作为避免人类集体自杀的最佳良药，当然为全世界各民族所共同欢迎，而不构成文化侵略。王道与霸道思想的分野，必然产生不一样的效果。

第二，父母不盲目追逐时尚，把一些尚未经过时间的考验，还没有足够佐证的主张，当作新的观念，甚至自以为是地看成普世价值。父母能够保持高度的冷静，坚持生活方式可以变，而生活法则不能变的信念。在亲子关系方面，尤其不能违反正名的法则。不做子女的父母，只成为子女的朋友，哪里能够做到父母慈而子女孝呢？父母管教子女是天赋的神圣任务，必须将管教子女与存心体罚，对子女施暴、虐待做出严格而清楚的区隔，以免因噎废食，造成不敢管教子女的不良后果。

第三，21世纪的中国人，必须有不同于近六百年来的表现，也就是应该特别争气，理智而勇敢地走出一条路来，使中华文化现代化，而不是使现代中国人西方化。因为西方哲学家，早已明白东方文化，特别是中华文化对引导当代世人的重要性。我们的亲子关系，必须格外注重子女的教养。唯有培育出堪为时代模范的子女，才是我们这一次为世界做出的真正贡献。所以我们应该继旧开新，不可以丝毫有所偏废。

为了达成这样的特殊使命，我们才把亲子关系界定为教养关系。从怀孕开始就应该重视教养，甚至再向前延伸，从择偶开始便考虑到子女的教养问题。我们同样提出三点建议，以供参考。

第一，从小教导子女，爱情固然没有条件，结婚却必须考虑到双方的互相配合。换句话说，婚姻是有条件的。在陷入爱情的旋涡之前，先理智地慎选恋爱对象，避免爱上不该爱的人，这应该是未雨绸缪的最佳原则。未来的亲子关系，以眼前的爱情观为出发点，实在不可不慎。真正的慎始，必须把亲子关系提前到自己的择偶和恋爱。最好及早教导，预先防患。

第二，家庭是子女的第一环境，也是成长的摇篮。我们固然应该尊重单亲家庭的存在，却必须正视单亲家庭的亲子关系，因为教养的成果势将影响到整个社会。父母应从小教导子女：什么叫作单亲家庭？为什么会造成这样的情况？使子女明白家庭和事业至少同样重要。稳固而和谐的家庭，对子女十分重要，对社会的正常发展同样具有重大的影响。结婚之前，应该睁大眼睛，仔细看清楚；而婚后则应该包容对方，互相成全。及早让子女知道：真正十全十美的人是能够包容并不十全十美的事实。一家人互相规劝，同时要彼此成全。

第三，夫妇是五伦的第一伦。夫妇关系不良，亲子关系也跟着变样。父母最好在这方面以身作则，把正常的夫妻关系持续地表现出来，使子女耳濡目染，将来也能够仿效父母，保持优良的家风。因为我们生而为人，除了生物性的食色欲望，更应该加上文化的因素，要表现得比一般动物更为体面一些，卧室的门要关好，是对长上和晚辈的一种尊重。相信子女在这样的家庭中成长，必然更有把握长大成为万物之灵。

最后，我们奉劝所有的父母：凡事尽人事以听天命，亲子关系也不例外。实际上父母子女彼此之间的因缘，并不是仅凭科学就能够解释得清楚的。我们不断地提醒，每一个人都是自作自受。在亲子关系方面，更会得到快速印证，短短十几个年头，因果关系便非常明显。小时候父母稍有疏失，子女长大后，父母就必须承担随之而来的恶果。如果说有现世报应，恐怕没有比亲子关系更为快速而显著的了。

我们长期观察，发现下面的四种因果现象，实际上都可能发生。

第一，父母用心教养，子女正常发展。

第二，父母用心教养，子女并不争气。

第三，父母并不用心，子女十分出色。

第四，父母并不用心，子女误入歧途。

换句话说，父母的用心教养，并不能保证和子女的正常发展维持正面的必然关系。但是，如果深入分析，那就完全不一样。父母用不用心，并不能从表面形式上来观察，必须依据实际的方向和功能来体会。凡是父母自身的品德修养良好，教养出来的子女，大多能够正常发展。反过来说，父母的品德修养较差，对子女的教养，又重学业而轻品德，那么，子女长大成人之后，表现大多很差。可见德本才末，是千古不移的道理。

我们十分相信：表现良好、有比较大成就的子女，有一项重要的共同因素，便是俗语所说的"祖上积德"。子女获得良好的庇荫，加上自己的努力，才能有这样良好的表现。祖上已经是事实，很难加以改变，父母只好尽力积德，使子女能够成才。事实上，修造自己的品德，是每一个人都应该终生努力的事情，不但为子女，即使为自己，也应该时刻铭记在心、不断反省，有过失力求改正。亲子关系的基础，实际上在于父母持续修造自己，在行为上以身作则或者以身作例。至于成果如何，都要加以笑纳，毫无怨尤！

主要参考书目

1．谢扶雅：《伦理学新论》，台北：商务印书馆，1973 年版

2．陈大齐：《平凡的道德观》，台北：中华书局，1977 年版

3．吴盛木：《心理学》，台北：三民书局，1977 年版

4．吴森：《比较哲学与文化（一）（二）》，台北：东大图书公司，1978 年版

5．杨懋春：《中国家庭与伦理》，台北：中华文化丛书，1981 年版

6．高思谦：《中外伦理哲学比较研究》，台北："中央"文物供应站，1983 年版

7．林丽云等：《中国人的新孝观》，台北：张老师出版社，1991 年版

8．萨提尔，吴就君译：《家庭如何塑造人》，台北：时报出版公司，1991 年版

9．黄公伟：《人生哲学通义》，台北：现代文艺出版社，1992 年版

10．游福生：《如何管教孩子》，台北：桂冠图书公司，1993 年版

11．陈龙安：《斥责与褒奖的艺术》，台北：心理出版社，1994 年版

12．董媛卿：《父母心儿女情》，台北：南宏图书公司，1994 年版

13．蔡聪明：《如何鼓励关心孩子》，台北：文国书局，1996 年版

14．邱连煌：《儿童·家庭·学校》，台北：文景书局，1998 年版

15．［美］利奥·巴士卡力著，简宛译：《爱，生活与学习》，台北：洪建全教育文化基金会，1979 年版

16．［日］池田大作，［英］汤恩比著，荀春生、朱继征、陈国梁译：《展望二十一世纪》，台北：骆驼出版社，1986 年版

17．信谊基金会学前儿童教育研究发展中心：《育儿锦囊集（全）》，台北：信谊基金会